シビルエンジニア
廣井勇の人と業績

関口 信一郎
Sekiguchi Shinichiro

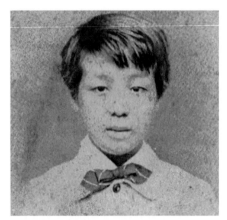

廣井勇 [15歳頃][1]
蝶ネクタイ、上着から札幌農学校入学記念写真の一葉とみなせる

ナイアガラの滝の前にて [26歳][2]
背後には橋梁建設に革新をもたらした
ナイアガラ吊橋およびカンチレバートラス橋が見える

廣井勇［29歳］[3]
札幌農学校教授兼北海道庁四等技師兼第2土木課長

廣井勇の率先垂範[4]
東京帝国大学教授兼北海道庁技師として毎年小樽港を訪れ指導・激励した。前列中央でスコップを手にする廣井勇、その左は伊藤長右衛門

M・C・ハリス墓前祈禱会　1928（昭和3）年6月　東京青山墓地にて[5]
左より内村鑑三、廣井勇、新渡戸稲造の3人は受洗50年を記念して。その右は大島正健、伊藤一隆（一期生）で受洗は1年早い

口絵の最初の肖像写真は『工学博士　廣井勇伝』所収
自筆サインおよび写真の1−5は浅田英祺「シビルエンジニヤー廣井勇の世界」（北海道開発局小樽開発建設部小樽港湾建設事務所）所収

はしがき

　世界中で生産された穀物、石油、石炭、工業製品などのあらゆる生産物は、陸上は貨車や車で、海上は船舶で輸送され目的地に到着する。四方を海に囲まれる日本は海外との物資輸送のほとんどを船舶に頼っている。その玄関口は港湾である。

　江戸幕府の鎖国政策から転換して、広く世界に門戸を開いて間もない日本にとって築港は焦眉の課題であった。しかし江戸期にあっては大船の建造が禁止されてきたことから、海洋をわたる船舶を収容する近代的な築港を計画する方法も技術も全く持ち合わせてはおらず、欧米諸国とりわけオランダ、イギリスから土木技術者を高給で招聘し、その指導のもとに築港を行わざるを得なかった。彼らは雇工師と呼ばれていた。しかし雇工師の設計と監督によって我が国で初めて着工された野蒜港と坂井港の築港は全くの失敗に終わった。

　海洋に人工物を造ることは土木工学中の最難事であった。なぜなら海象が解明されておらず、海洋工事を進めるための機械も幼稚であったからである。海洋に人工物を建設するために必要な波浪の動作も、海水がコンクリートに及ぼす作用も全くと言っていいくらい未解明であり、近代築港を生んだヨーロッパの国々においてさえ、過去の経験を参考に試行錯誤しながら近代築港が進められていたからである。それでも明治の初めにはイギリスの威信をかけたポートランド港防波堤の1期工事が完了し、ドーバー港においては純然たる直立防波堤が築造され、エジプトではレセップスによって建設が始まったスエズ運河がすでに開通していた。彼我の差は歴然としていた。

　それから約12年の歳月を経て、一人の壮年技術者に率いられた日本人の技術者集団によって、北の海に向かって1本の防波堤の建設が始まった。世に有名な小樽築港である。非常な刻苦勉励の末、11年の歳月をかけてそれを完成させた。その防波堤の完成こそ、西洋の近代築港の科学と技術が完全な形で我が国

に移植されたことを国内外に宣言した画期的な出来事であった。壮年技術者の名は廣井勇。我が国の明治・大正を代表するシビルエンジニアであり、その分野のすべてに通じ、特に橋梁および築港の世界的権威となった人物である。

19世紀後半の橋梁建設においては、急速に伸びる鉄道網に対応する設計と材料が求められていた。列車は重量が大きく衝撃が作用するため従来の経験則による技術では対応できず、科学的な設計と橋梁に用いる材料の開発が必要であった。廣井勇は若くして渡米し実地に橋梁の設計と建設を学ぶとともに、世界的に構造解析の課題であった不静定応力の解明に取り組んだ。その初期の論文は、彼の初めての著書 "Plate Girder Construction" の発刊と同じ年に発表された。1905（明治38）年には "The Statically Indeterminate Stresses in Frames Commonly used for Bridges" を刊行し名声を博している。1911（明治44）年には鉄道院の嘱託により関門（下関海峡）架橋の設計を監督した。この橋は彼の不静定応力の解析法を用いて設計されたと見なすのが自然であろう。建設されていれば、現在でも世界最長スパンを有するゲルバートラス橋であった。

廣井勇博士の視野は工学に止まらず政策・経営にも及んでいる。彼の著作『築港』や土木学会会長としての講演「将来の港湾」からは、世界の物流の動脈とそれを支える鉄道、道路、港湾、運河などの基盤施設を充分に把握していたことが明らかである。世界の交通網すなわち鉄道網と運河、沿岸と大洋の航路は連携あるいは競合するからである。彼は世界的スケールで社会基盤を見ることができる最高のシビルエンジニアであった。仕事は常に公共という視点から取り組み、私生活は慎み深かった。愛のまなざしを以て人間を見、研鑽によって獲得した最高の近代科学と技術を社会に応用し、教授として次世代の人材を育成した。

しかし、その業績以上に重要なのは廣井勇博士がシビルエンジニアとなった動機、すなわち「この貧乏国にあって民衆の生活を豊かにしないで宗教を教えても益は少ない。僕は今より伝道を断念して工学に入る」という精神を生涯通して堅持し、行動し続けたことにあることは言を俟たない。彼の眼は、厳しい世を生きる人々に向けられ、彼の工学は人々が日々の生活に追われることなく

はしがき　iii

自らの人生の根源を感得できる時間を持ち、得られた確信を実行できる社会の実現に向けられていた。彼は言行一致、断行の人であった。

本書は廣井勇博士がその大精神の下、シビルエンジニアとしていかに活動し、どのような業績を残したかを明らかにしたいと思い執筆したものである。廣井博士は日記を遺さなかったといわれており、人生の折々における心情を窺うことはできないが、その著作を援用してシビルエンジニア廣井勇を浮かび上がらせようと試みた。

本書は2部より構成され、第1部は廣井勇博士の生涯を描き、第2部は彼の業績を明らかにし、世界の工学の歴史に位置づけたものである。廣井勇博士の研究に、またシビルエンジニアとして活動されている方々に、いささかでも役立てば望外の幸せである。

【謝辞】

北海道大学前総長佐伯浩先生には廣井勇博士が設計・監督した小樽港北防波堤および函館漁港石積み防波堤の修築に際しご指導いただき、さらに本書についてご指導をいただきました。

北海商科大学教授佐藤馨一先生には廣井勇博士の業績および生涯を書くにあたってご指導いただきました。

北海道大学大学院教授上田多門先生には廣井勇博士の業績について貴重な示唆と助言をいただき、思索を深めることができました。

北海道大学副学長三上隆先生、（一社）寒地港湾技術研究センター理事長水野雄三先生にはご専門の立場からご指導いただきました。

北日本港湾コンサルタント（株）上原泰正社長、（株）西村組中村弘之常務には長年にわたり廣井勇研究のメンバーとして共に研鑽を積み、小樽港北防波堤についてご教授いただきました。

（一財）港湾空港総合技術センター梅澤信敏主幹、九州大学大学院平澤充成教授、（社）北海道開発技術センター原口征人工学博士には図版の転載についてご許可いただきました。

北海道総合研究所浅田英祺所長には長年にわたり文献調査および解読について
ご教授いただくとともに写真使用の許可をいただきました。

北海道大学附属図書館、室蘭工業大学附属図書館、国立研究開発法人港湾空
港技術研究所、国立研究開発法人土木研究所寒地土木研究所、国土交通省北海
道開発局小樽開発建設部小樽港湾事務所には文献調査にあたって協力いただき
ました。

図版の加工等煩雑な作業を担っていただいた小野真澄さん、本村美幸さん、
佐々木みさおさんに衷心より謝意を表します。

最後に、これまで支えてくれた家族と盛岡の母アツに感謝します。

2015年7月1日　札幌にて

凡　例

一、引用文献によって同一の地名、人名が異なる場合には統一した。

　　例　アマスト→アマースト　マサチュセッツ→マサチューセッツ

　　　　ヅリーケ→デリーケ

一、旧漢字は、原則として正字の新字体としたが、人名については旧字体のま
　　まとしたものもある。

一、引用した文章は、読みやすさを考慮し、原則として現代語訳したが、文献
　　的価値を考慮し原文のままとしたものもある。その場合でも読みやすさを
　　考慮し、原則として片仮名は平仮名とし、漢数字は算用数字とした。

一、廣井勇の工学博士の学位申請書の体裁についてはほぼ原本通りとしたが、
　　1行の字数は原本通りとしなかった。

一、年齢は満年齢とした。

一、年月日の記載は、国内の出来事については、明治5年12月3日の改暦以前
　　は日本年号・太陰暦を用い、以後は西暦によった。改暦以前でも、必要に
　　応じ［　］で西暦を付した。国外の出来事については、西暦によった。

目　次

はしがき　i

凡　例　v

第1部　廣井勇の生涯

第1章　幼年時代　3

1－1　生　誕　3

1－2　上　京　6

第2章　札幌農学校時代　11

2－1　東京より札幌へ　11

官費生募集　11

札幌へ　13

2－2　札幌農学校　15

北海道の開拓　15

札幌農学校の創設　17

ウイリアム・S・クラーク　22

札幌農学校の授業　29

農学校の土木教育　30

アメリカの教育制度　廣井の受講ノート

W・ホイラー　38

廣井の学生生活　41

卒業式　44

独立基督教会の創設　46

目 次 vii

第3章 修行時代 50

3 – 1 開拓使時代 50

3 – 2 工部省時代 53

3 – 3 米国留学 60

ミシシッピー河改良工事 60

米国の鉄道 63

橋梁の技術革新と材料開発 64

製鉄法 アメリカの橋梁建設

橋梁工学の研鑽 66

転 機 68

3 – 4 ドイツ留学 71

3 – 5 初めての著書『プレート・ガーダー・コンストラクション』の刊行
76

3 – 6 帰朝の旅 79

3 – 7 帰 朝 81

野蒜築港 83

坂井築港 86

横浜築港 88

第4章 北海道時代 94

4 – 1 札幌農学校の存続危機 94

4 – 2 札幌農学校教授 95

4 – 3 北海道庁長官 北垣国道 102

4 – 4 横浜港コンクリートブロック崩壊事件 108

4 – 5 耐海水性コンクリートブロックの製造 111

4 – 6 技術者千年の栄辱 117

4 – 7 小樽築港 123

viii

小樽の街　123

小樽築港着工　125

マドラス港　コロンボ港

最大の危機　136

廣井の責任感　142

4 - 8　名著『築港』　146

第5章　東京帝国大学時代　153

5 - 1　明治の鉄道橋建設　154

5 - 2　廣井の授業　156

5 - 3　小倉築港　157

5 - 4　橋梁示法書　158

5 - 5　不静定応力の独創的な解法　159

5 - 6　下関海峡架橋の設計―世界最長スパンのカンチレバー・トラス橋　162

欧米視察　162

テイ橋の悲劇　165

フォース橋　165

ケベック橋の崩落と再挑戦　166

下関海峡架橋の設計　169

5 - 7　港湾調査会　170

5 - 8　コンクリートの長期耐久性試験　171

5 - 9　波力および波エネルギーの研究　172

5 -10　調査・監督等の活動　175

高知県の港湾視察　175

仁川港の埋築調査　178

室蘭港の埠頭設計監督　180

青森築港の調査監督　180

船川築港の調査監督　182

鬼怒川水力電気工事　183

鶴見築港　184

門司港および若松港の載炭設備調査　186

5 - 11　将来の港湾　187

第6章　東京帝国大学退官後　193

6 - 1　東京帝国大学退官　193

6 - 2　上海港改良技術会議　194

6 - 3　港湾協会設立　198

6 - 4　関東大震災　198

6 - 5　日本式築港の集大成　200

6 - 6　信仰と生活　201

内村鑑三との論争　202

信仰と工学　206

家庭生活　207

6 - 7　永　訣　210

第2部　業績を読み解く

第1章　小樽港北防波堤の構造　217

1 - 1　はじめに　217

1 - 2　スローピングブロックシステム　217

1 - 3　スローピングブロックシステムの歴史　219

1 - 4　小樽港北防波堤の構造　220

1 - 5　耐波性に優れた防波堤構造　222

第2章　廣井波力式の導出および意義　225

x

 2－1 はじめに 225

 2－2 海洋波へのアプローチ 226

 2－3 19世紀における港湾工学および港湾技術者 229

 2－4 実用的波力式の提案 233

 2－5 結　論 237

第3章 コンクリートの耐海水性について 241

 3－1 はじめに 241

 3－2 ミハエリスの学説およびその後の展開 242

 3－3 廣井博士による研究方法 245

 3－4 1904年論文の概要 247

 3－5 1904年論文は耐海水性コンクリートブロック製造の最終結論 249

 3－6 結　論 251

第4章 The Statically Indeterminate Stresses in Frames Commonly
   used for Bridges 254

 4－1 はじめに 254

 4－2 19世紀の橋梁工学と不静定問題 255

 4－3 カスティリアーノの定理および最小仕事原理 256

 4－4 不静定応力の解析に対する廣井博士の基本姿勢 258

 4－5 著書の独創性 260

 4－6 結　論 265

第5章 総　括 269

年譜 277

第 1 部　廣井勇の生涯

第1章　幼年時代

1−1　生　誕

　廣井勇博士は、1862（文久2）年9月2日に高知藩の主席家老深尾家に仕える廣井喜十郎の長男として土佐国高岡郡佐川村に生を受け、数馬と命名された[1]。

　佐川村は高知県のほぼ中央に位置し、仁淀川の支流である柳瀬川沿いに開けた盆地に位置する。領主の深尾家は代々教育に力を注ぎ、六代目茂澄は「家塾」を開き、七代目繁寛は郷校名教館を創設した。植物学者牧野富太郎、元宮内大臣田中光顕など多くの著名人を輩出した。

　廣井博士の祖先は代々深尾家に仕えてきた。そのうちで著名な儒者、和算家であったのが、博士の曽祖父である廣井遊冥（1770–1853）である。「高知県人名事典」によると、明和7年10月15日生まれ。郷校名教館の教授を務めた。17歳で仕官し高知邸で兵学の後、文学教授兼算学の師となり、また刀槍の術も教え文武両道に秀でていた。のち佐川に帰り、名教館助教、教授となる。君公の侍講をし算数の教授となり多くの門弟を育てた。名は鴻、字は千里、通称は喜十郎である。祖父の勘左衛門も儒学者であった。

　博士の厳父喜十郎は1833（天保4）年10月5日に佐川で生まれた。10歳の時、父勘左衛門が病没、祖父遊冥は古希を超え病気がちであったため母の養育を受けた。14歳で祖父遊冥の代勤を仰せ付けられ御小姓番を勤め、16歳で算術直式伝授を受け、18歳で武具役を仰せ付かった。19歳の時、同藩那須橘蔵の娘寅子と結婚した。20歳で槍術序目伝授、翌年算術皆伝を得た。1855（安政2）年6月女子出生、お戌と命名した。1862年9月2日に男子出生、数馬と命名した。同年御騎馬格となり同時に御軍備御用奥向御用を仰せ付けられた。禄高70石となった。1870（明治3）年10月病没した。

　廣井博士が誕生した頃、日本は騒然としていた。1862（文久2）年2月、皇

妹・和宮と将軍・家茂との結婚が執り行われ、7月、一橋慶喜が将軍後見職に就いた。1863（文久3）年8月、公武合体派がクーデターを起こし尊王攘夷派の三条実美ら7公卿は長州に逃れた。いわゆる八月一八日の変である。1866（慶応2）年1月、倒幕のための薩長同盟が成立し、翌年徳川慶喜が大政奉還を行い、1868年1月朝廷が王政復古を宣言した。

　幕末期、高知藩は土佐陽明学の開祖といわれる奥宮慥斎（1811-1877）や岡本寧甫（1789-1847）などが出て、陽明学が盛んであった。明治10年代キリスト教が最も広汎に信仰された高知、熊本、岡山の各県においては陽明学の影響が大きかったという指摘がある。

　内村鑑三は陽明学について次のように語っている[2]。

　　旧政府により、体制維持のために特別に保護された朱子学とは異なり、陽明学は進歩的で前向きで可能性に富んだ教えでありました。陽明学とキリスト教との類似性については、これまでにも何度か指摘されました。そんなことを理由に陽明学が日本で禁止同然の目にあっていました。「これは陽明学にそっくりだ。帝国の崩壊を引き起こすものだ」。こう叫んだのは維新革命で名をはせた長州の戦略家、高杉晋作であります。長崎ではじめて聖書を目にしたときのことでした。そのキリスト教に似た思想が、日本の再建にとっては重要な要素として求められたのでした。これは当時の日本の歴史を特徴づける一事実であったのです。

　良知（良心）を強調した陽明学は、それによって倫理を内面化し天理を人格化して「主の道を」備えたのである。「嘉永以来、土佐出身の名士で岡本寧甫の門を出なかった者はほとんどいない」といわれ、1000人といわれた門人の中には土佐勤王党の首領武市瑞山がいた[3]。

　1870（明治3）年10月9日、父喜十郎が没し数馬が家督を相続した。その年の暮れ、深尾家が高知に移ったのに伴い、一家は佐川より高知に移った。勇少年は8歳であった。小禄を没収され、さらに父を失った廣井家は祖母、母が内

職で生計を立て精神的にも経済的にも苦しい状況にあった。

　1872（明治5）年、母寅子の弟にあたる片岡利和が高知に帰郷した。片岡利和は1836（天保7）年高知藩士永野源三郎の二男として生まれ、深尾家の家臣那須橘蔵の養子となる。1861（文久元）年土佐勤王党が結成され、それに参加した。八月一八日の変によって尊王攘夷派の長州藩が、公武合体派によって京を追われると、前藩主山内容堂は土佐勤王党を弾圧し彼を謹慎処分とした。1864（元治元）年、長州藩を頼って脱藩し、京や大阪に潜伏し尊王攘夷活動を続けた。1865（慶応元）年、片岡利和（源馬）と改名した。戊辰戦争では嘉彰親王を擁して越後に進軍し柏崎軍監を務める。維新後、明治天皇の侍従を務めた。1891（明治24）年、千島列島の探検を行った。男爵、貴族院議員となった[4]。

　遥か後のことになるが、北海道長官であった北垣国道は、1892年9月12日の日記「塵海」に次のように記している（原文はカタカナ）。

　　　片岡侍従来訪。片岡氏は維新以前艱難を与にしたる旧友なり。氏昨夏御内命を奉して北海道視察巡回、厳冬ををかして「エトロフ」に年を超え、氷海の解するに及て千島丸に乗組み千島海を巡り、終に軍監盤城号に便を借りてしむし島に至る迄視察を遂け恙なく昨日札幌に帰着。其視察の実況を余に報告したるなり。同氏は勇壮義快の武士なる。年齢余と同く天保七年の生なる。本年五七歳にして如此艱険を犯して毫も屈せす。余も一八年前樺太探検、二〇年前氷雪を犯して北海道全島巡回の事を追想して感に堪えす。

　叔父であり、明治天皇の侍従である片岡利和に、勇少年は片岡家の書生にしてくれるよう懇請した。後に札幌農学校の同窓生となる新渡戸稲造は、当時の教育の状況について「明治4～5年頃は京都から東京への遷都直後で、国内は混乱を極めていた。支那の教えは実用的でないとされ、仏教は非科学的であると顧みられず、ただ反動的に神道は鼓吹されたが道徳的退廃を食い止められなかった。ただ外国に学んでただ国を強大にすることのみに傾いていた」「当時

国学は振るわず、まして論語孟子の素読など顧みられず、ただただ西洋に学べという傾向、いわゆる英語流行時代で板垣退助が国会開設の趣意書を書くのさえ英語であった」（新渡戸稲造「思い出」）と回想しているところから推察すると、寺子屋に通う子供たちの間にも英語を習得しなければ時代についていけないという雰囲気があったのかもしれない。英語を習得するには上京しなければならないと幼心に思ったとしても不思議ではない。

　勇少年の固い意志は叔父を動かし祖母と母の聞き入れるところとなった。そして叔父に伴われ上京した。蒸気船と馬による１か月余の旅であった。まだあどけなさが残っていたであろう10歳の少年は立志を抱いて母の膝下を離れ、独立自尊の気概をもって自らの道を切り開いてゆく。

　それからのちの勇少年の歩みを辿るにつけ、それまでの母親の躾や教育がいかに行き届いていたかが偲ばれる。母親の愛は、人格の芯となる徳性と第二の天性といわれる習慣、そして情緒を育んだに違いない。徳性とは、例えば心の明るさや清さ、勇気、忍耐などの心の貴い働きをいう。つねに研鑽を積む習慣は彼の学力と運命を引き上げた。さらに、情緒は智恵と結びついて偉大な行動力を発揮する。廣井勇を導いてゆくこのような内面の力は確かにその時、幼い胸に鼓動し始めていた。

　1－2　上　京

　東京の様子はめまぐるしく変わっていった。1868（明治元）年４月討幕軍が江戸城に入り徳川慶喜は水戸へ退去した。同年４月29日、徳川家達に徳川宗家の相続を認め、翌月70万石の大名として駿府に移した。江戸に居住する諸大名はもはや江戸にいる理由がなくなり国元に帰った。江戸の大名屋敷は空になり経済も大幅に縮小した。同年７月17日詔書が出された。「江戸は東国第一の大鎮、四方輻湊の地、宜しく親臨以てその政を視るべし、因つて自今江戸を称して東京とせん　是朕の海内一家、東西同視する所以なり」。江戸は東京という名称に変わった。1869（明治２）年３月、天皇が京都を出て東京に到着して東京遷都となった。1871（明治４）年７月、廃藩置県が行われ中央集権体制が強

化されていく。

　明治政府は幕府時代に締結した不平等条約の改定に力を注いだ。まず文明国として認められようと都市と生活の欧風化に取り組んだ。いわゆる文明開化である。1872（明治3）年9月、新橋－横浜間に鉄道が開通した。次いで新橋から東京都心に向かう旧東海道の銀座通りに本格的な洋風の煉瓦街をつくりメインロードとする計画が立てられた。1874（明治7）年にはその通りにガス灯が灯った。

　1872（明治5）年8月、学制が定められた。全国を8大学区に分け、各区ごとに大学を置き、1大学区に32の中学区、各中学区に210の小学区を置き、中学校や小学校をつくり国民にはすべて教育を受けさせることを目指した。

　勇少年は麹町富士見町にある片岡家の書生として寄寓しながら英語、数学等の私塾に通うことができるようになった。ある日、腸チフスに罹り重体に陥ったことがあった。いつも片岡家に出入りする外国商人キンドンがそのことを知って勇少年を自宅に引き取り、夫婦で親身に介護した。診療する医者も食事内容も最善のものが選ばれたであろう。その介護が功を奏し、少年は九死に一生を得ることができた。幼い時から世間の風に晒されて育ってきた勇少年にとって、人間を信じるという存在の根源を確信する出来事であったに違いない。廣井はその恩を一生忘れず、キンドンの命日には墓参を欠かさなかった。

　1874（明治7）年3月、東京外国語学校英語科下等第6級丙組に入学した。同校英語科は独立して東京英語学校となり、さらに東京大学予備門になる。その当時のことを親友の宮部金吾は次のように回顧している[5]。

　　明治7年3月東京外国語学校英語科の試験を受けて合格し、最下級なる英語学下等6級の丁組に編入された。現在の学士会館前にあたり、元の商科大学敷地内に位置していた。この外国語学校の英語学の部門はその年の12月に分離して東京英語学校となり、旧校舎の筋向いなる榊原邸に移った。その敷地は開成学校（のちの東京大学）の敷地の隣接地である。入学当時、同校に在学していた札幌に関係ある士、または知名の士を、明治7年3月

発行の「東京外国語学校官員並生徒一覧」に依り、その若干を採録してみよう。

　　下等1級—伊藤鑓太郎（札幌農学校第一期生）、柳壮蔵（北大医学部柳教授の厳父）、真崎健吉（北大医学部真崎教授の厳父）

　　下等2級—橋口文三（札幌農学校長をした人）、飯島魁

　　下等3級—中島信之（札幌農学校第一期生）、藤田四郎（藤田九三郎氏の弟、元農商務次官）、加藤高明

　　下等4級—末松兼澄、野村龍太郎（工学博士）、内村鑑三

　　下等5級甲組—土方寧

　　下等6級甲組—田中館愛橘

　　下等6級乙組—石川千代松

　　下等6級丙組—廣井勇（札幌農学校第二期生）

　　下等6級丁組—宮部金吾

　この頃を考えると教育の制度が丁度一つの大きな過渡時代であったように思う。生徒は多く東京で英語の正則教授をしていた神田の協立学校からか横浜の高島学校から入って来た。1級全科目通じ1外人が算術、読方、綴方、地理、歴史等皆英語の教科書を使用してこれを担当したが明治9年頃には漢学が課程の中に加わった。

　すでに記したように勇少年は外国商人キンドンにかわいがられ、しかも難関の東京外国語学校に入学していることから相当な英語力を身につけていたことがわかる。

　宮部金吾によると「学校は一時の油断も許さぬ進級試験制度であったので、夜は薄暗いランプの下で11時過ぎまで勉強し、時には深夜に及んだ。このため聊か視力を弱めた。勉学に忙しかったから交遊も少なかった」[6]という。さらに進級、向上するための勉強は非常に厳しかったのである。

　勇少年はその英語学校から工部大学校予科に転じる。その頃からすでに工学によって身を立てようと望んでいたに違いない。

1870（明治3）年、明治政府は殖産興業を進めるために工部省を設置した。3年後には工部寮（のちの工部大学校）を置き、近代的な工業技術の教育を行った。1876（明治9）年7月、札幌農学校教授としてW・S・クラークとともに東京に着いたW・ホイラーは、工部寮を見学した時の模様を次のように記している[7]。

　　この前の金曜日に私たちは工部寮を訪ねたが、これは工部省下にあり、土木技師、機械技師、建築技師、化学者、機械工等を養成して政府の役に立てようというためのものである。教員は大方が英国人であるが、校長ヘンリーダイヤーはスコットランド人で、この人にあちこち案内してもらった。この学校は創設以来3年であるが、その設計の点でも、またその成果の点でも同様であると思うが、アメリカのどんな学校にもひけをとらないどころか、実際面ではもっと優れていると思う。というのは、この学校には鋳造工場、機械製造工場、木製品工場等が付設されてあり、そこで学生が実際に自分の手ですべての機械類を造っており、在学6年間のうち半年は実習や工作に専念するのである。

　彼らの印象では日本は近代化に必要な物や技術を導入するうえで驚くべき長足の進歩を遂げていた。

　1873（明治6）年に開校した工部寮の専門課程は、土木学、機械学、電信学、造家学、実地化学、鉱山学、鎔鋳学の7学科に分かれ、専門課程の後期をはっきり「実習」の期間と定めて実務教育を行った。工部寮は1877（明治10）年に工部大学校と改称され、鎔鋳学が冶金学と改められるとともに、1882（明治15）年には造船学が加わり、我が国における最高水準の工科大学となった[8]。

　工部寮はこのような優れた環境にあったが、勇少年は叔父の家にそう長くは厄介になっていられないという事情もあり、官費制度のある学校を探しては受験したが、年齢が達しないために入学を許されなかった。

注

（1）故廣井工学博士記念事業会『工学博士　廣井勇伝』工事画報社、1940年7月、203頁。

（2）内村鑑三『代表的日本人』岩波文庫版、2014年9月、19頁。

（3）林田明大『真説「陽明学」入門』三五館、2003年10月、289—292頁。

（4）藤井肇男『土木人物事典』アテネ書房、2004年12月。

（5）宮部金吾博士記念出版刊行会『宮部金吾　伝記叢書232』大空社、1996年10月、27—28頁。

（6）同上、31頁。

（7）ジョン・エム・マキ『W・S・クラーク―その栄光と挫折―』北海道大学出版会、2006年2月。

（8）原口征人『札幌農学校における土木教育に関する研究』北海道大学学位論文、36頁。

第2章　札幌農学校時代

2－1　東京より札幌へ

官費生募集(1)

　1877（明治10）年6月、開拓使九等出仕堀誠太郎が東京英語学校、工部大学校を訪れ、官費生募集の演説をした。堀誠太郎は、森有礼の家の書生をしていた関係で、1870年、森に従って渡米、開拓使顧問ケプロンの推薦もあってクラークが校長であったマサチューセッツ農科大学に学んだ。やがて堀は開拓使の官費留学生となり、1875年に帰国。開拓使東京出張所に勤め、クラークの来日中は彼の通訳兼書記の任に当たった。なお、開拓使直轄の3つの大試験農場の管理者はいずれもマサチューセッツ農科大学卒の日本人であった。

　堀は初めに北海道の開拓を説き、さらに進んで北国の風物を非常に興味深く話し、終りに官費制度のことを詳細に語った。学費に乏しかった士族の子弟が多かったので官費という点が特に注意をひき、東京英語学校では12名も志願する結果となり、時の校長服部一三を驚かせた。

　入学に当たって学生は16歳以上で「健全な身体と立派な人格」を備えていることが求められた。また入学試験に合格した場合、次に挙げる諸項目を規定した同意書に署名する必要があった。すなわち、

　　1．学生は国家の法律や学則を犯して退学になったり、成績不振で退学になる場合、それまでかかった教育費を1ヶ月11円の割合で返済すること。

　　2．北海道の市民となり開拓使に5年間奉職すること。

　　3．学生としても、開拓使の役人としても途中で辞めないこと。

　　4．「やむを得ない事情」のゆえに退学または退職を願い出る場合は、在校期間にかかった全教育費を学生数で割った分を返済すること。

　学生数は50人に限定され、その費用一切は政府が負担した。しかし学校が始まってから後のことになるが、私学生の入学に関する規定が設けられ、1ヶ月

10円の割合で学費を納入する場合、その学生は卒業してから開拓使で働くことも北海道の市民になることも免除された。また、学校の本来的性格から、さらに教科課程の中に軍事教練が含まれていることもあって、政府給費生も私費学生もともに士官候補生と呼ばれていた。

英語学校1級2級の生徒および工部大学校予科の生徒は無試験入学が許されていたので体格検査を受け、同年7月27日付で「開拓使付属札幌農学校官費生を申付」という辞令を受けた。入学者は以下のとおりである。

東京英語学校より入学（12名）
　足立元太郎、藤田九三郎、伊藤英太郎、伊藤鏗太郎、岩崎行親、毛受駒次郎、宮部金吾、永井於菟彦、太田稲造、佐久間信恭、高木玉太郎、内村鑑三

工部大学予科より入学（4名）
　廣井　勇、町村金弥、南鷹次郎、諏訪鹿三

長崎英語学校より入学（2名）
　村岡久米一、西村規矩

　　　　　　　　　　　　　　　　　　　　　　　　計18名

片岡利和と札幌農学校生徒保証書

入学生は芝区新橋5丁目の植木屋という開拓使御用宿に集合を命じられ約1か月間、現在でいうオリエンテーションを受けた。植木屋に滞在中、開拓使の特別の交渉により開会前の第1回内国勧業博覧会を縦覧し、大いに満足している。明治政府は強力に産業振興を進めていた。

札幌へ

宮部金吾の臨場感ある思い出をもとに札幌への旅を記す[2]。

　1877（明治10）年8月27日、一行は幹事であり予科で英語教師を兼ねる井川冽に引率され、開拓使の御用船玄武丸644トンで品川を出発した。玄武丸は揺れがひどく別名ゴロタ丸と言われていた。中央部甲板下にホールがあり、食堂兼談話室となっていた。ホールを中心に1等室、舷側に2等室、軸に3等室があった。途中、海が荒れ大揺れしたが、8月30日函館に入港し9月2日まで停泊した。函館山に登り碧血之碑なども訪れた。9月3日早朝、小樽に入港した。当時、手宮はまだ漁村で入舟町あたりが港の中心であった。食後、馬20頭は鈴の音を響かせて札幌に向かう。国道は海浜に沿い銭箱迄は漁村が点在していた。ただ張碓に近い神威古潭だけはまだ道路が未完成で、高い断崖下に岩礫が累々としていた。銭箱から道は海にわかれ、鬱蒼たる森林を縫って琴似に向かった。この間、所々に農家が散在していた。琴似で初めて屯田らしい建物を見、ぽっかりと人里の温かさを感じ、また殊に屯田の事務所や小学校などが爽やかに眼についた。一行は遂に南1条から北2条西2丁目の薄暮の寄宿舎に着いた。初めて乗った馬なので体の節々も痛く、大いに疲労した。玄関はひっそりとして1人の出迎えてくれる上級生もなく、全然空家のような静けさであった。ただ遠くの室で何か集会があるらしく歌の声などが聞こえて来た。後で判ったことであるが、その時上級生一同は復習室に集まって丁度祈祷会を開いたところであった。

　先ず食事をとり風呂に入る。2人ずつ既に割当があり、各室のドアの側

に名札が掛かっていた。ほの暗いランプの下で虫の声を聞くともなく聞いていると、遥けくも来た旅愁を身にひしひしと感じた。

　賑やかな都会から荒涼とした札幌にたどり着いた希望と不安が伝わってくる。母を残し故郷を離れ、東京から札幌に着いた廣井の気持ちはいかばかりであったろうか。それよりも親戚の世話にならず独立独歩、自らの力で人生を切り開いていくことができる境遇を得て、晴れ晴れとした気持ちになっていたことだろう。

　札幌の建設の端緒は、開拓判官島義勇によって開かれた。1869（明治2）年10月、島判官の指揮のもと、札幌市街の区域を概定し札幌本府の建設に着手した。しかし、島判官は新政府と激しく対立し翌年1月帰京を命じられ、建設は一旦中止となった。

　1871（明治4）年2月、開拓判官岩村通俊が札幌本府経営の主任官として着任し、直ちに都市計画に着手した。開拓使庁の南北625メートル、東西483メートルの敷地を中心に、正面を飾るため東に向かって幅27メートルの2本の道路をつくった。敷地の南に幅105メートルの大通を伸ばし、その南側を町家とした。全体を幅20メートルの道路で109メートル余の碁盤の目の区画を構成するものであった。都心部には原始河川の胆振川とその支流が流れ、疎らな林とカヤ原であった。1873（明治6）年には前年から建設を進めていた開拓使庁舎、官舎、病院、モデル店舗などの一連の建築群が完成し、計画的に配置されたアメリカ風の

北講堂（左）と中央講堂（右）
（『札幌農学校』復刻版所収）

洋風建築の出現によって都市景観が一変した。同年6月には函館より森に至り、そこから室蘭まで渡海し、苫小牧を経由して札幌に至る札幌本道が完成していた。

札幌農学校の校舎は周囲を土塀で囲み、北講堂、化学講堂、寄宿舎の堂々とした西洋風なペンキ塗りの木造建築が3棟並んでいた。寄宿舎は各室約12畳半、床板の上に粗末な寝台が2個、石油のランプが1個備えられ、机と椅子が各2個向い合せに置かれた。冬には大きな鋳鉄の薪ストーブが各室に1個ずつ備えられた。

開拓使は教師や生徒のため、特に洋服裁縫師、西洋料理人、西洋洗濯屋、靴製造屋等を呼び寄せた。食事について朝夕は洋食、昼は和食、肉は鹿肉だった。

札幌の人口は876戸、約2400人、山々は豊かな原生林に覆われていた。

内村鑑三は当時の札幌について次のように回顧している。

　　札幌に於いて私共を薫陶してくれました最良の教師は人たる教師にあらずして生けるそのままの天然でありました。其時北海道はまだ造化の手を離れたばかりの国土でありまして、いとも美わしき楽園でありました[3]。

2-2　札幌農学校

北海道の開拓

1869（明治2）年5月18日、五稜郭に立てこもる榎本軍が降伏し戊辰戦争が終結した。明治政府は翌月には北海道開拓に着手し、7月8日には北海道を経営するために開拓使を設置した。政府は、ロシアが抑圧からの救済を名目に北海道のアイヌを扇動すれば、必ずアイヌの大規模な反乱が起きるだろうと危惧していた。そのため速やかに農業による開拓を推進して和人の定住地域を拡大しなければ、北海道はロシアの影響下に置かれ、領有そのものが困難になると考えた[4]。8月、中納言議定鍋島直正に代えて東久世通禧が開拓長官に任ぜられた。さらに翌年5月、兵部大丞黒田清隆が東久世長官の下の次官となった。黒田は1874（明治7）年8月長官となり、1882（明治15）年1月まで在任し、常

黒田清隆
(『札幌農学校』復刻版所収)

に中心となって北海道開拓を推進した。黒田はロシアの南下政策に対処して北海道を北の重要な防御地とするため、10年間に国家予算1000万円と租税収入年額数10万円を北海道開拓に投入する十ヶ年計画を推進中であった。すなわち、水陸運輸の便を開き、水産を改良進歩し、農工業を開進し、土地を開拓し農民を殖し、屯田を備え、教育を奨励する等の施策を進めていた。しかし、本州と異なる冷涼な気候と未開の大地を経営する方法を日本人は持っていなかった。

黒田清隆の本道開拓の経綸中、特筆されるのは外国人の招聘と先進技術の導入である。1871(明治4)年1月4日、黒田開拓次官は留学生を伴って米国に出発した。黒田は当初から米国に着眼していたようであり、人選に当たった駐米小弁務使(駐米公使)森有礼は気候風土が相似したニューイングランドを念頭に入れていたといわれる。

そのことについて佐藤昌彦は著書『佐藤昌介とその時代』[増補・復刊]において次のように解説している[5]。

　1533年、英国のヘンリー8世はローマ教会との断絶を宣言して宗教改革を行い、英国教会を設立した。しかし、その改革が不徹底であったので宗教改革の純粋さを徹底させようとする人々が現れ清教徒と呼ばれた。そのうちには国教派と分離独立するグループと、国教派と同一の基礎に立って行動しようとするグループがあった。クロムウェルの革命は前者が中心で、このグループが理想を求めて米国に渡りニュープリマスに植民したピルグリム・ファザーズで、国王やその周辺に対する反対の念が強い。次に後者

のグループが1830年に移民を開始してマサチューセッツ植民地を創設した。植民者の数はニュープリマスとは比較にならないほど多数であり、その中にイングランドの有力者を多数含んでいたので米国精神の形成に強力な影響を及ぼし米国精神の中核とみることができる。反抗の精神と強靭な生命とがマサチューセッツの清教徒の特質である。

　黒田は森有礼とともにグラント大統領に会見し日本政府の申し出を提示した。黒田次官と森有礼は農務長官ホーレス・ケプロンに会い、米国国務長官よりの紹介状を差し出した。黒田次官の目的は、日本政府の全権大使として北海道の農業、工業等の資源を開発し所定の開発事業を進める適任者を雇うことであった。3月26日〔5月15日〕にケプロンと森有礼との間で、開拓顧問の契約が結ばれた。7月7日〔8月25日〕、ケプロンは科学技師アンチセル、機械・土木・測量技師ワーフィールド、医師兼秘書エンドリッジを伴い来日した。

　ケプロンは1875（明治8）年6月に帰国するまで、開拓使の最高顧問として北海道の拓殖産業および教育に非常な貢献をなした。

札幌農学校の創設

　ケプロンは、1872（明治5）年に提出した第1年報に「開拓使は科学的、組織的にして、かつ実用的なる農業を起こすために全力を傾注せざるべからず、この目的を達するには東京および札幌の官園に連結して学校を設け、その内において農業の重要なる総ての部門を教授するをもつて最も有効にして経済的なる方法とす」と建言した[6]。

　1872（明治5）年4月15日、開拓使は、北海道開拓に必要な人材を養成するための教育機関として東京芝区増上寺内に開拓使仮学校を開校した。全国から生徒を募集したが、年齢が高く校則を守らず粗野で外国語を話せない者たちばかりなので、翌年3月14日一時閉鎖し、4月14日組織を改めて開校した。1875（明治8）年7月、比較的年少者を学生として選抜し札幌に移し札幌学校と称した。これらの学校は普通学を授けるものであったので、さらに専門学科を設け

ウイリアム・S・クラーク
(『札幌農学校』復刻版所収)

ることになった。札幌農学校の創設である。札幌学校の出身者には学力、体力ともに不十分なものが多かったので、生徒募集にあたっては、開成学校、東京英語学校の生徒にも呼びかけられた。その結果、第一期生として後者から11名、前者の13名と合わせて計24名が入学した。しかし1年後まで残った生徒は16名で大半は東京英語学校の出身者であった。

このため第二期生に関しては、再び東京英語学校の生徒たちの「譲渡」が文部省に依頼された。しかし、すでに東京大学予備門となっていたことから、当該学年には希望者がなく、クラスを下げて下等第1級と第2級からも受験の便が図られた。この間の交渉を果たしたのが堀誠太郎であった[7]。

1875（明治8）年5月15日、太政官が札幌農学校設置のため米国教師3人の雇用を承認したことを受け、駐米全権公使吉田清成に人選が委ねられた。駐米公使吉田清成は有名な教育者B・G・ノースロップに札幌農学校教師の人選を相談した。ノースロップはマサチューセッツ州の教育局に奉職しており、クラーク博士を知っていたので推薦した[8]。吉田全権公使は評判の高いマサチューセッツ農科大学長ウイリアム・S・クラークを教頭に選んだ。クラークは明治政府の招聘に応じ1年間の賜暇を得て1876年7月31日、教え子であるW・ホイラー、デビット・P・ペンハローおよび学生11人を伴い札幌に到着した。

クラークがどのような教育方針と意気込みで札幌農学校の経営に当たったかは1876（明治9）年8月14日に挙行された開校式で黒田開拓長官、調所校長に続いて行った演説より明らかである。

クラーク式辞(9)

　長官閣下、札幌農学校の校長先生、教職員の皆様、学生諸君、お集まりの皆々様、この日出ずる国における最初の農学校の開校式に参列するに際し、私は誇りと喜びとで感無量なるものがあります。

　マサチューセッツ州は教育熱心な所として知られておりますが、その地に本学と同様の教育機関を設置し得てから、未だ10年とたっておりません。今日ここに私が札幌農学校の初代学長として、同時に、ここから数千マイルの彼方、地球の向こう側にあるマサチューセッツ農科大学の学長として立ち得ますことは、私の大いなる特権であると考えております。こちらに参りましてから、開拓使直轄の3ヵ所の大試験農場のいずれでも、マサチューセッツ農科大学で学んだ日本人がその管理者となっていることを知り、欣快この上もありません。私は今ここに、農科大学の卒業生2名と共にこの大学の基礎を据えるべく参っているのであります。この学校が、やがて北海道の農業の改良と諸産業の発達とに資することの大いなるものがあることを信じております。

　学校の設立と維持とはあらゆる文明開化せる国において急務とされておりますが、誠に当然であります。しかしながら、欧米においてすら、農業と機械技術との向上を目的とする教育機関が真剣に考慮され始めてから未だ間もないのに、黒田長官閣下が北海道にまず何よりも農学校を創設されましたことは誠に驚くべきことと申せましょう。閣下の御方針の賢明なることが、農学校の顕著なる成功によって明らかに示されんことを祈るものであります。

　本学最初の教授陣を構成すべく招聘された私達は、与えられた高邁なる職務に熱意を以て当たる所存であり、私達の示す模範と私達の教授とにより、学生の持つ知性と心情とをその生涯に最も役立つように養育するよう、努力を致すつもりであります。長官閣下は国家に対する献身的御奉仕により、既にして正当な報償、不朽の名声、さらに最高の栄誉と責任ある職務まで手中にされましたが、この閣下からは私は、本学関係者が閣下の秀で

た先例に従い、同様の努力を払うことにより閣下の卓越に近づかんとする
のは、帝国政府の現方針に抵触するものでない旨を漏れ承っております。
長年に亘り東洋の諸国を暗雲の如く包んでおりました、排他的階級制度と
因襲との桎梏から、貴国がかくも見事に解放されたことは、教育を受けん
とする学生1人1人の胸の内に高邁なる志を目覚まさずにはおきません。
若き諸君、君達の忠実にして有効なる働きを大いに必要としている祖国に
おいて、各自が労働と信頼と、それに伴う名誉とに値する最高の地位を得
んと努力するように望む。

　君達は健康をよく保ち、欲望と情欲とを制御し、従順と勤勉の習慣を身
につけ、これから学ばんとする諸学問に関する、あらゆる知識と技術とを
獲得するよう。かくして諸君は要職につく備えをなさんとしているが、そ
の要職たるや、誠実、聡明にして精力的な人材を常に求めており、他のす
べての国におけると同様、この国においても、かかる人材の需要は多いも
のの、それを満たすことが困難な現状にあるのです。

　終わりに次のことを申し上げたいと存じます。この度の興味深い式典は、
誠に吉祥の気に包まれており、もし札幌農学校がその揺籃期にある最初の
数年間、長官閣下の良き養育を受けるならば、北海道民はおろか、全日本
帝国国民の敬意と支持を当然受け、かつこれをほしいままにすることにな
ろうと、私は確信するものであります。

　太平洋を挟んで2つの大学で、自らが編成した教育の理念とカリキュラムに
よって次代を担う青年を育てんとするクラークの高揚した心境が伝わってくる。
そして「本学最初の教授陣を構成すべく招聘された私達は、与えられた高邁な
る職務に熱意を以て当たる所存であり、私達の示す模範と私達の教授とにより、
学生の持つ知性と心情とをその生涯に最も役立つように養育するよう、努力を
致すつもりであります」と述べたようにクラーク以下の教授陣は教育に、さら
に学外の開拓使の仕事にも尽力することになる。クラークの演説を聞いた学生
の多くは「君達は健康をよく保ち、欲望と情欲とを制御し、従順と勤勉の習慣

を身につけ、これから学ばんとする諸学問に関する、あらゆる知識と技術とを獲得するよう」という言葉を長く記憶に留めていた。

　クラークらの働きは、じきに黒田長官をはじめ開拓使の官吏の信頼を集めるようになった。クラークは米国の妻に宛ててその喜びを綴っている(10)。

　　私はすばらしい時を過ごしています。そしてどれだけ私が信頼されているか、どんな責任を私が日々背負い込んでいるかを思ってただ身を震わせています。気候は快適で私の健康は申し分ありません。農学校での仕事はとても愉快で、私の側での何の努力も要りません。学生たちはこれ以上望めないほど善良で熱心であり、また非常に礼儀正しく、指導に対して非常な感謝の意を表すので、アメリカの学生はまるで野蛮人のように思えてくるほどです。学生たちはみな官費で勉強している学生です。だから、私たちは好きな数だけ学生を採ることが出来ます。……黒田長官はたえず私の意見を聞いて、いつも私の助言に従います。昨日彼は庁舎の近くにあるすばらしい模範実験農場の管理を私に委ねました。この農場では100以上の人が雇われています。彼はまた私に農業担当の教授を呼びよせること、および、来春各々50エーカーずつ播くに足るだけのとうもろこしと牧草の種をアメリカで買い付けることを命じました。

　少し時間を遡るが、札幌農学校の開校のためクラークら教授陣と一期生が、品川沖を出て札幌に向かう途中、船上において生徒が甲板上で俗歌を歌うのを甲板下の食堂で聞いた黒田長官が烈火のごとく怒って「そんな学生は到底成学の見込みはないから函館から追い返せ」と命じる事件があった。その場は航海中謹慎ということで収まったが、黒田長官の心境は穏やかではなかった。長官はクラークに対し、専門知識のほかに北海道開拓を支えてゆけるよう学生の徳育のための修身学を教えてくれるよう懇請した。クラークは快諾して徳育を施すにはバイブルを用いるほかないと主張した。長官はバイブルを用いることには激烈に反対して譲らなかったが、札幌に着いてから黒田長官は深く学生の徳

育の必要性と、クラークの人格熱誠に感動し、自説を曲げて徳育のことは一切クラークに委ね、ただバイブルを一の文学としてまた一つの修身学書として教えることを黙認した(11)。

クラークは毎日授業に先立って聖書の講義をし、学生に聖書や讃美歌の名句を暗唱させ、絶えず祈禱を捧げて教化善導に努めた。

ここで、クラークの経歴と札幌農学校での教育について述べてみたい。

ウイリアム・S・クラーク

クラークは1826年7月31日、北米マサチューセッツ州アッシフィールドに生まれ、1848年アマースト大学を卒業、次いでドイツのゲッチンゲン大学に留学し専ら鉱物学・化学を修め1852年、26歳で博士の学位を得て母校アマースト大学に化学の教授として15年間勤務した。1860年に南北戦争が勃発すると北軍の志願士官として2年間戦線に立ち、抜群の武勇によって大佐まで昇進した。1862年、モリル法（Morrill Congressional Act）が国会を通過した。モリル法の正式な名称は「農業および機械技術の振興のため大学を建設する意図の下に、国有地を各州並びに各準州に交付する法」といい、その骨子は次の条文で明らかである(12)。

　　土地を交付された各州が、その土地を売却することにより得られた金額、および与えられた土地仮証券を売却することにより得られた金額は、合衆国や各州の公債または安全な債券を購入することに当てる。このようにして投資された金額で永久的資金を構成し、利息を完全に各州の占有にして、これによって大学の創立と維持に使用する資金を得る。その大学の主要目的は、他の科学および古典の科目を除外することなく、軍事教練を必ず実施しながら、農業と機械技術とに関係する学問分野を教授することにあり、その教授の方法は各州議会が、産業労働者階級が生涯の職業を身につける上での一般教養および実務教育を促進する目的をもって、独自に規定できる。

この革新的な法令により各州に州立農科大学を設立することになった。誘致のために各地で激烈な競争が起こった。クラークはアマーストに誘致しようとアマースト市民に5万ドルの起債をさせて誘致することに成功した。1867年10月の開校の際は学長として創立の任に当たり、以後11年間学長として尽力した。1870年のアマーストの人口は約4000人、その規模の町が2つの大学を擁していた。1876年、明治政府の招聘に応じ来日した。

クラークは細かな規則で生徒の行動を縛るのではなく、生徒に対し豊かな教養を身につけ良心に従って行動する人としての自覚を促すことに重点を置き、それを聖書に求めた。唯一 "be gentleman" を教育の方針とし、すべて自ら考えて紳士としてふるまうことを求め、違反した場合には「即退学」であると言い切った。すなわち、知育、徳育、体育を中心とした全人教育を標榜し、聖書をもって生徒の人格の陶冶に努めたのである。

彼は教師に対しても、その在り方について次のように勧告している(13)。「授業はすべての科目にあってできるだけ実際的であるべきで、それは本学の卒業生が、その健全な判断力、進取の気性、厳格な道徳性のゆえに、世間から認められるものとなるためである。教師たるものは学生の模範となるよう、自らの品性と行動とに留意し、あらゆる適切な機会をとらえて学生に身体の管理と抑制、知性の訓練と育成、さらに不滅の霊性と威厳と価値といった諸点に関して有益な知識を分け与えなければならない」。また「教師たるものは、自分の才能と好みに従って教科の教育方法を案出すべきである」と述べ、教科書は「これを上手に使えば何回使ってもよい」としながらも、耳からの授業と実際的教授が一番望ましいとしている。他方、学生が教科書に載っていない事柄を教室で習うときは、これをノートに取り、それからそのノートを別の適当なノートに「丁寧に整理して」書き移し、それを今度は「先生によく見て訂正してもらう」こととした。この最後の勧告は学生と教師を忙殺した。一期生の大島正健によれば、「17歳前後といえば今日の中学生に毛の生えたような若者共が、日本語を全く解さないクラーク先生が滔々と講義する植物学や英文学、ペンハロー教授の化学・農学・英語、さらにまたホイラー教授の数学・土木工学等の

講義を聴取しながら英語で書きとめるのであるから、満足な語学の教育を受けていなかったはずの学生たちの日々の労苦は筆舌に尽くしがたいものであった。そして教科書が皆無の時代であったから、ありとあらゆる学科をノートしなければならないので、寄宿舎で夜ランプをともして営む仕事は誰も彼も辞書と首引きでノートの穴埋めに全力を尽くす次第であった。万事がこの調子であったが、時折クラーク先生自身が廻って来て、不完全な学生たちのノートを手を取って直して下さる。その苦労も一通りや二通りではなかった」[14]。クラークが実践したのは、このように丁寧で時間のかかる、しかし確実な教育であった。

クラークは生来、非常に勝気で負けず嫌いであった。来日した時には50歳であったが、無邪気なところが残っていて何事に対しても熱心で、時には激昂するところもあった。また座談に長じ、生徒を集めていろいろな冒険や経験などを物語るうちに教訓を与えた。彼は妥協を嫌い、是を是、否を否とする主義の人であった。そして「信念あってこそ人生というものは意義ある生活をなすことができる。その信念さえ堅固であったならば道徳というものは自然に立ってゆくもので、道徳以上に信仰というものは大切なものである」と常々一期生を諭した。彼は学生の勇気を鼓舞するために自ら率先して冬期間、手稲山に登ったり盛んに屋外の運動や植物採集などを奨励し、山野を跋渉してその範を示した。時々学生の寄宿舎を廻り、日中勉強している者、すなわち午後読書するが如き者は、これを戒めて屋外の新鮮な空気を呼吸すべく勧告し、学生に対し雪合戦を挑むことさえあった[15]。

クラークが札幌を離れる日が近づいた1877（明治10）年3月5日、佐藤昌介ら札幌農学校一期生は、彼が起草した「イエスを信ずる者の誓約」に署名した。

イエスを信ずる者の誓約[16]

下段に署名するS・A・カレッヂの生徒は、キリストを彼の命令にしたがって告白することと、十字架上の彼の死によって我々の罪のために贖いを為したもうたかの救拯主に我々の愛と感謝とを示さんがために真の忠誠をもってすべての基督信徒の義務を果たすこととを願いつつ、そして彼の

栄光の増進と彼が代って死にたもうた人々の救拯（すくい）とのために彼の御国を
人々の間に前進せしめんことを熱心に望みつつ、彼の忠実な弟子となるこ
とと彼の教の文字と精神とに厳密に一致して生きることとを、この時より
のち、神に対してまた相互に対して、厳粛に契約する、そして適当な機会
のある場合には我々は試験、洗礼、入会のためにいずれかの福音主義教会
に出頭することを約する。

　我々は信ずる、聖書は言葉をもってせる神より人への唯一の直接の啓示、
光栄ある未来の生命への唯一の完全無謬な指導者であることを。

　我々は信ずる、我々の憐み深い父、我々の公正にして至上なる支配者に
いましたまい、そして我々の最後の審判者にいましたもうべき、ひとりの
永遠の神を。

　我々は信ずる、すべて心から悔いそして神の御子を信ずる信仰によって
おのが罪の赦しを得る者は、この生涯を通じて聖霊によって恵みゆたかに
導かれ、そして天の父の注意深い摂理に護られ、かくしてついには贖われ
た聖なる者の享受するもの追及するものにあずかる備えをなさしめらるべ
きことを、しかし福音の招きを受けることを拒むすべての者はおのが罪の
中に滅び、主の御前から永久に退けられなければならないことを。

　以下の誡めは我々は我々の地上の生涯のあらゆる転変を通じてこれを記
憶しこれに服従することを約する。

なんじ、心を尽し精神を尽し力を尽し思を尽して主なるなんじの神を愛す
べし、またおのれのごとくなんじの隣人を愛すべし。

なんじ、いかなる被造者または被造物のいかなる彫像またはいかなる肖像
をも拝すべからず。

なんじ、主なるなんじの神の御名をみだりに用うべからず。

安息日を憶えてこれを聖く守り、すべて不必要な労働を避け、これをでき
るかぎり聖書の研究となんじ自身および他人の聖なる生活への準備のため
に献ぐべし。

なんじ、なんじの両親と支配者に服従し、これを敬うべし。

なんじ、殺人、姦淫、あるいは他の不潔、窃盗、あるいは欺瞞を犯すべからず。

なんじ、なんじの隣人に何の悪をも為すべからず。

絶えず祈れ。

相互の援助と奨励のため我々はここに『イエスを信ずる者』の名のもとに一団体を構成する、そして我々は聖書あるいは他の宗教的書籍文書の閲読のため、会談のため、祈禱会のため、我々が生活をともにする間、毎週一回以上集会に出席することを固く約する、そして我々は衷心より願う、聖霊の我々の心における明白なる臨在が我々の愛を活気づけ、我々の信仰を強め、我々を真理の救拯的知識に導きいたらんことを。

札幌にて―1877年3月5日

　その誓約は新生米国のピューリタリズムを表すものであった。ジョン・エフ・マキはこの誓約書はよく知られた十戒の原文そのままではなく興味深いという。宗教的であり、契約的であり、聖書的であり、クラーク的であるからだという。最も注目すべき変更は父母に従いこれを敬えという戒律に「支配者」という字を追加していることであると指摘している。農学校において聖書を用いるにあたり、黒田長官と激烈な議論をする過程で日本人の心情をよく理解でき信者となった生徒の弁護のために追加したとみるのは曲解であろうか。

　誓約には「適当な機会のある場合には我々は試験、洗礼、入会のためにいずれかの福音主義教会に出頭することを約する」および「相互の援助と奨励のため我々はここに『イエスを信ずる者』の名のもとに一団体を構成する、そして我々は聖書あるいは他の宗教的書籍文書の閲読のため、会談のため、祈禱会のため、我々が生活をともにする間、毎週一回以上集会に出席することを固く約する」という一文があり、一期生はクラークが札幌を去ったのち、それを実行した。

　1877年4月、クラークは帰国にあたって札幌近郊の島松において見送りのた

めに随行してきた生徒に "Boys, be ambitious" の言葉を残し立ち去ったと伝えられている。宮部金吾は、その意味について「『青年よ　汝ら大志を抱き、小成に安んぜず力の限り努力して向上発達を図り、国のために尽くせよ。』と云う教訓である。これは単に学術を習得するのみならず、身体の健全を図り、精神の修養を怠ってはならぬと云う事である」と解説している[17]。

　クラークは僅々8か月の札幌在住のうちに、我が国最初の農学校機関である札幌農学校の基礎を築いたのである。

　北海道の酪農に貢献したエドウィン・ダンは札幌農学校について「吉田（清成）公使が、当時アマーストで農科大学の校長をしていたクラーク教授を雇った折、クラーク教授は日本に同行するため、当然ながらそこの卒業生を何人か助手として選んだ。クラーク教授は有能で、組織力と指導力があった。彼はアマーストにある大学とそっくり同じものを札幌に作るためにやって来て、それをなしとげた。ひょっとすると、札幌の学校は元よりも良いかもしれない。……札幌農学校は教育機関として初めからうまく行った。非常に有能な人達がいて、これを推進したからである。本州の学校から厳選されてきたそこの学生は、知的にも道徳的にもレベルが非常に高かった。……それは実に立派な教育機関となった」[18]。

　これらの出来事は、青雲の志を抱いた感受性の高い純真な青年の心を強烈に揺さぶらずにはおかなかった。1880年7月11日すなわち第一期生が卒業した翌日、彼に接する機会のなかった宮部金吾はまるでクラークの開校式の演説に応えるかのような次の手紙を彼に送っている[19]。

　　先生とは直接お目にかかってお話したことはありませんが、私は先生をすっかり存じ上げ、親しく思っています。と申しますのは、私は第一期生から、先生に個人的に接して楽しかったこととか、先生から優しい忠告や寛大な教えをいただいたことなどを繰り返し聞いたからです。また、暗黒の中にあって死にそうになっている魂に、神の光の種を蒔き、植えつけられたという先生の高貴なクリスチャンとしての行為について繰り返し聞い

たからです。先生がここに蒔かれた種は「地に落ちた」種と同じく、主の絶えざる恵みの水と優しい慈愛とによって、遥かなこの土地においても、私達信仰を保持している者達の中に何倍もの実を結んでおります。イエスを信ずる者達が北海道に残ってその土地を耕している限り、先生のお名前は忘れられることはないでしょう。

　先生からお習いした学生たちがみな学校を終え、健康な身体と知性とを以て、この国の繁栄のために参画しようとしていると申し上げたら、先生がどんなに仕合せにお感じになるか、私などは想像も及ばないことでしょう。

　ペンハロー先生が帰られたのは誠に残念です。あの先生から私は３年間びっしり実に良く教えていただいたのですから。正規の授業以外にも、ペンハロー先生からは顕微鏡用の標本の造り方に関して特別あれこれ助言と指導とをいただき、また先生の監督の下に植物生理、特にその生育に関する実験を行ったり、観察したりできたのは本当に得がたい経験でした。このように直接自分で観察して得た知識というものは、書物とか論文から学び取るものよりはるかに後で役立つことは疑いありません。科学の急速にして真の発達のために最も大事なのは、独創的研究の精神だと思いますが、その精神はこういう教育制度によってこそ私達の伸び行く心にしっかりと根を下ろし、この国の利益と繁栄とにつながることでしょう。

　今学期は、ペンハロー先生のために札幌並びにその近郊で植物採集をし、とても忙しく過ごしてしまいました。今年は今まで以上に採集するつもりですし、その他できるだけたくさんの有用や観賞用の樹木と灌木の種子を採集するつもりです。

　どうぞ奥様を初め、御家族のみなさん、ホイラー先生御夫妻、ペンハロー先生の奥様によろしくお伝えください。私共は先生の御成功と御健康とをいつも祈っております。敬具

宮部フランシス金吾

第 2 章　札幌農学校時代　29

サッポロ・バンド
札幌農学校の第一期生と第二期生のキリスト教信者は、サッポロ・バンドとして世に知られた。前列左から 2 人目は太田（新渡戸）稲造、右から 3 人目は宮部金吾、中列左から 2 人目は廣井勇、後列右から 2 人目は内村鑑三、その左隣は佐藤昌介。（浅田英祺「廣井勇の世界」所収）

　宮部のみならず、廣井、内村ら第二期生のクリスチャンもクラークを仰ぎ見、それぞれの道を歩み始める。

札幌農学校の授業

　札幌農学校の教育プログラムは、クラークが学長を務めるマサチューセッツ農科大学のカリキュラムを下敷きに編成された。語学では弁論に多くの時間を割いているところに特徴がある。化学・数学の基礎理論は前期、図画法・生物学・化学実験は中期、応用的な工学、歴史・経済などの人文科目は後期に履修することになっている。土木工学は 4 年次の課程に配置されており、その内容はアメリカ陸軍士官学校の教育に倣ったものであった[20]。一日の内容を見る

と午前中は講義、午後は製図や野外での実習、兵学（練兵）となっている。講義は英語で、特別に教科書を用いるときは学校が貸し与えた。学校では鉛筆で筆記、帰ってからその日のうちに学校から与えられたノート・ブックにインキで綺麗に浄書し、翌日授業の初めに講義の前5〜10分、先生より復習を兼ねて質問を受けた。授業は四季を通じて午前8時半始業で4時間授業、午後は主として実験で、そのほか農業実習と兵式体操であった。教授陣はホイラー（土木工学が専門で数学と土木）、ペンハロー（化学、植物学、英語）、ブルックス（農学。農場長を兼ねる）、カッター（生理、獣医、動物、英語、のちには水産も担当。マサチューセッツ農科大学卒業後、ハーバード大学医学部に学び医学博士M.Dの学位を持つ）、ピーボデー（ホイラーが多忙なため彼の担当であった数学、土木、物理学を教授。マサチューセッツ農科大学を3年級の時に退学し、州立工科大学に入り、そこの機械工学科を卒業）であった[21]。

　夏季休暇中に行われる測量や採集の調査遠征は「最良の教師（実験）に従って最良の書籍（天地万物）を習う妙法」[22]（W・ホイラーの言葉）であり、実地に学ぶという札幌農学校の教育を反映するものであった。ホイラーは黒松内線道路測量と岩内道路線測量、ブルックスは室蘭・長万部・岩内植物鉱物採集、ペンハローは石狩川上流探検植物採集に生徒を引率して出かけている。

　野外での楽しみは狩猟であり、たいていの生徒は猟銃を肩に郊外に出かけた。廣井も狩猟が得意で、たいがい何らかの獲物を持ち帰った。

農学校の土木教育

アメリカの教育制度

　廣井は農学校においてどのような土木工学の授業を受けたのであろうか。それを説明するにはアメリカの独立戦争まで遡らなければならない。

　アメリカがイギリスからの独立を求めた戦争は1775年に始まり、1783年に独立を承認する講和条約の締結によって終わった。1790年の統計によれば、アメリカの人口は393万人であり、イギリスはスコットランドと合わせて790万人程度と推計されている。その後アメリカは移民と自然増によって年率3パーセン

札幌農学校のカリキュラム（1876〜1882）

	科目名	担当教授	第1年級 一	第1年級 二	第2年級 一	第2年級 二	第3年級 一	第3年級 二	第4年級 一	第4年級 二
語学	英語	Pw、C、B、S	6							
	英語（弁舌）	Pw、C、B		2	4					
	英語作文及暗誦	Pw、C					1	2		
	演説	Pw								1
人文	歴史	C						6		
	簿記法	Py							3	
	経済学	C								5
	心理学	C							3	
化学	化学	Pw、宮	6							
	化学実験	Pw、宮		8						
	分析化学	Pw			8					
	本草学	Pw、B			3	4	3			
	有機化学実験	Pw、宮				4				
農学	農学	B	2	4	4	2	3		3	
	手業（実践）	B	6	2	6		3	2		
	果木栽培法	B					3			
	農学討論	B							2	
動物学	生理学	C			3					
	動物学	C						6		
	獣医学	C								6
数学	代数学	W、Py、橘	6							
	幾何学	W、Py、橘		6						
図画法	自在画及幾何画法	W、橘、S		3						
	三角術及測量	W、Py、橘				6				
	算術画法製図	W、Py、橘				3				
	地誌学及測量術	W、Py、橘					3			
	測量及実地製図	W、Py、橘					3			
	器械学製図	Py						3		
物理学	天文学	Py、工					3			
	物理学	Py							6	
	顕微鏡学	Pw、C							6	
工学	器械学	Py						6		
	地質学	Pw、工							4	
	土木学	Py、橘								6
兵学	兵学（練兵）	加	2	2	2	2	2	2	2	2
	合計時間		28	27	30	22	24	27	29	20

Pw：ペンハロー、 C：カッター、 B：ブルックス、 W：ホイーラー、 Py：ピーボディ、 S：サマーズ、宮：宮崎道正、工：工藤精一、橘：橘協、加：加藤重任（数字は1週間の時間数）

（原口征人「札幌農学校における土木教育に関する研究」北海道大学学位論文所収）

トで伸び続け、1850年には2319万人となってイギリスを追い越した[23]。

アメリカの高度な技術教育制度は3つのルーツから構成される[24]。第1は
ウエストポイントにあるアメリカ陸軍士官学校（the United State Military
Academy）で1802年に設立された。トーマス・ジェファーソン（1743-1826）の
布告に基づく独立戦争の直接の成果であり、エコール・ポリテクニークに代表
されるヨーロッパ大陸の高等技術教育のモデルと密接に関係している。この士
官学校で学ぶには、米国議会の議員または大統領の推薦が必要であった。卒業
生は学士（the academic degree of bachelor）および少尉の位を授与された。第2
のルーツは1816年より1825年までニューヨークに在った運河管理庁（the Canal
Administration）である。主にエリー湖のバファローとニューヨーク州のオール
バーニーの間を結ぶエリー運河の建設に関係している。独立宣言の署名のため
に植民地の代表者たちが集まったのはフィラデルフィアでありアメリカの中心
都市であった。ニューヨークは新興港湾都市であったが、未だフィラデルフィ
アやボストンの規模に達していなかった。エリー湖の建設により五大湖周辺の
中西部が連絡したことが契機となってニューヨークは米国最大の金融・商業の
中心地の地位を獲得できた。標高130〜160メートルの台地に運河を建設するこ
とになったが、オールバーニーからユティカの区間は約130メートルの標高差が
あり多数の閘門（ゲート）を設置する必要があった。当時土木のエンジニアが
少ないアメリカでは、多くの若いエンジニアが工事を進めるなかで経験を積み
重ね優れたエンジニアに育っていった。いわば「エリー学校」であった[25]。
第3のルーツは巨大な運河建設プロジェクトに必要とされた数パーセントのエ
ンジニアで、彼らは私立学校で訓練を積んだ。それらの学校の中で最も重要で
あったのが1824年に設立され急速に有名になったレンセラー工科大学である。
南北戦争まで陸軍士官学校の卒業生は巨大な社会の基盤施設を整備するにあ
たって重要な役割を果たした。

アメリカを創造するために、戦争で敵対した南部諸州と北部諸州を再統合し
なければならないという機運は、これまでにないダイナミックな産業発展のた
めの政治的状況を作り出した。すでに1861年にマサチューセッツ工科大学は設

立されていたが、1862年のモリル法によって初めてアメリカにおける高度技術
教育発展の新しい段階のための政治的骨格が達成された。南北戦争以前には10
校に満たなかったエンジニアのための教育機関が、1880年には85校に増加した
のである。

廣井の受講ノート

　北海道大学付属図書館北方資料室に保管されている廣井勇の「土木工学受講
ノート」を調査した原口征人博士によると、土木工学の授業には W・J・M・
ランキン著 "A Manual of Civil Engineering" および J・B・ホイラー著 "An
Elementary Course of Civil Engineering" が使用され、特に後者が主に利用され
た[26]。札幌農学校のモデルとなったマサチューセッツ農科大学はモリル法に
よって設立された大学であった。アメリカにおける土木教育の伝統および軍事
教練を必修とする農科大学の設立目的から考えてマサチューセッツ農科大学に
おいても、土木工学については陸軍士官学校のテキストを用いたのではなかろ
うか。

　廣井の「土木工学受講ノート」の目次は以下の通りである。各項目の右端に
ページ数を示す。

Introduction	1
Moment of Force（力のモーメント）	9
Couples（隅力）	12
Parallel Force（力の平行四辺形）	16
Strength of Materials（材料の強度）	18
Crushing（座屈）	28
Shearing Strength（せん断強度）	30
Torsion（ねじり）	34
Flanged Iron Beam（I 型の鉄製梁）	49
Shearing Strength of Beam（梁のせん断強度）	54
Rectangular Beams（角梁）	57
Beams of Any Cross Section（いろいろな断面の梁）	64

Deflection of Beams（梁の撓み） 70

The Strength of Column & Pillars（柱の強度） 74

Solid of Equal Resistance（均等な耐力を有する固体） 84

A Transverse Strain（横ひずみ） 88

Forces Acting obliquely（斜めに作用する外力） 94

Rolling loads（車輪荷重） 96

Curved Beams（曲線梁） 101

Framing（結構、ジョイント） 116

白紙132–138

Crane（クレーン） 139

Arches（アーチ） 151

白紙153–156

Bridges（橋梁） 157

白紙163–168

Diagram showing the Stress on the Members of Triangular Truss

（三角トラス部材の応力図） 169

Roofs（屋根） 177

白紙183–190

Roads（道路） 191

Beam uniformly loaded（等分布荷重が作用する梁） 213

白紙218–226

Application of Formula（公式の適用） 227

白紙234–255

Table（表） 256

　"An Elementary Course of Civil Engineering" の序文から明らかなように、この本は土木工学の基本と応用が簡潔にまとめられて実践に役立つように配慮されている。すなわち、

The following treatise has been compiled and arranged especially for the use of the cadets of the United States Military Academy, and with regard to the limited time allowed them for instruction in this branch of their studies.

An attempt has been made in the following pages to give in a concise form the general principles of Civil Engineering and their applications, as presented in the writings and practice of civil engineers of standing in the profession.

この本での以下の論文は、特に米国陸軍士官学校の士官候補生のために、この分野の教育のために許された制約時間に配慮して、編集されまとめられたものである。

この本の目的は、専門的立場にあるシビルエンジニアの著作と実践に表れるシビルエンジニアリングの一般法則とその実践とを、簡潔な形で提供することにある。

"An Elementary Course of Civil Engineering" の目次を階層図にして示す。その内容は、序論、建設材料、構造の構成要素、土木工事に大きく分類できる。建設材料のうち 6 章、7 章が材料力学の基礎理論であり、構造の構成要素は上部構造と基礎より構成される。また土木工事は橋梁・建築物の構造物と道路・鉄道・運河から構成される。

それを廣井の受講ノートと比較する。それによって、農学校卒業時の学力を知ることができ、その後の研鑽による著しい能力の向上が理解できると思われる。基本となる材料力学に多くの時間を割き、さらに橋梁や屋根に多用されるトラス構造（14章、20章）の演習が簡単に行われていて、橋梁の大部分、運河、鉄道は学習していなかった。それらのことから札幌農学校の土木教育においては静定構造の橋や屋根を設計できる基礎能力の獲得に重点を置いていたとみることができる。

序論

建設材料………
　工事用材料
　　立体構成材…………
　　　木　　（1章）
　　　石　　（2章）
　　　金属　（3章）
　　材料の接合（4章）
　　防腐剤　　（5章）
　材料の強度
　　歪の理論　（6章）
　　理論の適用（7章）

構造の構成要素
　上部構造
　　骨組み構造（8章）
　　組み積構造……
　　　その種類、その力学（9章）
　　　建設、保存、その他（10章）
　基礎………
　　陸上（11章）
　　水中（12章）

土木工学

土木工事………
　構造物
　　橋梁…………
　　　道路部分
　　　橋脚と橋台
　　　　（13章）
　　　橋構造……
　　　　トラス橋　　　　（14章）
　　　　管路橋と平板橋（15章）
　　　　アーチ橋　　　（16章）
　　　　吊橋　　　　　（17章）
　　　　可動橋
　　　　導水橋
　　　　　（18章）
　　　架設（19章）
　　建築物………　屋根（20章）
　交通機関
　　通常道路……
　　　その種類（21章）
　　　路線設定と施工（22章）
　　鉄道（23章）
　　運河…………
　　　航行可能の…………
　　　航行不可能の…
　　　　灌漑
　　　　排水
　　　　導水
　　　　　（24章）

"An Elementary Course of Civil Engineering"　階層図
（原口征人「札幌農学校における土木教育に関する研究」北海道大学学位論文）

第 2 章　札幌農学校時代　　37

J.B. ホイーラーの教科書　　　　　　　廣井講義ノート

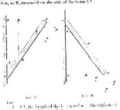

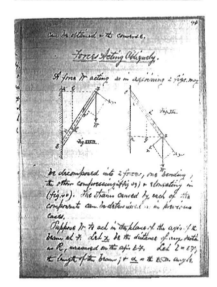

廣井ノートと "An Elementary Course of Civil Engineering" の照合
(原口征人「札幌農学校における土木教育に関する研究」北海道大学学位論文)

W・ホイラー

　2代目教頭はウイリアム・ホイラーであった。彼はまだ20代で若く開拓使との関係もクラークの場合のように必ずしもスムースではなかったけれども、堅実な経営手腕を発揮し彼の後継者として札幌農学校の基礎を固めた。

　二期生が札幌に着いて初めて教室に入ると、教頭ホイラーは聖書を1冊ずつ生徒に渡した。それ以後毎週1回、復習講堂において聖書の講義を行った[27]。ホイラーが渡した聖書は、クラークが帰国の際に二期生に渡すために彼に送ってきたものである。クラークは島松で札幌農学校の生徒等と別れたのち七飯、長崎、神戸、大阪、京都、横浜、東京と移動し、1877（明治10）年5月24日横浜から帰米したが、神戸でギュリック牧師と食事を共にした際に息子のルーサー・ギュリック牧師がいあわせた。彼はクラークが札幌に行くときに30冊の聖書を送ったが、それが有効に使われたことを聞き大変喜び、さらに30冊の聖書を寄贈した[28]。

　ホイラーは1874年卒業のマサチューセッツ農科大学一期生で土木工学を専攻した。企業家G・マンスフィールドがマサチューセッツ州のビレリカ町とベッドフォード町を結ぶ2フィートの狭軌鉄道を敷設する際、技師頭に選ばれた[29]。また、来日前ボストンに測量事務所を開き、かなりの成果を挙げていた[30]。幼少の頃から発明の趣味があったと伝えられており、その実践・応用は筋金入りだった[31]。

　彼の教育に関する考えは "Second Annual Report" に詳しい。当時の日本の記憶を重視した伝統的教育を批判し、合理的・論理性を重視した西洋の近代的教育の重要性を説いている。すなわち「日本人はその好奇心において欧米人にひけをとらないにもかかわらず、伝統的な学問観・方法と社会的束縛のため、学校卒業後の進歩が欧米人に遅れてしまう。日本の学問は中国の古典を文字からのみ学ぶ記憶中心のもので、模倣には長けているが自ら作り出すということをしない。そこで、論理的理解を基本とし、これに基づいて様々な事態に対して応用・実践できる能力を養うことを目的とする西洋式の教育を課することが急務である」[32]。

彼の経歴を知っていた開拓使は組織に土木技術者を有していなかったので、間もなく農学校のほかに土木技師としての仕事を依頼するようになった。

1876（明治9）年12月、開拓使は札幌圏に運河・道路・鉄道を建設する可能性について仕事を依頼した。具体的には①札幌より石狩川に達する運河、②小樽—札幌間の車道、③札幌—小樽間あるいは石狩間鉄道の優劣を検討させた。ホイラーは調査と測量を行って翌年2月「札幌より海岸に至る運送線路報文」を開拓使に提出した。

1875（明治8）年7月に雇い工師ホルトが設計した豊平橋が1877（明治10）年4月洪水で大破した。ホイラーは開拓使の委嘱を受け、同年8月に成案を得て工事に着手し10月完成した。ホルトの設計は川の中央に橋台を設け大橋と小橋より構成されていたが、ホイラーは川の中央に橋台を設けることを批判し、また川幅は150尺を超えないと確信し、小橋を撤去してその個所に堤防を築き流水の衝撃から守るように工夫した。また、札幌農学校演武場（現在「時計台」として親しまれている）や模範畜房（モデルバーン）の設計などで知られる。夏休みには4人の学生を伴い長万部—寿都間の新道予定地の測量や函館水道の水源調査に赴いた。

『W・S・クラーク』の著者ジョン・エム・マキはホイラーの仕事について次のように述べている。

　　ホイラーは少人数の教授陣における唯一の土木技師として、多忙を極めた。彼は12月には札幌から石狩川沿いの篠路までの水路の拡幅と直線工事のために調査を行い、1月になると、札幌・小樽間の道路と鉄道敷設のための実地調査を行っている。彼は右の調査の結果を地図付きの入念な報告書にまとめ、それに詳細な予算書までつけて提出した。この他、彼は札幌・小樽間の道路・鉄道建設計画と札幌・室蘭のそれとを比較検討まで行い、これをまとめている。札幌農学校付設の農場を測量し、その測量図を作成したのもホイラーであった。彼はまた、例のモデル畜舎の設計を初め、屯田兵用のモデル家屋や測候所の設計書をまとめた。さらに、彼は材料強

40　第1部　廣井勇の生涯

度試験機、橇、水揚げポンプ、除雪機の製図を仕上げたり、煉瓦製造用の
粘土の適性試験まで手がけている。
　クラークの考えでは、ホイラーの一番の貢献は測候所を確立したことで
あった。ホイラーはこの測候所の完備した機器を使い、1876年9月から77
年3月までの、札幌における気象観測を行った[33]。

　ホイラーは1879（明治12）年12月までの雇用の間に多くの仕事を成し遂げた。
彼の手堅い手腕を札幌農学校学芸会機関誌『薫林』第14号は次のように評価し
た。

　殊に我等が敬服したのはホイラーという人で、数学土木等の専門教師で
あった。この男は米国では彼のエマーソンと同郷人であり、かつその崇拝
者であった。品行も方正で、人物も高尚で何となく威厳がある。顔こそは
目玉が飛び出て、体は少し前方に屈し、どう見ても美男子の評は下し難く
殊に赤鬚は頬（（下）顎）のみ一寸生えて、一時は山羊という綽名をつけら
れたが、それらは小事であって、人品といえば身に締りがあり、教場にお
いて物を云うにも自ら主義ある如く、如何にもクラークの後を受けて教頭
になった価値があると、吾々は感心したものだ。氏の教授法もしたがって
厳粛であり、書生等くらいのごまかしは、到底効能あるものではない。か
つこの先生は事務にも長じ、農学校の事は言うまでもなく、開拓使の命を
受けて鉄道選定、道路見込みなどに従事した時も、人の使い方といい復命
書の議論のたて方といい、また文章の規律正しいことといい、今懐古すれ
ば、クラークを除いては、外国教師中この人の右に出る人はいないだろう。
なおこの人の文章等は学校報文の1、2、3号に載せてあるので、それを
見れば、吾言の妄でないことを知るのに十分だろう（現代語訳）。

これまで記述したようなホイラーの学校経営や講義から廣井勇は少なからず
影響を受けたであろうことは想像に難くない。在学最後の日曜日、廣井は世俗

の事業に従事しながらいかに天国のために働かんと欲するかを語った。ホイラーは帰国後ボストン市で建設会社を興こして成功した。廣井はホイラーを頼って渡米した[34]。廣井の卒業後の奉職希望は Agricultural Engineering、Civil Engineering であった。

廣井の学生生活

　廣井は入学して３か月すると開識社に入会し演説を始めた。開識社は知識交換・相互親睦の目的の下に1877（明治10）年に一期生が組織した。毎月日を決めて一堂に会し、自分の意見を発表しあるいは批評して知識の開発の助けとし、それに加えて英語練習に重きを置いて毎回英語演説または英語暗誦を行うもので、発会当初は33名が入会していた。廣井は1877年10月に "Friendship"（友情）を演説して以来、"The importance of strengthening both brain and physical power"（知能と身体の強化の重要性）、"people who are destitute of the Love of Country"（愛国心を欠く人達）、"Advice to the Christian"（キリスト者への助言）、「人民の性質は気候に関す」、"Worst Habit of the Nation"（国民の最悪な習慣）を演説して1879（明治12）年６月に退会している。身近な話題から社会の問題に関心が移っていく成長の記録ともいえる。

　1878（明治11）年６月２日、廣井、内村、太田、宮部ら二期生７名は、札幌において米国メソジスト教会宣教師Ｍ・Ｃ・ハリスよりパブテスマを受け信仰生活に入った。彼らは今後クリスチャン・ネームによって呼び合うのが至当であると考え、ウェブスター大辞典の付録を調べて適当と思う名を選定した。

　内村鑑三　ヨナタン、太田稲造　パウロ、宮部金吾　フランシス、足立元太郎　エドウィン、廣井勇　チャールズ、高木玉太郎　フレデリック、藤田九三郎　ヒュー

　南鷹次郎、岩崎行親、町村金弥たちは受洗しなかった。廣井は「チャールズ」と仲間に呼ばれるようになり受洗した７人は、それまでより一層親密になり、生涯を通じて親交を続けた。

　受洗した第二期生は定期的に集会を持っていた。ある日、世の中へ出れば必

ず不信者に出会うであろうからそれに対する準備をしようということになり、信者と不信者の組に分かれ、不信者が発しそうなあらゆる質問に対し信者側がそれに答えることになった。当日の題は「神の存在」であった。宮部が不信者の側に回り、『宇宙はそれだけで存在してくることが出来た』という挑戦に対し、廣井はマクスウェルの議論を借りたのであろう、『物質には作られた物であるまぎれもない特徴があり、そしてそのようなものとしてそれは自存していることはできない』と応じて宮部の主張を退けた。マクスウェル（1831-1879）は英国の理論物理学者で電磁気学を確立し熱力学・統計力学などの研究でも知られている。構造力学の分野でも不静定構造の解析に非常に重要な定理となる相反作用定理（reciprocity theorem）の発見など優れた貢献をしている。廣井は宗教を考える場合にも純然たる理念だけで論理を構成するのではなく、物質的な方面と結びつけて考察する傾向が強かったのではないか。そこで、廣井は世俗の事業に従事しながらいかに天国のために働かんとしているかを語ってもいるのである[35]。

　内村鑑三は廣井を次のように評している。

　　チャールス（廣井のクリスチャンネーム）は複合的性格であった。彼は機敏な常識においてはわずかにフレデリック（高木玉太郎）に劣るだけであったが、しかし基督教に対する知的態度においてはいっそうパウロ（新渡戸稲造）に似ていた。彼は多くの熱心な青年のように神と宇宙とを彼の知識にかけて理解し、自分自身の努力によって神の永遠の律法に文字通り自分自身を一致せしめようと試みたが、それが失敗して彼は基督教の全く異なった一面に傾き『善きわざの福音』を信ずる彼の信仰に落ち着いた。彼は学識ある技術者となるようになった。そして実質的な形をもってする同情は、教会の内部たると外部たると何か実際的の善事が意図されているとき、つねに信頼することができる[36]。

　廣井の心はキリストを理想としていたが、彼のこの世における働きは常に現

実を踏まえていた。是を是、非を非として曲げず、これを明らかにする性格は、学生時代にはっきり表れていた。

「廣井の性格中最も著しかったのは剛毅の性格であって、正義のためであれば師であれ、先輩であれ、忌憚なく直言して憚らなかった」と宮部金吾は回述している[37]。ある時、カッター教授が講義室に入るや、直ちに講壇の卓上にその引き出しの内容が散乱しているのを見て、学生の悪戯と誤認し非常に怒り学生に向かって『このような行為は決して紳士のなすべきことではない。私に深く謝りなさい！』と言い終わるや否や、廣井は直ちに立って『先生、一体事の真相を調べないで他人を非難するのは貴国においては、それを紳士と申しますか。先ずよく机をお調べください』と直言した。かねてカッターが机の引き出しに鍵をつけてくれと事務所に申し込んであったとみえ、要求通り修理が行われていたのを見て、これは職人の仕業と直ちに悟って学生に対し、"Gentlemen, I beg your pardon" と言って男らしく謝り、すべてが見事に解決した。廣井にこの気骨と勇気があるのを初めて知った同級生は、以後少なからぬ敬意を払うようになった。

廣井は無口な方であったが、時に好んで無邪気な諧謔を弄したりした。また大いに可笑しいことがあると腹を抱えて笑いこけることもあった。趣味としては読書が第一で、時には力以上の難しい書物も態々取り寄せて読んだりしていた。第二の趣味は狩猟であった。山野を跋渉する時には必ず銃を肩にして出掛け、何かしら必ず獲物を提げて得々として帰って来たという。

廣井は、学生時代から製図は特に得意で、教師の依頼で学校構内の測量図を見事に作成したものが札幌農学校第四年報のフロントページ（口絵）に掲載された。

卒業式が間近に迫ったある日、廣井は内村に自らの進路について次のように語った。『この貧乏な国において、民衆の食物を満たすことなく、宗教を教えても益は少ない。僕は今から伝道を断念して工学の道に入る』。廣井は伝道に携わりたいという希望を、あるいは内村に語ったことがあったのだろう。しかし、社会に出るにあたって自らの貧しかった生い立ち、そして先天的に有する

44   第1部　廣井勇の生涯

数学的才能などに思いをめぐらし、「聖書の精神を生かすための工学」——利己のためではなく、民衆の物心両面の健康な生活のための工学——に生きるという大きな回心に至った。あるいは、彼の心の奥にあった望みが、はっきりと認識できる形となって表面に現れてきたのかもしれない。いずれにしても将来の一点に向け、彼の心は定まった。廣井はその道を生涯を通して、文字通り必死に努力を積み重ね歩んでいくのである。

卒業式[38]

1881（明治14）年7月9日、札幌農業学校卒業式が挙行された。

卒業式に関しては、有名な志賀重昂の「札幌在学日記」（『志賀重昂全集』第7巻、1〜3頁）があるので、これを紹介しよう。志賀重昂（1863-1927）は岡崎藩の藩校の儒者・志賀重職の長男として岡崎市康生町に生まれた。札幌農学校卒業後、東京英語学校、東京専門学校で地理学を教えた。1911（明治44）年、早稲田大学教授となる。世界各地を回り東京地理学会および英国地理学会名誉会員となる。著書に風景学の嚆矢となった『日本風景論』などがある。

　　此日本校四年生の修業全く終り即ち卒業式の典を挙げらる。午前より色々の用意あり校門には国旗、緑門及び球灯等を掛け演武場の内外もまた同様の飾り付けあり。午後一時十五分卒業の式典始まる。号鐘一点全校本科生徒四十五人武装して校前の草原に出て数百名の賓客の前にて練兵運動をなす事十五分、此時や平時練修の節の如く錯雑せず大に衆客の喝采を得たり、中にも工部大学校地質学教師「ブラウン」氏の如きは拍手して止まざりき、演武終りて生徒少時休息。

　　一時四十五分号鐘衆生徒演武場の式場に列す、二時衆賓皆列坐す、督学課三好笑吾氏接待委員たり、式場東端中央に本庁長官（代理）従五位調所広大氏西郷［隅］に坐し其の右には新校長森源三氏尋で教頭「ブルックス」氏以下「カッター」「ピーボデー」「サンマルス」及び本校事務員数十名、其の左には督学課三好笑吾氏次に「ブラウン」氏「ドン」氏（「ボーマ

ン」氏欠席）以下諸奏任官なり、前面には卒業生内村鑑三、宮部金吾、池田鷹次郎、高木玉太郎、足立元太郎、太田稲造、廣井勇、〔藤田九三郎〕、岩崎行親及び町村金弥の十名列坐す、これに尋で、三年生十五名、一年生二十名、予科生数十名、其他賓客凡そ三四百名あり。

　占坐漸く終りて卒業生の演説を始む教頭一人毎に名を呼び其人名及び題目は左の如し。（括弧内の演説題目は「創基五十年記念北海道帝国大学沿革史」に依る）

Sweetness after Pleasure（快哉苦 [楽] 後の楽）　　　　　足立元太郎

北海農民には宜しく道徳を奨励すべし（最高なる道徳の準度は北海道農家に緊要なり）　　　　　　　　　　　　　　　　　　　　　　　廣井勇

Principle and Importance of Agriculture（農業は開明を賛く）　太田稲造

農学と植物学との関係（植物学と農学との関係）　　　　　　宮部金吾

Relation of Agriculture and Chemistry（化学と農業との関係）

　　　　　　　　　　　　　　　　　　　　　　　　　　　　高木玉太郎

大洋の農耕〔即ち漁猟の事〕（漁業もまた学術の一なり）　　内村鑑三

　右の六氏邦語或は英語を以て演説し卓々たる議論と滔々たる雄弁を奮はれしは聴客もいと本意ありげに見受けたり、演説終りて班賞を施行せらる、先年迄は一等賞七円、二等賞四円なりしが本年は班賞すべき学課の夥多なると予科生の賞を増加したるが為めに一等四円、二等二円迄に減少したり、班賞各差あり。班賞終りて従五位調所君祝文を朗読せらる次に校長本校の沿革を演述せらる。次に教頭祝詞を読まれ卒業生を奨励するの語あり。

　終りて教頭「ウィリヤム・ピー・ブルークス」氏卒業すべき生徒の名を呼ばる、衆進みて校長森源三君の前に掲す、校長即ち卒業証書を授与し農学士の学位を与ふ、其式殊に厳然たり、新農学士の将に校長の前を退かんとするや喝采の声と拍手の音は満場を闃して凡そ五分間鳴動して殆ど人をして聾せしむ、嗚呼何んぞ其栄誉の大なる哉、余復たこゝに多言するを要せざるなり。

終りて内村氏卒業生に代りて校長に多年教育の厚きを奉謝せらる、尋で御雇教師に奉謝せらる言、活発覚えず人をして動揺せしむ、尋で三年生及び吾輩を奨励するの語あり、嗚呼氏は耶蘇教の徒なり、故に常に吾輩と仇敵なりしが今日其慷慨悲憤の言辞を以て吾輩を奨励したりしは仇ながらも至誠の到り然らしむる処覚えず感涙を滞ふしたり、次に同級生に向ひ今吾輩は本校の学課を卒業したりと雖も決して温飽に安ずるものに非らず、これより艱難の道に入りぬべし、今日は其艱難の途の門戸なり、諸君よ請ふ安逸に甘ぜず其屍を北海の浜に暴らすの素志を棄つる勿れと請ひ終りて衆為めに泣き黙焉として前の如く一も拍手するものはあらざりき、賓客も知らずそゞろ涙を流されたるべし、是に於てか式全く終る。

　後世、名演説家として知られるようになる内村鑑三の面目躍如たるものがある。「これより艱難の道に入りぬべし、今日はその艱難の門戸なり」という言葉を廣井は全く額面通り受け取っていた。それ以後、キリスト教について寡黙となり文字通り「世俗の事業に従事し天国の為に働く」生涯を貫くことになる。

　卒業時の成績順位は、1. 内村鑑三　2. 宮部金吾　3. 高木玉太郎　4. 池田（南）鷹次郎　5. 足立元太郎　6. 太田（新渡戸）稲造　7. 廣井勇　8. 藤田九三郎　9. 岩崎行親　10. 町村金弥。入学時20名のうち10名が卒業した[39]。

独立基督教会の創設

　一期生が卒業するにあたって集会を開いた一期生と二期生の信者13名の間から、既成の宗派から独立した教会をつくろうという話が持ち上がった。大島正健らの尽力で南2条西6丁目にあった洋館2階建ての2戸建ての片方を入手した。かつて開拓使のモデルハウスとして建築、外壁が白ペンキ塗りであったため「白官邸」と呼ばれていた。2階の2間は貸間、1階は会堂に用いた[40]。1882（明治15）年1月8日、札幌基督教会が発足、献堂式を挙行した。

　クラークは、米国に帰国後も札幌農学校の一期生や二期生との手紙による交

流があり、札幌基督教会を立ち上げた時には寄付金を送ってきた。彼の晩年は事業の失敗で失意のうちその生涯を閉じたが（1886年３月９日アマーストにて）、臨終にあたって「今、自分の一生を回想するに、誇りに足るようなことは何もしなかった。ただ日本札幌に於いて数か月、日本の青年に聖書を教えたことを思うと、いささか心を安んずるに足る」と述べたという[41]。その寄付金は、教会発足時に借用した400ドルの返済を迫られていた大島や内村たちを勇気づけた。同年12月28日、メソジスト派から借用していた金を完済した。1900（明治33）年２月に札幌独立基督教会と改称した。外国人の助けを借りずに伝道することが日本人の義務であること、厳格な信仰箇条と煩雑な礼拝儀式を嫌ったことなどが教会設立の理由であった。廣井は終生その教会の信者であった。

注

（１）鈴木範久『内村鑑三日録１（1861-1888）青年の旅』教文館、1998年２月、52頁。

（２）宮部金吾博士記念出版刊行会『宮部金吾』伝記叢書232、大空社、1996年10月、65—66頁。

（３）鈴木前掲書、106頁。

（４）北海道大学125年史編集室編『北大の125年』北海道大学図書刊行会、2001年４月、１頁。

（５）佐藤昌彦『佐藤昌介とその時代』［増補・復刊］北海道大学出版会、2011年８月、42—45頁。

（６）宮部金吾博士記念出版刊行会前掲書、38頁。

（７）鈴木前掲書、52頁。

（８）松隈俊子『新渡戸稲造』みすず書房、2000年４月、36—37頁。

（９）ジョン・エム・マキ『W. S. クラーク―その栄光と挫折―』北海道大学出版会、2006年２月、188—191頁。

（10）札幌市教育委員会文化資料室編『農学校物語』さっぽろ文庫61、北海道新聞社、1992年６月、66—67頁。

(11) 宮部金吾博士記念出版刊行会前掲書、50頁。

(12) マキ前掲書、101—102頁。

(13) 同上、195—196頁。

(14) 大島正健『クラーク先生とその弟子たち』国書刊行会、1973年3月、99—100頁。

(15) 宮部金吾博士記念出版刊行会前掲書、42—48頁。

(16) 内村鑑三『余は如何にして基督徒教徒となりし乎』岩波文庫、2013年9月、22—25頁。

(17) 宮部金吾博士記念出版刊行会前掲書、46頁。

(18) マキ前掲書、229頁。

(19) 同上、268—269頁。

(20) 原口征人「札幌農学校における土木教育に関する研究」北海道大学学位論文、36頁。

(21) 宮部金吾博士記念出版刊行会前掲書、59頁。

(22) 『札幌農学第二年報』1878年3月、11頁。

(23) 合田良実『土木と文明』鹿島出版会、1996年3月、238頁。

(24) Kurrer Karl-Eugen, *The History of the Theory of Structures From Arch Analysis to Computational Mechanics*, Ernest & Sohn A Wiley Company, Jan., 2008, pp.58-61.

(25) 合田前掲書、238—239頁。

(26) 原口前掲書、28—35頁。

(27) 町村金弥「札幌農学校入学前後の思い出」社団法人札幌同窓会第63回報告、1940年12月。

(28) マキ前掲書、248頁。

(29) 札幌市教育委員会文化資料室編『お雇い外国人』さっぽろ文庫19、北海道新聞社、1981年12月、67頁。

(30) 同上、143頁。

(31) 原口前掲書、23頁。

第2章 札幌農学校時代　49

(32) Tetsuro Takasaki, *William Wheeler A Young American Professor in Meiji Japan*, Hokkaido University Press Sapporo, 2009, pp.130–131.

(33) マキ前掲書、234—235頁。

(34) 十川嘉太郎「長尾さんと廣井先生とを偲ぶ」『工事画報』昭和11年10月号、162頁。

(35) 内村前掲書、66頁。

(36) 同上、34頁。

(37) 宮部金吾博士記念出版刊行会前掲書、85頁。

(38) 同上、72—74頁。

(39) 鈴木前掲書、100—101頁。

(40) 同上、110頁。

(41) 大島前掲書、75—76頁。

第3章　修行時代

3-1　開拓使時代

　1881（明治14）年7月27日、廣井は規定どおり札幌農学校を卒業すると内村、太田（新渡戸）らとともに開拓使から民事局勧業課御用掛の辞令を受け配属された。待遇は準判任官で月俸30円であった。同年11月には煤田開採事務係に異動となり、希望する鉄路科所属となって幌内鉄道の建設に従事した。

　明治政府は「富国強兵」を目指し産業振興に力を注いでおり、北海道の天然資源の開発に注目していた。開拓使は早くから北海道の地下資源の調査に着手した。1872（明治5）年11月には米人ライマンを地質測量鉱山士長として雇用し、盛んに地質鉱物の調査を行わせた。翌年9月、ケプロンは幌内炭山・室蘭港間運炭鉄道の敷設を黒田開拓次官に上申した。さらにその翌年7月にも同件について黒田次官に上申する熱の入れようであった。1875（明治8）年6月には黒田長官が、さらに翌年8月には伊藤博文・山県有朋の両参議が幌内煤炭を巡検した。1877（明治10）年1月、開拓使の求めに応じ、W・ホイラーは札幌・小樽間馬車道築造のための測量に従事した。しかし、経費見積もりが巨額に上ったので、馬車道築造は実現しなかった。

　1878（明治11）年、駐米全権公使吉田清成はペンシルベニア鉄道のトーマス・スコットに土木顧問として適当な人物の推薦を要請した。スコット社長が推薦したのは彼の親友ジョセフ・クロフォードであった。

　クロフォードはペンシルベニア大学とフィラデルフィア大学の工学院で土木の専門教育を受けた後、炭鉱技師、連邦陸軍の土木技師を務め南北戦争（the CIVIL WAR）後はペンシルベニア鉄道に就職していた。

　同年末、開拓使は鉄道並びに輪車路技師および土木顧問としてクロフォードを雇用した。来日したクロフォードは、翌年1月函館の水道建設のための測量を行った後、2月に札幌に着任した。黒田長官より鉄道建設の命を受け、幌内

方面の地図および煤田報告書などを参照して「鉄道建築見込書」を提出した。続いて3月、小樽・銭函間馬車道築造計画の策定を命じられた。彼は5月より馬車道のルート上の張碓村東部の難所において築造実験を行い報告した。この築造実験は難所の通過が可能であることを確信させた。8月、クロフォードは幌内炭の搬出路として炭山・小樽手宮港間の鉄道敷設が最良であることを提唱した。幌内鉄道計画が整うとクロフォードは技師長に指名され、副長には松本荘一郎が任命された。

松本荘一郎（1848-1903）は兵庫県に生まれ、幼い時から俊才の誉れが高かった。大学南校からニューヨーク州レンセラー工科大学で土木工学を専攻した。1878（明治11）年に北海道開拓使御用係となり、1881（明治14）年、日本鉄道会社創設にあたり、岩倉具視の内命を受けてクロフォードとともに東京・青森間の路線踏査を行い、計画を樹立して東北線の成立に貢献した。その後、工部権大技長、農商権大技長、鉄道一等技師、北海道庁一等技師などを経て井上勝の後任として鉄道庁長官となる。資性は廉潔にして生活は質素を極めた[1]。

開拓使は従来、幌内鉄道を炭山・幌内太間とし、それ以後は石狩川経由で石炭を搬出する計画であったが、1879（明治12）年12月には幌内鉄道を小樽手宮港まで延伸することに決定し、機関車購入・土木補助手雇用等のためクロフォードを米国に派遣した。クロフォードは約4か月間、東部の産業都市ピッツバーグ、フィラデルフィア、ウィルミングトン、ニューヨーク・シティなどを回った。1880（明治13）年5月、クロフォードは集めた技術者4人とサンフランシスコを出発し、6月に横浜経由で小樽に入港した。サンフランシスコの各新聞は、日本でアメリカの狭軌鉄道が敷設されることを報道し、かなりの話題になった。9月末、クロフォードが調達した資材は帆船トービー号で小樽に届いた。小樽の鉄道工場で機関車と車両が組み立てられ、機関車の整備と運転技術が事務掛の職員に教育された[2]。

一方、鉄道の建設については、クロフォードが不在のなか、1880（明治13）年1月に幌内鉄道が起工され小樽若竹町第3隧道の開鑿から始まった。10月には手宮より鉄レールの敷設が始まった。この頃、クロフォード指揮の敷設班が

札幌に向かって1日1マイルのペースで進んでいるニュースが東京・横浜に流れ、英文紙に取り上げられるほどのセンセーションを巻き起こした[2]。11月には手宮・札幌間22マイルの軌道敷設が竣工し、札幌・手宮間汽車運転式が挙行された。

クロフォードは1881（明治14）年8月末に請願により解雇になった。その後、米国西部の数箇所で鉄道に関わる測量・敷設・トンネル工事を指揮した後、東部に帰りペンシルベニア鉄道に再就職し支線拡張に努めた。副社長補佐官から支線技師長へ昇進した。松本荘一郎の死まで文通が続けられた。また、日本国内の各鉄道会社の資材調達に尽力した[3]。

幌内鉄道は当時、世間的にも大きな注目を集めていたので、その建設経過を廣井は知っており、一日も早く同じ現場に立ちクロフォードの教えを受けたいと思っていたに違いない。しかし、希望した鉄路科に異動できたのはクロフォードが去った後であった。研究熱心であった廣井であれば、クロフォードの優れた技術について深く考究したであろうし渡米して技術を磨きたいという思いはとみに高まったに違いない。廣井は、開拓使御用掛の身分のまま東京大学植物学教室に派遣されていた宮部金吾に、次のような英文の書簡を送っている。「札幌の教会はうまくいっており、兄弟達もみな元気。開拓使は廃止されることになっているので、5年間勤務の束縛に変化の起きることを期待している」（1882年1月30日付）[4]。兄弟とは一期生、二期生の信者のことだろう。札幌基督教会の運営は順調であった。

1882（明治15）年2月8日、開拓使が廃止され函館、札幌、根室の3県が置かれることになった。幌内鉄道は工部省鉄道局の所管となった。廣井は松本荘一郎の推薦で工部省准御用掛となり、月俸は30円と変わらなかった。

同年10月、廣井が担当した橋梁が完成した。このとき彼は下幾春別川橋梁から利根別川橋梁間にある小さな5橋梁を担当していた。東京の宮部に「久しく手紙を受け取らないので心配している。当方は俗世間の雑音を離れて石狩河畔で仕事をしており、読書や黙想を楽しんでいる」（1882年6月25日付）[5]という英文の書簡を送っており、マイペースで着実に目的に向かって努力している姿が

想像できる。

　さて、彼が設計したその小橋梁群が完成したときのことと思われるエピソードが残っている。いよいよ列車の試運転が行われようとした時、廣井の顔は青ざめ、四肢は震えて憂慮に堪えなかった。そして列車が無事通過したのを見て安心し胸を撫で下ろした。新米の技術者にとって初めての設計ほど緊張することはない。後年、橋梁の権威となる廣井であっても、最初は普通の技術者と同じように緊張を強いられたということであろう。現在では信じられないことであるが、当時、橋梁の崩落は世界の至る所で発生していたという記録がある。当時の橋梁工学は理論、材料、技術のいずれも発展途上段階にあり、落橋の原因究明が新たな理論や技術の確立に繋がっていった側面がある。その最も典型的な事例が長大橋の建設である。それについては章を改めて述べてみたい。

　同年11月、札幌・幌内間の鉄道敷設が終わり幌内鉄道全線が竣工した。18日には札幌・幌内間の汽車運転式が挙行された。

　廣井は卒業と同時に内村鑑三兄弟、太田（新渡戸）稲造、藤田九三郎、足立元太郎とともに北４条東１丁目の一軒家を借り共同生活を送っていたが、その後、札幌基督教会の礼拝堂の２階で自炊を営んだ。常に勉強を怠らず、片手に団扇を持って火をあおりながら物が焦げ付くのを知らないという風であった。飯を炊くには火鉢の上に土鍋をかけ、研がない米を水と一緒に入れ沸騰したら掻き廻すという具合であった。そして金銭の浪費をする会合には一切参加せず、所得を貯蓄することに努めた。そのうち、「廣井は守銭奴だ」という評判が立ったが「少し俺には考えがあるのだから」と言って知らない素振りであった[6]。

3-2　工部省時代

　その年のうちに廣井は東京に移った。翌年１月には工部省六等技手となり月俸30円となった。３月には鉄道局に異動となり東京・高崎間の鉄道建設に従事した。それまでの鉄道建設を概観してみる。

　幕末から明治にかけての混乱期に、欧米先進国の陸上の輸送は、はるか以前

に運河から鉄道に移っていた。1867（慶応3）年、老中小笠原壱岐守はアメリカ公使館書記官に対し東京・横浜間の鉄道敷設を約束していた。明治に入りアメリカはその約束を政府に迫ったが、政府はそれを断った。

　1869（明治2）年、東北地方や九州地方では凶作で米価が高騰していたのに反し、北陸地方では豊作で米あまりの状態であった。イギリス公使パークスは先のアメリカの動きを見て取り、日本国内の米の需給調整がうまくいっていないことを理由に、イギリスに資金を求め関税を抵当にしてイギリスで起債し、鉄道を建設することを明治政府に勧めた。その頃、大隈重信、伊藤博文らは、産業を興こし物資の流通を図るには鉄道の建設が不可欠であることを痛感していたので話が進んだ。翌年、初代建築師長エドモンド・モレルとその一行が到着して東京・横浜間の鉄道建設が始まった。

　モレルはロンドンのキングス・カレッジとパリで土木工学を専攻した。来日までにニュージーランド、オーストラリア、セイロンで道路や鉄道の建設に携わっている。モレルは鉄道開通を待たず病没した。日本の鉄道技術の自立と専門教育機関の設立を進言している。このときに軌幅（ゲージ）を世界標準の4フィート8インチ半（1435ミリメートル）ではなく狭軌の3フィート6インチ（1067ミリメートル）と決定したことが後世に影響を残すことになった。建設費の少ない狭軌を採用し出来るだけ鉄道の延長を伸ばすことが有利と考えられたからである。

　当時は鉄道建設に対する反対が圧倒的に大きかった。政府内でも反対論が多く、その急先鋒は陸軍であった。工事に着手した後でも陸軍は高輪付近の陸軍用地内の測量を許さなかったために、やむなく海を埋め立てて線路を築造しなければならなかったほどである。

　鉄道建設は工部省に置かれた鉄道寮によって進められた。鉄道頭には鉱山頭を兼務する井上勝（1843-1910）が任ぜられた。井上は長州萩藩で生まれ、1863（文久3）年伊藤博文、井上馨、遠藤謹助、山尾庸三とともにイギリスへ密航留学し、1867（慶応3）年に帰朝した。その後、伊藤に呼ばれて鉱山頭、続いて鉄道頭として新橋・横浜間、大阪・神戸間、大阪・京都間の建設工事に携わり

鉄道局長、鉄道庁長官などを務め、鉄道の最高責任者として我が国鉄道技術の基礎を確立した[7]。

1872（明治5）年5月7日、品川・横浜間の鉄道が出来上がり仮営業を始めた。9月12日、天皇陛下は新橋・横浜の両停車場に臨御されて鉄道開業式が行われた。

その後、官設の鉄道建設は西に移る。1874（明治7）年5月には神戸・大阪間、1877（明治10）年2月には京都・神戸間の鉄道が竣工した。1878（明治11）年には日本人の技術者だけで本格的な山岳トンネルを逢坂山に貫通させ、1880（明治13）年7月、京都・大津間が開通した。続いて長浜・関が原間（1883年5月）、長浜・金ヶ崎間（1884年4月）が開業した。

廣井が従事した東京・高崎間の鉄道建設は、一旦計画されながら政府の財政難によって工事中止になっていた。そのようななか、1881（明治14）年5月、第十五国立銀行を筆頭株主とする日本鉄道株式会社が、東京府に「日本鉄道創立願書」を提出した。

第十五国立銀行は華族銀行の異名があり、華族にとっても重要な投資であった。日本における本格的な株式会社は銀行から始まった。第一から番号が付された銀行が各地に生まれた。名称に「国立」が付いているのは、すべて「国立銀行条例」によって生まれた企業であるためである。

予定路線は、①東京・高崎、その中間からさらに青森、②高崎（中山道経由）敦賀、③中山道より新潟、④豊前大里・小倉・長崎、この中央より肥後（現：熊本）、すなわち本州東半分の幹線と九州が範囲という大計画であった[8]。財政に余裕がない政府にとっても東北路線建設は悲願であった。工事は5区に分けて行い、まず東京・高崎間および東京・青森間を建設することになった。日本鉄道は最初に東京・高崎間の建設工事を政府に委託することを請願した。日本鉄道会社は資金のみ提供し、建設・保線また汽車運転・管理はすべて政府鉄道局が行った。さらに政府により開業までは年8パーセントの利子保障、開業後の10〜15年間は8パーセントの利益補填をするものであった[9]。関西にいた井上勝は急遽東京に呼び戻され、問題解決に当たった。鉄道局には多くの技術

56　第1部　廣井勇の生涯

者がおり、特に高級技術者には松本荘一郎、平井晴二郎、原口要などの文部省
海外留学組や工部大学卒業生などがおり要員が整い始めていた。

　1882（明治15）年9月に川崎において起工式が行われ、1884（明治17）年8月
には上野・前橋間が開通した。その後、多くの民間鉄道会社が設立され私設鉄
道が建設されていった。1891（明治24）年度末には官設鉄道の延長は551マイル
（約887キロメートル）であったのに対し、私設鉄道は1165マイル（約1874キロメー
トル）で、合計1716マイル（約2761キロメートル）に達した。それに伴って鉄道
を統一せよという議論も起こっていた(10)。1906（明治39）年、鉄道国有法に
よって、日本鉄道以下17の私設鉄道が買収された。

　廣井の生活は開拓使に務めていた時と変わらなかった。昼は努めて現場に出
て、夜は熱心に寸暇を惜しんで勉学を続けた。服装にはこだわらず金銭を浪費
する会合には一切出席しなかった。その様子を見て、廣井との交際を避けたり、
「守銭奴」と噂する者さえあったが、廣井は平然として自らに課している義務
を果たす毎日であった。

　確かに廣井には夢に近づいている高揚感があったに違いない。1883（明治16）
年6月、廣井は親友宮部金吾に次のような病気見舞いの手紙を書いている(11)。

　Dear Friend

　　Hearty congratulation for happiness & prosperity over attending on you.
Nothing makes me to think of you more than the illness you have recently
contracted. You must not neglect it at your reasonable health, for disease is
likely to come on a sudden whenever external conditions allow.

　　Last time I chanced to be at yours has given me the most lasting influence
I ever experienced in your company. The purity of your ideas in regard to
the spirit of scientific investigation & your untired energy at once gave Keen
spar to my mind. You have well nursed up the Christian spirit in the study of
nature. May you so continue to the end of your life. While in your
connection, at no distant years solemnized, may you be doubly blessed.

The religious conviction I had to unfold you often strengths in me day by day. I think I have learnt to strive. To strive in this I believe the entire duty of Christians expressed. To keep the commandment of God, no more can we do than but to strive. In your leisure contemplate on the Epistle of St. John. In the following verses I had pleasure to compose.

These days, I have felt to be in a goodly frame of mind. My feeling I express in the following verses I had pleasure to compose.

> In the Christians field of Battle,
> In the world's contest strained with blood,
> There are in both scenes full of mettle;
> Each aspires to be as victor clad.

> Firmly in our Saviour we trust
> To fight out the life long warfare,
> And when in victory we desist
> There in heaven His glory to shave.

> When in our bed we meditate.
> And find won in the day's action,
> Joy and strength ingeminate
> On the fatig'd soul pouring unction.

I long to see you. Write me in your leisure. Yorosiku to all.

Yours truly

I. H.

親愛なる友へ

君の幸せと繁栄を心より祝します。君が最近患った病気ほど、君のことを心配したことはない。条件が整えばいつでも病気は突然襲ってくるものだから、気をつけなければなりません。

　前回君と会って、かつてないほどの影響を受けました。科学研究に関する君の考えの純粋さと情熱は僕の心を激しく揺り動かさずにはおきませんでした。君は自然を研究する中で真のキリスト教徒の精神を大切に育んできました。君の生涯の最後までそれを続けられますように。

　僕が君に打ち明けなければならなかった宗教上の確信は、日を重ねるごとに強固になっています。僕は努力することを学んだと思います。努力することがキリスト教徒の真の義務です。神の戒律を保持するために我々ができるのは、努力をおいて他にありません。暇な時にヨハネの信書を熟考して下さい。

　最近は良好な心のうちにあることを感じます。僕が喜んで作った詩を紹介します。

　　　　キリスト教徒の戦場において、熱狂で張りつめた世界の競争において、どちらの舞台にも勇気が満ち溢れている。その勇気は勝利を熱望しているのだ。
　　　　固く救い主を信じ、終生の戦争を戦い抜くため、そして勝利のうちに戦いを終える。そこに、分かち合うべき神の栄光がある。
　　　　床につき深く心を静め、その日の活動に勝利を見出すとき、歓喜と力が重なり合い、疲れた心を清め癒す。

　君に会いたい。暇な時に手紙を下さい。皆さんに宜しく。

敬具　　I. H

　周囲の評価がどうであろうと自らの良心に忠実に、日々の研鑽と反省を怠らない廣井の日常が表現されている。

このような懸命の努力が実り、やっと渡航するだけの費用を蓄えることができた。廣井はもはや一刻の猶予もできなかった。松本荘一郎を訪ね、これまでの経緯と自らの心情を披瀝した。松本は廣井と同じように辛酸をなめて今日に至っていた。松本は兵庫に生まれ、11歳の頃、大阪に出て幕末の儒者・池内陶所の塾に入り、明治初年に神戸の洋学者・箕輪麟祥が主宰する塾に転じて塾中の俊才と称されていた。学費に窮して退学しようとしたが、同塾の大垣藩士・上田肇がその大器を惜しみ大垣藩に推挙して藩士に抱えられた。さらにレンセラー工科大学に留学中に、政府の留学生制度が廃止となり、学資停止となって困窮したが踏みとどまって勉学に励み、旧藩主の扶助を受けるかたわら製図などの嘱託でその不足を補った経験を持つ(12)。したがって自らと同じような境遇にある、才能に恵まれ勤勉な廣井を励まし可愛がった。その松本でさえ「アメリカへ渡っても随分苦しいぞ」と言って容易に賛成しなかった。しかし、廣井の動かぬ決意と工学に寄せる情熱は松本の考えを変えていった。そして、ついに松本の賛意を得、その推薦で米国政府のミシシッピー河改修工事雇員に雇われる内諾を得ることができた。

松本の賛助を得た廣井は、叔父の片岡利和を訪ね、渡米の決意を語った。片岡は事の次第に驚いたが、彼自身、若い頃、倒幕の志に燃えて幾度も死線を超えてきた志士であった。廣井がすべての準備を整え、土佐に残した祖母や母には欠かさず生活費を送ることなど誠意をこめて説明すると片岡は心からの賛意を示し廣井を激励した。そして、片岡とともに侍従であった藤波言忠は、渡航免状下附願の保証人の一人となった。廣井は母や祖母の了解を得て、後顧の憂いなく出発することとなった。

1883（明治16）年12月10日、慌しい年の瀬の横浜から親戚の少年、杉野敬次郎に見送られて、サンフランシスコ行きの客船 City of Rio de Janeiro 号に乗り込んだ。廣井は船上から、町並みの彼方に屹立する富士の秀麗な山容を臨み、日本との別れを惜しんだ。そして、その姿が夕暮の中に溶け込んで見えなくなると、広い海原に眼を転じた。見えぬ彼方に、夢に見た希望の大地が横たわっていた。

60　第1部　廣井勇の生涯

3 - 3　米国留学

ミシシッピー河改良工事

　年が改まり1884（明治17）年1月、廣井は米国中南部の最大都市セントルイスに着き、米国政府ミシシッピー河改良工事の雇員となった。月俸80ドルであった。

　ミシシッピー川は流域327万平方キロメートル、本流の延長は約4700キロメートルに達し、下流において川幅は800から2200メートル、水深は30から50メートルを有し、流量は毎秒平均1万7500立方メートルに達する北アメリカ第一の大河である。ミシシッピー川の本流、支流を合わせて延長2万4000キロメートルの間は船による輸送に適し、北アメリカ中部の重要な運輸路であった。しかし、ミシシッピー川から吐き出される土砂の量は非常に多く、年間平均2億700万立方メートルにのぼり、メキシコ湾に注ぐ河口には三角州が形成され流れは3方向に枝分かれしていた。運ばれる土砂の多くは質が粗く比重が大きいので、川の底を潜行するものが多かった。したがって、洪水が発生すると、その流域に甚大な被害を及ぼすだけでなく、川岸が決壊して土砂が運ばれ河口が閉塞する事態になった。

　河口改良は建国以来の懸案であった。初め鉄製のならし鍬のような器具により三角州の上をかき乱し、流勢によって流そうとしたがほとんど何の効果もなかった。ついに1875年に至って、工師イーズ（J.B. Eads）の設計に基づき工費を投じて三角州の中を流れる南口の改良に着手した[13]。

　J・B・イーズ（1820-1887）はインディアナ州ローレンスバーグに生まれた。ミシシッピー川の汽船会社に勤める間に潜水作業に使う潜鐘（diving bell）を発明しサルベージ会社を設立して、ミシシッピー川における沈没船の救難、引揚げに活躍した。またリンカーンの要請でミシシッピー川を南軍の攻撃から守るため装甲船を建造した。1874年に完成したイーズ橋（セントルイス橋）の設計でも知られる。

　イーズ橋の建設にあたっての難問は、船舶の航行を考慮して橋の径間（スパ

ン）の長さと水面からの高さ（クリアランス）に制限があり、さらに橋脚を支える海底の岩盤が地中深くにあることだった。イーズは鋼鉄と錬鉄を用いたリブアーチ橋を設計した。これは主要材

イーズ橋（セントルイス橋）
左上に廣井の書き込み。（浅田英祺「廣井勇の世界」所収）

料に鋼鉄を利用した最初の橋であるといわれている。また工事中はアーチを支える足場を設けることができなかったので片持ち梁（カンチレバー）工法を採用した。この工法は中間の橋脚からバランスを取りながら両方向にT字に桁を伸ばし（これを平衡片持ち梁という）、径間中央において桁を連結する。端の橋脚においては後方にアンカーアームを固定して前方に梁を伸ばす工法である。さらにニューマチックケーソン工法によって地中深くまで掘削し橋台の基礎をつくった。この工法はケーソンという箱型で底のないコンクリート構造の中に空気を送り込み、人力で川底を掘削して貫入させるものである。その中で作業していた労働者は、潜水病のため15人が死亡、2人が身体に障害が残り77人が深刻な症状に悩まされた。その当時、潜水病の原因は解明されておらず、ニューヨークのブルックリン吊橋の建設でも犠牲者を出した。イーズ橋は1867年に着工し1874年に竣工した。全長1964メートル、最大支間長158メートル、幅14メートル、桁下の高さ27メートルの3径間アーチ橋である。廣井は、この均整のとれた美しい橋を何度も訪れた。

　一方、洪水制御に関しては、堤防を築いて水をすべて海に流すか、貯水池など他の方法を併用するかという政策についてシビルエンジニアと陸軍工兵隊との間で論争が長く続いていた。

62   第1部　廣井勇の生涯

　1879年、米国政府はミシシッピー川管理委員会（Mississippi River Commission）
を設立し、洪水制御のための連邦基金を監督させた。同委員会は堤防のみを強
化し他の対策は採用しないことに決定した。それはミシシッピー川に関して大
きな影響力を持つシビルエンジニアのイーズと米国陸軍工兵隊のハンフリーズ
（A.A. Humphreys）大尉の長年にわたる論争への対応であった。その方針は1927
年の大洪水によって見直されることになる。

　廣井は著書『築港』においてイーズの河口対策が良好だったことを述べてい
るが、洪水制御のための堤防方式には言及していない。廣井がミシシッピー河
改良工事に携わったことが、航路維持を含め巨大な河川の制御の実際を肌で感
じる貴重な経験になったことは疑いない。また、河川・鉄道・運河・道路から
構成される大陸の輸送ネットワークの重要性についても目を開いたのではない
かとも思われる。

　輸送ネットワークの重要性を初めて指摘したのは、オーストリアの技術者ゲ
ルスナー（Franz Anton Ritter von Gerstner（1793-1840））である[14]。彼は1824年か
ら1829年まで、バドワイズからプラムホフまでの初めてのヨーロッパ大陸鉄道
を監督したことで知られる。彼は技術教育、銀行業、鉄道・運河・汽船のよう
な交通網システムの3つの間の相互作用の戦略的重要性を同時代の誰よりも先
駆けて知っていた。彼の死後、米国の繁栄を支えるそれらの輸送ネットワーク
の調査レポートが刊行され英語に翻訳された。あるいは廣井もその著書に眼を
通していたかもしれない。

　廣井は日々の研究を怠らなかった。その頃を回想して新渡戸稲造は次のよう
に述べている[15]。

　　廣井君　22歳で米国政府の技師となって働いていたとき、朝早くから出
　勤して夕方下宿に戻って来て、尚ほ夜遅くまでランプの光が窓に射してい
　るのを不思議に思っていたが、ヒラデルヒアで私が同宿した時に、廣井君
　に其事を聞いたら『仕事としては測量したり計算したり他の者と同じにや
　れば私の責任は済むのだが、日本に残っている母のことを思うとジッとし

ていられないのだ』と言われた。

廣井は短期間で勤務先を変えている。処遇の改善もあったであろうが、技術レベルの向上が主な目的であったとみて大過ないだろう。米国を離れる時点では、すでに一般の米国技術者のレベルをはるかに超えていた。それについては後に述べることにする。

米国の鉄道

1776年、イギリス本国からの独立宣言後、米国は1803年にミシシッピー川の西からロッキー山脈に至る広大な領土「ルイジアナ」をフランスから購入し、領土が約1.9倍に拡大した。さらに1848年にはメキシコとの戦争に勝利してニューメキシコからカリフォルニアまでの一帯を領土に加え、さらに1.7倍に拡張した。1800年の人口は531万人、1850年には2319万人、1900年には7600万人に増大する。

これらの増大する人口を吸収したのは、最初はアパラチア山脈以西のミシシッピー東岸の流域、ついでミシシッピー西岸の中西部、そして太平洋沿岸の西部だった。このような人口移動は19世紀前半までは河川や運河のような水運あるいは幌馬車であり、前述したミシシッピー川の航路もそのひとつであった。19世紀後半からは鉄道が主力になった[16]。

1825年にイギリスのストックトン・ダーリントン鉄道が営業して以来、目的地に人と物資を速やかに輸送できる交通機関としての鉄道の優位性に気づいた国々は、国内の治安と産業振興のために積極的に鉄道建設を推進していった。わずか10年の間にフランス（1832）、ドイツ（1835）、ベルギー（1835）、オーストリア（1837）、ロシア（1838）、イタリア（1839）で建設が始まった。

米国の鉄道は、1825年にジョン・スチブンが初めて蒸気機関車を製作して全長約800メートルの環状軌条で公開実験を行って以来速やかに進展し、1833年10月にはサウス・カロライナ州のチャールストン市からジョージア州サバンナ市まで218キロメートルの世界最長の鉄道が建設された。1835年には鉄道発祥

の地イギリスを追い越し、1800キロメートル近い路線で営業していた。広大な国土に早期に経済的に鉄道を伸ばすため、地形に応じて線路の勾配や曲率を取る工夫が採られた。蒸気機関車もいろいろな形式のものが作られ、レールも1830年に底が平らな形のものが開発され枕木に犬釘で直接打ちつけることができるようになった。1850年代にはサンフランシスコでゴールドラッシュが起こり、太平洋沿岸にも鉄道建設ラッシュが到来した。アメリカ大陸の西岸と東岸から内陸に鉄道が延び、1869年にはユタ州プロモントリー・ポイントで両方の鉄道が結合され初の大陸横断鉄道が完成した。1870年代には営業路線は10万キロを超えた。

　米国の鉄道の特色は、農作物を主体とする物資輸送と未開地への移住促進を大きな目標にしていたことである。連邦政府は鉄道会社に沿線の土地を非常に安い価格で払い下げ、資金借入を援助するなどの助成策をとって鉄道建設を促進した。しかし鉄道会社は路線が完成すると輸送運賃を独占的に操作して莫大な利益を上げるようになった。農民の激しい反対運動によって1890年、最初の独占禁止法であるシャーマン法が成立した[17]。

　このような旺盛な鉄道建設が続くなか、廣井は1884年9月、シーシェラー・スミス工事事務所に移り、いよいよ橋梁設計の仕事に従事することにした。その頃、鉄道建設は橋梁の長大化、設計の合理化と精緻化、材料の開発を促し、各分野に目覚しい進歩をもたらした。

橋梁の技術革新と材料開発

製鉄法

　鉄の生産技術の開発は古い。紀元前17世紀頃には現在のトルコのアナトリア地方に興隆したヒッタイト帝国が武器として使用していた。中国では4世紀には石炭を燃料として使い始め、13世紀には鉄の還元材料としてコークスを使用する技術を開発している。

　ヨーロッパでは15世紀になって、ベルギーにおいて初めて溶鉱炉を築いて銑鉄を作ることができるようになった。耐火煉瓦で炉を築き、鉄鉱石、木炭、石

灰石を中に入れて点火し、水車で駆動する強力なふいごで空気を吹き込む。炉内が高温になるにつれ鉄鉱石が溶解して還元され、不純物は石灰石に吸収されて浮き上がり、炉内には溶解状態の銑鉄が生成される。それを鋳型に流し込み鋳鉄製品を作る。銑鉄は炭素分を 2 ～ 4 パーセント含み脆いため、炭素分が0.05パーセントと極めて少ない錬鉄に精錬しなおす[18]。

鋼鉄は錬鉄よりはるかに強靭で、昔から刀剣などの素材として使われてきたが、少量しかできず高価であった。1856年、イギリスのヘンリー・ベッセマーが製鋼法の原理を発明し、1858年にスウェーデンのゲラン・F・ゲランソンがベッセマー法の工業化に成功し、鋼鉄の大量生産が可能となった。

イギリスは当初、銑鉄・粗鋼の生産で世界をリードしていたが、1890年にはアメリカに抜かれ、1900年にはドイツに粗鋼生産で後塵を拝するようになった。

アメリカの橋梁建設

鉄道建設の開始とともに、解決しなければならない多くの問題が発生した。特に橋梁の設計と建設が焦眉の課題となり、上記のように鉄材の開発を刺激し、材料および構造力学の発達を促した。

西ヨーロッパでは、鉄道は人口の多い地域に建設されたので、橋梁は永久構造物と考えられ石のアーチ、鋳鉄の桁およびアーチが流行した。一方、アメリカやロシアの事情は違っていた。アメリカでは人口密度が低くレールの敷設距離が長いので、初期経費を極端に切り詰めることが要求され、橋梁は一時的なものと見なされた[19]。

ルネサンス時代の建築家たちが木のトラスに関心を示したような木橋が広く使用され、いろいろなトラスが考案された。18世紀にスイスが木橋を多用していたが、19世紀に入るとアメリカが木橋建設でリードするようになった[20]。

最初の全金属製トラスは1840年にアメリカで建設され、イギリスで初めての金属製トラスは1845年に作られた。当時のアメリカの橋梁に関して述べたクールマンの記録が残っている。

ドイツの著名な構造工学者であるカール・クールマン（Karl Culmann, 1821-1881）は1849年、イギリスとアメリカを旅行して見聞を広め、英米の橋を広汎

66   第1部　廣井勇の生涯

に研究して出版した。この研究は、ドイツの構造力学と橋梁工学に大きな影響
を与えた。当時、イギリスとアメリカは鉄道建設でドイツより進んでいた。
クールマンがアメリカを訪れた当時、アメリカの技術者の多くは鉄製トラスを
信頼していなかった。繰り返し衝撃および振動による鉄の疲労破壊に対する不
安が主な理由であったようだ。ただし、彼は概してアメリカの橋と技術者の勇
気に感銘を受けた[21]。

　しかし、この頃から急激に橋梁工学は進歩する。イギリスにおいてはロンド
ンからアイルランドの首都ダブリンへの交通に鉄道を利用することになり、ロ
バート・スチーブンソンがメナイ海峡に支間長140メートルのブリタニア橋
（1846-1850）を建設した。高さ9.1メートル、幅4.5メートル、長さ140メートル
の錬鉄製の巨大な箱型の筒を組み立て、それを吊り上げて橋を造り、その中を
汽車が通過するようにしたのである。箱型の筒の寸法を決定する理論がなかっ
たので、錬鉄板の座屈についての模型実験を行って決定している。

　アメリカでは1855年、ジョン・A・ローブリングがナイアガラ滝の下流に、
支間長約250メートルの鉄道・道路併用の吊橋を架けた。彼は鉄道・道路併用
のダブルデッキを支えるため、錬鉄ワイアーを平行に張り渡して束ねて1本の
ケーブルに仕上げる方法を考案することで吊橋を完成した。さらに1866年には
オハイオ川に全長322メートルのジョン・A・ローブリング吊橋を開通させた。
1883年には鋼鉄ワイヤーを用いて全長約1040メートル、中央の支間長が約486
メートルのブルックリン橋を建設した。設計したジョン・A・ローブリングの
遺志を継いで息子のワシントン・ローブリングとエミリー夫人が建設を成功さ
せた。

橋梁工学の研鑽

　このような橋梁工学の飛躍的な発展のさなか、廣井はアメリカにいて寸暇を
惜しんで橋梁技術の習得に努めていた。

　廣井は、1884（明治17）年9月、シー・シェラー・スミス工事事務所に入り
橋梁設計の仕事に従事し、約1年半後には月俸70ドルを得るようになり、経済

第 3 章　修行時代　　67

的な危機を脱することができた。その頃ことであろう。廣井はゲーテの小説
『ヴィルヘルム・マイスターの修行時代』にある詩を好んで口ずさんだ。

　　涙ながらにパンを食べたことのない者
　　悩み多い苦しみの夜々を
　　ベッドにすわって泣きあかしたことのない者は
　　おんみらを知らない　天の諸力よ[22]

　夢を求めて希望を抱いて渡ったアメリカの現実を前に、廣井は人知れず涙し
たことだろう。それを少しずつ乗り越えようと、必死の努力を続ける廣井の姿
を彷彿させる。
　1886年1月、ヴァージニア州ノーフォーク市にあるノーフォーク・ウェスタ
ン鉄道会社に入り設計・製図を担当し、同社の技師長コー氏の厚い信頼を得た。
彼は、廣井は珍しい勉強家であるといつも誉めていた。廣井が宿泊していた
City Hotel の主人と家族も廣井の紳士的態度を称揚した。同じ会社のある書記
は「夜更けて帰ってみると廣井君の部屋がいつも明るいので、戸を叩いて入る
と、一生懸命勉強している。日本の青年はこんなに勉強するものか」と感歎し
た[23]。
　同年9月、廣井は米国における橋梁の大会社エッジムーア・ブリッジ会社に
技手として入社し、鉄橋の設計並びに製作に従事し、益々技能を研き、時には
職工とともに鍛冶に従事することさえあった。高度な技術を要する橋梁の設計
に携わり、施工と結びつけることによって橋梁工学の理論と実際の技術の向上
を目指していたのである。
　廣井は親友宮部に宛てて近況を報告している[24]。

　　僕は今エッジャー・ムーア鉄工場で鉄橋の設計の仕事をしており、貴重
　な経験を重ねている。（1887年1月2日付）

転　機

　1887（明治20）年、廣井に人生の転機が訪れる。さきに米国留学から帰国した札幌農学校教授の佐藤昌介が、札幌農学校に工学科を新設する等の改革案を岩村長官に提示し認められた。それを受け、廣井に札幌農学校工学科の主任教授に就くよう勧誘してきた。4月、新渡戸とともに札幌農学校助教に任ぜられ3年間のドイツ留学を命ぜられた。留学にあたり北海道庁長官岩村通俊は次のように訓令した[25]。

廣井勇、太田（新渡戸）稲造のドイツ留学辞令
（浅田英祺「廣井勇の世界」所収）

(1)　ドイツのベルリン大学その他の大学において土木工学、物理学、数学の各学科を専修すべし。
(2)　北海道の土木起業等に関し有益と認められることは時々報告すべし。
(3)　鉄道その他土木に関する工事経営の事務順序その主務の役所について親しく実験すべし。

　その訓令から、札幌農学校で教授する学科だけでなく北海道開拓に関わる土木の全分野について知識と見聞を広げるよう期待されていることが分かる。それは拓殖を支える政策から建設までの社会活動の基盤すべてに対応できる能力を獲得することを意味する。当時、ドイツはフランスのエコール・ポリテクニ

クを参考に工学校（工科大学）を創設して成功し、科学技術の教育が産業発展と結びつき目覚ましい発展を遂げつつあった。北海道庁としても、その点に着目しての廣井のドイツ留学であったと思われる。

かつて札幌農学校時代に廣井は「この貧乏な国では民衆に食物が行きわたるように努力しないで宗教を教えても益は少ない」と悟り、「僕は伝道を断念して工学に入る」と内村に宣言したが、希求する工学のヴィジョンは未だ明確ではなかったであろう。その具体的な目標が設定されたのである。廣井が全力で取り組んだことは想像に難くない。

4月14日付の手紙では、フィラデルフィアからハーバード大学にいる宮部に次のような手紙を出している[26]。

　　僕は数日前にエッジャー・ムーア鉄工場を辞めた。北海道庁から手当てを受け取り次第、アメリカを去ってドイツ留学へ出発するが、急ぐので太田（新渡戸）とは同行できない。出発前に君に会えないのも残念。

廣井はアメリカを去るにあたって何か計画していたのかもしれない。6月4日付の手紙をカールスルーエからハーバード大学の宮部に出している[27]。

　　5月14日ニューヨークを出帆してリヴァプール着。エジンバラを経由してロンドンに1週間滞在の後、英国からカールスルーエに到着。

ニューヨークではエディ運河、ナイアガラ滝ではA・ローブリングが設計・施工した吊橋やチャールズ・シュナイダーが設計主任をしたカンチレバー橋を見学した。高架鉄道やクロトン上水道にも足を運んだであろう。ブルックリン橋も渡った。ニューヨーク港も見学したであろう。廣井によると「ニューヨーク港は河岸総延長32,000メートルの間に櫛の歯状に276個の埠頭を築く最大の商港であり、船舶を係留できる岸壁の延長は8万メートルに達する。しかし起重機の設備が不足しており鉄道との連絡も悪い」[28]状態であった。ニューヨー

ク港からリヴァプール港に着いた。「リヴァプール港は潮位差が大きく、大潮で8〜10メートル、小潮でも4メートルを下らないので、入り口に閘門を2個有する船渠（ドック）が多い。その中でもハアキュレニアム船渠は13,000坪の面積があって同時に大船数艘を収容できる」[29]状態であった。次に1826年に完成したテルフォード設計の近代的吊橋メナイ橋（1819–1826）とロバート・スチーブンソンが設計したブリタニア橋を見学した。

イギリスは1801年に併合したアイルランドの統治体制を固めるために、アイルランドの首都ダブリンまでの交通路の整備を図ったが、その最後の難関がホーリー島との間に横たわるメナイ海峡であった。海峡は英国海軍の航路にあたるために、海面から30メートルの空間には工事中を含め一切の障害物を禁じた。そのためテルフォードは支間長177メートルの吊橋を設計した。長さ3メートル近い錬鉄の平板4枚を一体とし、両端に設けたピン穴に太いボルトを通して順に連結した鎖によって橋桁を吊った[30]。

次いで、1830年に開通したマンチェスター・リバプール鉄道に乗りエジンバラに到着。フォース湾を訪れ、巨大な鋼鉄の塊のようなフォース橋に圧倒されたに違いない。ロンドンでは1863年に開通した最初の地下鉄や、1884年に完成したロンドンを一周するサークル・ラインに乗った。さらに鉄道に乗り、海岸沿いにイギリスの国家的プロジェクトとして建設されたポルトランド港に寄った。ポルトランド港はイギリス南部の要港で軍用と避難に利用されていた。1847年に着手し1871年に完成した巨大な捨石堤に守られていた。

その後、プリマス近傍にあるブルネルが設計したロイヤル・アルバート橋まで足を伸ばしたかもしれない。ロイヤル・アルバート橋はニューマチック・ケーソンで地下の深い岩盤に橋脚の基礎を築き、その上に2連のレンズ状の複合トラスを載せた橋である。トラス構造の上弦の大きな部材は、横幅が約5.1メートル、高さが約3.7メートルの楕円形の管で、錬鉄の板を鉄の鋲で張り合わせて造られている[31]。

廣井は世界に先駆けて産業革命を経たイギリスの基盤施設を見学した後、目的のドイツの地を踏んだ。

3-4 ドイツ留学

ドイツの工科大学を語るには、まず手本にしたフランスのポリテクニク（パリ理工科学校）についてその由来をたずねなければならない。

18世紀にはフランスに幾つかの工業学校が設立されていた。フランスはヨーロッパ連合軍と交戦中であり、防衛施設、道路、橋などの建設や、砲術をみがくために技術者が必要であった。偉大な数学者モンジュを中心とする科学者と技術者のグループは、旧制度下の工業高校に代わる新しい工学校の建設を政府に進言した。1794年に新しい学校ができ、翌年には改名されてエコール・ポリテクニクが誕生し、ラグランジェ、モンジュ、プロニ、フーリエ、ポアソンが教授となった。そして特権を廃し、すべての階級の子弟が入学できるようにした。数学、力学、物理、化学などの基礎学力を習得するため、最初の2年は基礎学力のみ、工学の講義は第3学年で集中して行われた。さらに後年になると工学の学習を切り離し、エコール・デ・ポン・エ・ショセ（土木工学校）、エコール・デ・ミン（鉱山学校）、陸軍士官学校などの工学校に入る学生が、基礎科学を習得するためにエコール・ポリテクニクに入るようになった。技術者が基礎科学全般について学習するようになったのはフランスが最初であり、広い科学教育のもとに技術者は工業科学の発展に大いに貢献した。

ナポレオン戦争の後、ドイツは経済再建を迫られ、まず工業の振興を図った。フランスのエコール・ポリテクニクに倣って工業校を幾つか設立した。教育内容は数学、物理、化学などの基礎科学を核に、その周りに工業教育を組み上げた。他の職業でも必要になるような、総合大学で行っている一般教育は必修科目になっていた。工業校は大学の地位を与えられ（すなわち工科大学）、たんに技術的問題を解くだけではなく応用科学（engineering science）を自ら発展させうる技術者の養成を目指していた。

エコール・ポリテクニクはエコール・デ・ポン・エ・ショセ、陸軍士官学校などのそれぞれの分野の学校に入るための準備学校であり、軍の管理下にある技術官吏を養成する位置づけであったのに対し、ドイツでは工業校のみで教育

が完結していた。最初の2年は科学教育、次の2年は1つの分野に限って工学を教育するようになっており、教育内容の質と量の調整がうまくいっていた。工業校は個人企業と密接な関係があり、産業の成長を助けた。大学の地位があり、学問自由の原則に従って管理された。この教育は非常な成功を収め、卒業生はたちまち工業および工業科学の重要な担い手となった。ドイツでの教授の地位は非常に高く、その結果、工業校は優れた工学者を研究の場に引き寄せた[32]。19世紀の終りにドイツは確固たる地位を築くようになった。

また1870年頃には構造物および機械に鉄や鋼を使うようになり、それらの力学的性質を実験的に調べることが必須となった。鉄と鋼の性質はその製造工程に左右されることが明らかになり、多くの国々で急速に材料試験所が設立された。それぞれの試験結果を比較できるようにするため、試験方法をある程度統一する必要が生じ、1886年ドレスデンでの会議でその草案の大部分が承認された。

廣井は1887（明治20）年9月にカールスルーエポリテクニカム、翌年9月にはシュツットガルトポリテクニカムに入学して土木工学および建築水利工学等の諸科学を専修した。ここでも廣井の勉強は猛烈であった。その様子を新渡戸は宮部に宛てた手紙で次のように触れている。

　　廣井についてぼくは、彼が健康をわるくしまいかと心配しています。彼は、あまりに勉強しすぎるように思います。（略）
　（1888年6月26日　ボンにて）[33]

そのような学生生活を続けながらも、ボンにいる新渡戸に律儀に便りを書くのは、いかにも廣井らしい。

　　廣井は隔週ごとに便りをくれます。彼は人生が煩悩や誘惑との戦いであると悟った、そういっています。道徳的に良い感化を与えるどころではないようなカールスルーエで、友もなく一人ぼっちでいる彼を、いたわって

やろうではないか。彼は気高いやつです。また、大言壮語を好むにもかかわらず真底は誠実です。（略）
（1887年12月4日　ライン河畔のボンにて）[34]

　当時、廣井は何かに迷ったことがあったのだろうか。「人生が煩悩や誘惑との戦いであると悟った」と語っているからである。日本においては技術者が非常に不足しており、高額な報酬で勧誘するケースが多かったというから、あるいは極めて魅力的な条件で勧誘されたのかもしれない。
　また時々、札幌農学校からの便りが届くようになった。廣井は宮部に次のような手紙を書き送っている[35]。

　　　ドイツ皇帝死去の報知。佐藤（昌介）の便りでは札幌大学（農学校）は改善されつつあるが、僕の考えではその名称は Sapporo Polytechnical Institute とすべきだと思う。近日中にマンハイムに港湾建設の調査に出かける予定。

　札幌農学校の名称については教授になってからも進言している。また、この頃すでに港湾建設について研究していることが見て取れる。
　米国における実践経験とドイツにおける留学が広範な視野、系統的な研究方法、実用を重視した工学を特徴とする廣井工学の中核を形作ったのである。日本に帰国した後の目覚ましい活躍の原動力が出来上がりつつあった。
　カールスルーエ、シュツットガルトの両大学の土木工師（バウインジェニュール）の学位を受領するにあたり、その頃の心境を廣井はカールスルーエから宮部に書き送っている[36]。

15 April, 1888.

Dear Friend

Your letter of 24th was duly received & pleasure of knowing that you have been continuously so well.

I hope you will succeed in prolonging your stay abroad 1/2 year & come over to Europe, so that we may go home early in 1890. It will do you great benefit to visit Europe & will repay the government too far better than thousands of dollars spent in letting dinner-eaters going around Europe & America year after year.

I am not studying very hard as my health is not very good. Tomorrow commences summer semester. I had some idea of making examination for Ph.D. But upon inquire I have found out that in many universities although it is not difficult, everywhere it costs so much that it is almost like buying a degree. I have made up my mind not to think any more about Ph.D. business. I hope Ota will get it. Then there will be enough Ph.D. in Sapporo. I suppose Watase will try for the degree. Hope he will get it.

I got card from Uchimura the day he left America. He seems to have left in good spirit. Hope he will be successful in his work. Wrote Fujita sometime ago, but us answer yet nor is it time yet for it.

I am going in August to Switzerland & Black forest. It is long looked for journey, even so early as the day I was in Sapporo College. What grand sceneries I shall see there. Hoping to hear from you in your leisure.

Yours truly

I. H

I mail my picture to you 1st May 1888.

　君の24日付の手紙を受け取りました。そして君がずっと健康でいることを知り嬉しく思います。

　僕らは1890年の早い時期に帰朝するだろうから、君が半年留学を延長できることを希望します。ヨーロッパを訪ねることは君に大きな利益になるでしょうし、毎年晩餐の大食漢どもに欧米を回らせるために費やす数千万

第3章 修行時代 75

ドルよりもっと良い恩返しができるでしょう。

　僕は健康状態があまり優れないので猛勉強はしていません。明日よりサマー・セミナーが始まります。博士号の学位取得試験を受ける考えを持っていました。しかし調査の結果、多くの大学ではどこでも、難しくはないが、高価であり、ほとんど学位を買うようなものであることを発見しました。僕はもうこれ以上、博士号の学位は考えないことに決心しました。太田（新渡戸）が学位を獲得することを希望します。札幌では博士号で十分でしょう。渡瀬君は博士号を得ようとすると思います。彼がそれを得られることを希望します。

　内村がアメリカを離れる日に、彼から葉書を受け取りました。彼は良い精神状態で去ったようです。彼が仕事で成功することを希望しています。以前、藤田に時々便りを書きましたが返事がまだありませんし、その時ではありません。

　僕は8月にスイスとブラック・フォレストに行くつもりです。僕が札幌農学校にいた早い時期から待ち望んでいた旅行です。そこでどんなに壮大な風景を見ることができるでしょう。

　暇な時に便りを下さい。

敬具

I. H

　僕の写真を送ります。1888年5月1日

　工学博士の学位を取得するのは難しくはないが、そのための費用が非常に高額でほとんど学位を買うような状況なので断念したことを述べている。廣井は金で買うような工学博士の学位に価値を認めていなかったし、肩書きや名声に重きを置くような衒いを持ち合わせてもいなかった。

3-5 初めての著書『プレート・ガーダー・コンストラクション』の刊行

1888年、ニューヨーク市ヴァン・ノストランド社より Science Series No. 95 として最初の著作 "Plate Girder Construction" が出版された。本文が94ページのハンディな本である。

諸言は次のように述べている。

For railway as well as highway bridges, there is probably no other form of girders that are more extensively used and daily being constructed than plate-girders. The reason for this lies mainly in the simplicity of their construction and their stiffness as compared with open-girders. That the construction of a plate-girder is simple, is, however, no reason to suppose that the stresses produced in it by external forces are, also, simple. On the contrary, to determine actual stresses in every part of a plate-girder is one of the most complicated problems that can come in the way of bridge engineers.

　高速道路および鉄道の橋梁でプレート・ガーダーほど広く毎日建設されているガーダー（桁）の形式は多分無い。その理由は主にオープン・ガーダーに比べ建設が単純で剛性が大きいからである。しかしプレート・ガーダーの建設が単純であるからといって、外力によって生じる応力もまた単純であると考える理由にはならない。それとは逆に、プレート・ガーダーのすべての部分の実際の応力を決定するのは、橋梁設計者にとって最も複雑な問題のひとつである。

　プレート・ガーダーとは鋼材をリベット接合［著者注：現在は溶接接合する］して、曲げやせん断に強い I 型断面に組み立てた桁をいう。構造が簡単で広く採用されているけれども、そこに発生する応力は単純ではなく、設計に用いる

応力を決定するのは複雑な問題である。設計者たちは、根拠となる原則に基づいて桁の各部分が正しく調整されているか否かを検討する機会がないことを述べてから、

As a consequence plate-girders are often designed and constructed in a most careless manner, no particular attention being paid to the proportion and arrangement of parts, the spacing of rives, etc., every one of which forms the most important factor in the strength of a girder ; merely showing that the fact that a structure is standing is not the indication of the correctness of its design.

It is the aim of the writer, in the little volume now given to the public, to present, in as simple a manner as possible, a somewhat rational mode of designing girders of this class with special reference to American practice.

その結果として、プレート・ガーダーは各部分の釣合および調整、リベットの間隔など、そのおのおのすべてがガーダーを強固にする要因なのであるが、特別な注意を払われることなく、大部分無頓着なやり方でしばしば設計され建設される。構造物が建っているという事実は、設計が正しいことを示すものではないことを単に教えるように。

筆者の目的は、わずかな分量で、できるだけ簡単な方法によって、特に米国での実施に関して、このクラスのガーダーを設計するいくぶん合理的な設計様式を提示することにある。

と述べている。この著書はその諸言に違わず、これ以上ない簡便さで合理的な設計方法を過不足なく述べている。名著といわれる所以である。宮部金吾は次のように回想している[37]。

丁度その当時、私はハーバード大学で勉学中であったが、或る日同大学の土木工学の教授チャプリン氏が一書を示し、之は貴国の人が書いたもの

78 第1部 廣井勇の生涯

で、他に比類なき良書である故、広く教科書または参考書として、採用さ
るるに至るであろうと云われたのが実にその著書であった。（略）此書の
第5版が1914年に発行されていることを知っているが、その後何回版を重
ねたか不明である。

　この著書は米国において広く使用されるようになった。
　同年5月、The Railroad and Engineering Journal に廣井の2編の論文が掲載
された。"Stress in Continuous Framed Girders"（連続トラス桁の応力）および
"Secondary Stresses in Framed Structures"（トラス構造の2次応力）である[38]。
特に後者は1905年にヴァン・ノストランド社から刊行された "The Statically
Indeterminate Stresses in Frames Commonly used for Bridges" に掲載されてい
るトラスの2次応力の解法と仮定が同じで、ただ解析の基本となる三角形トラ
ス部材の角度の変化を、1888年の論文では曲げの基礎方程式より導いているの
に対し、1905年刊行の著作ではカスティリアーノの定理を用いて求める点が異
なるだけである。
　2次応力を最初に扱ったのは、マンデラ（H. Manderla）である。トラスの解
析に当たっては節点は理想的ヒンジと考えたが、実際は剛であり軸力に加え何
らかの曲げを受け応力（2次応力）が発生する。1879年、ミュンヘンの工学校
から剛節トラス解析方法が懸賞論文として出されマンデラの論文が採択された。
しかしその論文は釣合方程式が複雑で実用的ではなかった。正確で実用的な解
法は、1891-92年にモールによって発表された。その解法は今日広く利用され
ている変形法（deflection method）に繋がっていく。
　廣井の論文の執筆時期は明らかではないが、月刊誌であることからドイツ留
学中の研究成果の一部とみられる。帰朝前に彼の能力は当時、ドイツのミュー
ラー・ブレスロー、フェップル、エンゲッサーなど世界の名だたる工学者が取
り組んでいた2次応力の解法に及んでいたのである。

3-6　帰朝の旅

1888（明治21）年10月、留学期間を1年短縮し1889（明治22）年8月までに帰朝すること、およびイギリス、フランス、ドイツを廻って鉄道工事その他の土木工事を視察しておくべしという命令が届いた。

1889年4月、カールスルーエおよびシュツットガルトポリテクニカムの土木工師（バウインジェニュール）の学位を受領した。

同年5月、パリ万国博覧会が開催された。フランスを代表する技術者ギュスターヴ・エッフェル（Gustave Eiffel、1832-1923）が設計、建設したエッフェル塔はパリ市民のみならず世界の注目を集めた。鋼鉄の時代の訪れであった。廣井も新しい時代を予感するこの塔に昇りパリの街を見渡したであろう。

ドイツを離れる日が来た。廣井は第2の故郷である北海道での、シビル・エンジニアとしての人生に思いを馳せた。帰朝する廣井の胸に美しい虹が架かっていた。

　　虹
　　　　　—丘のある心和む風景の上にあらわれて—
　　空がしだいに灰色のくもりを増して
　　ほどなく嵐がやって来る
　　でもやがて稲妻も雷鳴も遠のいて
　　きみたちの心を爽やかに洗う　虹の色

　　宇宙は決して倦むことなく
　　喜びのしるしを伝えている
　　蒼穹は何千年も前から
　　語りつづけている　平和の声

　　雨中の暗いくもりから

虹の像がいつものように耀きいで
愛のやさしい涙を借りて
天使の姿を映す　まことの心

波うつ嵐が　森のうえ　家並のうえに
戦いの矛をおさめると
おもむろに　久遠なる
色彩のアーチがあらわれる

野の　森の　家並のうえに
戦いのあらしが終りを告げ
春の微風のそよぐとき
平和のアーチが　ほほえみかけてくるだろう

　（ゲーテ『自然と象徴』(39)）

　廣井はハンブルク港から船に乗った。ハンブルク港は入出航する船舶が年間
1400余万トンとニューヨーク港と同じくらいであるのに岸壁の延長はその8分
の1で充分なのは、起重機が完備し上屋と鉄道の配置が適切であるからであった。

　その後、船は地中海を通りスエズ運河に向かった。スエズ運河の入り口には
ナイル河口から流出する濁流が運河内に流れ込むのを防ぐためにポルトサイド
防波堤が造られていたが、漂砂のためにその建設は勿論維持も困難を極めてい
た。防波堤はテール石灰と砂漠の砂を用いたブロックを積んで造られていたが、
海水の化学作用と波動によって破壊したものが多かった(40)。

　スエズ運河は地中海と紅海を結び、途中3つの湖を通る。地中海の潮位差が
30センチメートルであるのに対し紅海のそれは120センチメートルあるが、中
間に湖があることによって潮位差の影響を受けない。1852年フェルジナンド・
レセップスが計画し、1859年に着手し1869年に開通した。

船は紅海を抜けインド洋を進み、セイロンの西岸コロンボ港に停泊した。セイロンは当時、イギリスの植民地であるインド帝国の領土であり、コロンボは欧州より東洋に航海する船舶の寄港地として非常に栄えていた。インド洋に面し定期風の影響を受け、海上が平穏な期間は長くはなかった。特に5月から11月の間は西南の風が襲い、海上工事はほとんど休止せざるを得ずコロンボ港の防波堤建設は困難を極めたという。築港は1875年に着手し10年を経て南防波堤が完成していたが、急増する船舶を安全に停泊させるため、1893年より新たに北防波堤の建設を始めることになる。設計者は、南防波堤を設計したクード卿の息子クード・ジュニアである[41]。南防波堤は当時の世界最先端のスローピングブロックシステムによって築造されていた。廣井はそのシステムの重要性に着目しており、その成果を詳細に観察し検討したに違いない。

3−7 帰 朝

船が東京湾に入ると、青く輝く夏の空に端正な富士の姿が浮かんでいた。船は沖に停泊して艀が来るのを待った。当時の横浜の人口は約12万人となり、明治初めの小寒村は大きく変貌し貿易商や銀行が軒を並べて繁盛していた。当時の代表的な輸出品は生糸類で輸出総額の50パーセントを占めていた。生産の中心は東日本であり、横浜から輸出されていた[42]。それにもかかわらず、日本の表玄関であり第一の商港である横浜港でさえ大船が接岸する岸壁も、それを波から守る防波堤もなかった。廣井が日本の現状を再認識し、改めて港の重要性を痛切に感じた瞬間であった。彼は次のように述べている。

　　およそ物資の運輸および積卸の便否は、経済上にきわめて大きな関係があり、その影響は単に一地方の盛衰にとどまらず、さらに進んで一国の盛衰に関わるものである。これこそ欧米諸国が先を争って巨万の資金を投じて港湾の修築を施し、大きな船舶の出入を自由にし、かつ一度港内に入れば天候に関係なく安全に係留して敏速に物資の積卸を終え、旅客の昇降に役立てることに熱心な理由である。

82   第1部　廣井勇の生涯

　　ひるがえって我が国の現状を顧みると、40万トンの船舶と３千マイルの
　鉄路は断絶している。旅客貨物を運送しても、その接続の要地である港湾
　の多くは完全な設備を欠き、いたずらに古くからの慣習を固く守り、専ら
　人力により、稀には機械力を用いて貨物の積卸をするにすぎないので、当
　然多大な時間と労力とを浪費しているのに対し、欧米の著名な諸港におい
　ては常に大型船を陸地もしくは桟橋に係留させ完全な設備によって貨物の
　積卸および輸送に従事し、わずかに10分の１にみたない費用と、ほとんど
　５分の１の時間で済むことを比べれば、その特質は全く違っていて、どう
　して比べることができようか。（『築港　巻之一』諸言）

　明治政府は東京に遷都して以来、東日本の振興を図ってきた。そして東日本
と横浜とは舟運によって結びついていた。
　1878（明治11）年、内務卿大久保利通は「一般殖産及華士族授産ノ儀ニ付伺」
を建白し、それに基づいて公債による起業資金が準備され、鉄道、官営鉱山等
に投資された。その建白では、東日本の運輸体系の整備を目的として７大プロ
ジェクトが提案されていた。すなわち、港湾の整備として宮城県鳴瀬川河口の
野蒜築港、新潟築港、那珂川河口の那珂港。河川舟運の改修として、福島地方
のための阿武隈川、会津のための阿賀野川。新たな運河として野蒜港と北上川
との間、北浦・涸沼・那珂港を繋ぐ大谷川運河、印旛沼から東京港へ出る運河。
道路については越後と上野を結ぶ清水越で、あとはすべて舟運による輸送のた
めの整備であった。清水越は利根川と信濃川を連絡するものである(43)。同年、
殖産興業政策を推進する工部省、北海道開発を担当する開拓使の事業を行うた
め、当初予定総額１千万円の起業公債事業が開始された(44)。
　官営鉄道については、1884（明治17）年に上野・高崎間が開通すると、続い
て京阪と東京を結ぶ工事に着手した。当初のルートは中山道であった。東海道
ルートが良港に恵まれ海運による輸送が経済的であると考えらたのに対し、中
山道ルートは工費が安く山間部の開発効果も考慮して選択したものであった。
しかし、着工して間もなく工事が困難であることが判明し、1886（明治19）年

に東海道ルートに変更になった。1889（明治22）年には新橋・神戸間が全線開通した。民営鉄道については、上野・前橋間が完成すると1887（明治20）年7月、大宮・白河間が開通、1890（明治23）年11月に仙台・盛岡間、翌1891（明治24）年9月

港の位置図

に盛岡・青森間が開通し、ここに東京・青森間が全通した。1日1回直通列車が運行し、所要時間は26時間25分であった[45]。

　河川については、港湾の整備と一体となった河口処理および舟運を目的とする低水位工事であった。低水位工事は河身修築（低水路整備）、土砂流出防止の砂防工事よりなり、治水のためにも低水工事が先決と考えられ、淀川、利根川等の大河川で直轄事業が進められたが、その後築堤による洪水防御へと転換していく[46]。

　野蒜および坂井築港の後、見るべき港湾整備がほとんど行われなかったのはそれら両港の失敗が大きな原因であった。そして、それらの築港に関与した人々のいずれも、港湾の位置選定、交通アクセス、港湾計画、調査、建設について、要するに近代科学と技術について大いに欠けるものがあったために、本格的な築港事業を興こすことができなかったのである。野蒜および坂井の築港の顛末を廣井の『日本築港史』より見てみたい。

野蒜築港[47]

　1868（明治元）年、東北地方における産業振興策を講じるにあたって大久保内務卿は東北6県の長官に意見書を提出させたところ、全員が運輸交通の便を図ることが最要件であるという意見で一致した。そこで当時、水運の最重要路

84　第1部　廣井勇の生涯

である北上川を改修し、その河口において海運に接続させる事業から着手することとし、土木局長石井省一郎、雇工師オランダ人バンドールンらに実地調査させ、また三菱会社の船員らにも意見を求めた。

　バンドールンは北上川の河口の浅所を避けて外海に接続することを主眼とする計画を立て野蒜が最適地であるという意見を提出した。すなわち、

　(1)北上川の河口は吐出する土砂の量が多量なので深水港を造るのに適さない。

　(2)女川湾、荻浜などは良湾から遠く隔たっていないが、前者は狭隘すぎ、後者は陸上交通が困難である。

　(3)石浜は島嶼の間にあり陸地から遠く隔たっている。

　(4)野蒜の地は石巻湾の西隅に位置し、南は宮戸島によって半分は外海より遮へいされ、西は松島湾に通じ塩釜との距離は約12キロメートル、東は石巻とほぼ同距離である。さらに鳴瀬川を改修して水運に利用できる利点がある。

野蒜築港の計画は港を内外に区分し、内港は和船と近海航路の小型船舶の繋泊に当て、運河により北上川と松島湾に連絡し、外港には外洋航行の船舶を停泊させ艀船により内港との連絡を図ることにあったようである。

　各部の設計は当初の成案を変更した点が少なくないが大略以下のとおりであった。

　内港として

　(1)鳴瀬川口内における面積9千坪、水深が干潮面以下4.2メートルの船溜。

　(2)上記船溜より海に通じる航路。港口の幅66.6メートル、延長各約234メートル、270メートルの2本の突堤により深水に達する。

　(3)鳴瀬川の切替および締切。

　(4)野蒜より北上川に通じる延長11.7キロメートル、敷幅25.5メートル、水深1.8メートルの運河（北上運河）。運河の両端に水閘を設ける。

　(5)野蒜より松島湾に通じる延長3240メートル、断面は北上運河と同じ運河（東名運河）。

　(6)面積10万5千坪の新市街地。

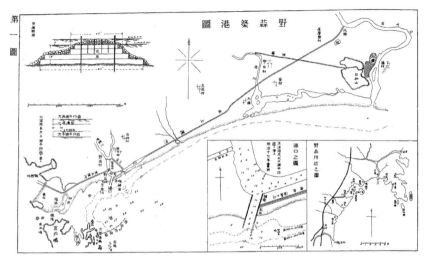

野蒜築港図（『日本築港史』所収）

外港として宮戸島の東端より起こる防波堤および同島と野蒜方面の連絡。

そして上記(1)から(6)の内港に関わる項目を第1期工事とし、外港としての項目はその後の工事とした。その理由は、現状においても吃水5.9メートル以内の船舶は宮戸島の東北側に安全に停泊することができ、もし延長270メートルの防波堤を築造すればさらに大型の船舶を停泊でき、その工費は6万円にすぎないということであったようである。

1878（明治11）年7月、前述の坂井港より僅か2か月遅れて内務省直轄工事として起工された。まず北上運河の開削から始まり予定通り竣工した。東名運河が開削され、新市街地については1881（明治14）年の初めには200余戸の家屋が新築された。

港口の工事は当初予定通りの工程で進んだが、海中工事に入るとオランダ特有の沈床は外洋の波浪に耐えられず、再三にわたって被災したうえ漂砂に襲われるなど予期せぬ事態に直面した。突堤は一旦完成をみたが、ほどなく波によって破壊された。

工事は1884（明治17）年に中止となった。当初25万円であった予算は最終的

に68万3千円に達したという。内港の施設が整ってもほとんど利用されず、港内には僅かに石巻と塩釜間を往復する小船が停留するのみで、大船は依然として荻浜や石浜等に停泊して物資を艀船に積み替え各地に輸送した。

同年末、山県内務卿は工師ムルデル、坪井海軍大佐、共同運輸および三菱の両会社のイギリス人らに実地観測させて意見を求めた。その報告によれば外港の防波堤を建設しなければ外港は勿論、内港の施設も利用することができないということで一致した。しかし外洋に防波堤を造るには多大の経費と歳月を要し、技術的にも確信が持てなかったに違いない。ここにおいて政府は野蒜築港の失敗を認めたが、全く放棄するまでには至らなかった。しかも女川湾改修の案に関しては仙台地方人の反対を顧慮して採択しないで終わった。

坂井築港[48]

坂井港（三国港とも称す）は越前国坂井郡にあり、九頭竜、日野、足羽の3川の合流点に位置する北陸道における物資移出入の要港であった。古来、河流の変転が極まりなく、その維持のため小規模な工事が実施されてきた。

1875（明治8）年の初め、河口の水深が浅くなり廃港の危機が迫ったことを知った地元関係者は協議のうえ、旧敦賀県庁に港の改修を出願した。県庁は過去の事実から実行が難しいと判断し内務省に稟請して、同省雇工師エッセルによる実地調査が行われた。

1876（明治9）年6月、エッセルは改修計画を報告した。その概要は延長約486メートルの防波堤を兼ねた突堤を建設して河流を導き、内に水制を設け、かつ航路浚渫を行うというものであった。地元関係者の希望は当初、水刎枠を築造する程度であったが、敦賀県令は政府の補助を申請してエッセルの設計を進めるよう勧奨したので、官民共にその設計を唱道するようになった。

同年12月には石川県令の申請でエッセルが再調査を行い、設計を変更したため突堤の工費が倍増した。

1878（明治11）年2月、予算額4万7千余円として築港の認可が下りた。同年、工事に着手した時にはエッセルは任期満了で帰国していた。

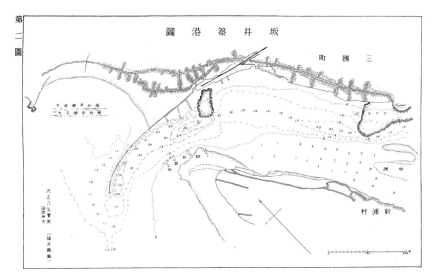

坂井港平面図（『日本築港史』所収）

　後任の雇工師オランダ人デリーケは設計を多少変更したこととエッセルが調整した予算の誤りを発見、さらに物価高騰により工費7万9千余円を要求して工事関係者を驚倒させた。しかし、工事が進捗するに従い効果が発現してきたので、官民共に工事の遂行を期待した。主に内務省土木局が工事の任に当たり、終始局員を派遣し監督指揮を執った。

　1890（明治13）年12月には工費の財源を得るため、突堤が未完成のうちに開港式が行われ、入港船舶より規定の料金を徴収することになった。

　翌年、激浪により突堤が破壊された結果、港湾関係者はもはや工費の負担に耐えられないとして起工以来の私財の返還を管轄庁に請願するに至った。本工事は官庁の勧誘で起工され失敗を重ねて窮地に陥ったものであったので、事態を重くみた福井県令は内務省に熟練した技術者の派遣と工費を官が補給することを建言した。

　1882（明治15）年5月、山田顕義内務卿は古市技師を現場に派遣して調査させ、その結果に基づき突堤工事のため特別補助として6万6千余円の資金を貸

与し、港料金の半分によって償還させることにした。

1885（明治18）年の初め、総額30万円で全工事の完成を告げた。工事は当初予算の6倍を超えて終了した。

本工事によって河口において水深3メートル以上の澪筋が出来たので、船舶の来往が頻繁となり港津は一時繁盛を極めたが、船舶の大型化に伴って出入りが困難となり、自然に貿易の衰退を招く結果となった。

横浜築港(49)

廣井が帰朝した年に、横浜港はオランダとイギリスの技術者の確執を経て建設に着手していた。後年、コンクリートの崩壊が発生し、帝国議会や世間を騒がせることになる。廣井も現地を視察することになるので、築港までの経緯を記しておく。

横浜は人口のまばらな一寒村にすぎなかったが、1859（安政6）年に開港すると一躍通商貿易の市場となり、内外の人々が集まり市街地を形成・拡大していった。

横浜港は東京湾奥に位置し東方に開いているため、その方角から吹く強風に対して海陸の交通が途絶えることが希ではなかったが、東京に近く交通の便が良かったことに加え、一大深水港を建設するのに適する場所であったため商港に選ばれた。港勢は年を逐って盛んになり築港の必要を切実に感じるようになり、政府は修築のための調査に取りかかった。

1874（明治7）年の交、雇工師バンドールンは防波堤兼埠頭と鉄道桟橋から成る設計を立案し、1875（明治8）年にはイギリス人ブライトンが延長約1515メートルの埠頭を設計した。しかし両設計は修築に必要な各種の調査に基づいたものではなかった。

1886（明治19）年5月、雇工師オランダ人デリーケは内務省の命を受けて横浜港にドックを築設する場所を選定するにあたり、神奈川方面が適切であるとしたうえで、2本の突堤により約36万坪の海面を囲い、単にドックの建設だけではなく小型船舶の碇泊の便を考慮するよう説述した。さらに、大きな港を建

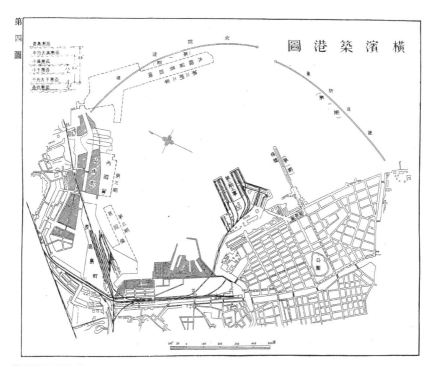

横浜港平面図（『日本築港史』所収）

設するのであれば防波堤によって港全体を抱擁しなければならないと付言した。

同年9月、神奈川県庁はイギリス人パーマーに築港の調査と設計を依嘱した。1887（明治20）年1月、パーマーが報告した調査結果の大要は次のとおりであった。

  (1)帷子川を導流堤によって港外に誘導すること
  (2)大岡川を根岸運河に合流させること
  (3)2本の防波堤により海面約150万坪を抱擁すること
  (4)桟橋を築造して鉄道に連絡すること
  (5)港内を浚渫すること

神奈川県知事がパーマー案の承認を内務大臣に稟請したところ、内務省は工

師ムルドルにその案を審査させた。

　同年12月、ムルドルは帷子川および大岡川に関する件を除いてパーマーの設計を非難する意見書を提出した。特に防波堤に関しては横浜地方のみを対象にする場合は広すぎ、東京を含む場合には狭隘すぎるとした。また防波堤の構造についても海底が軟弱な場所に杭基礎を用いるのは無謀であると批判した。

　1888（明治21）年1月、デリーケもまたパーマー案について意見書を提出した。デリーケは横浜築港についてはすでに報告書を提出しているのであるから、パーマーは案を提出するにあたって事前に一言あってしかるべきではないかと非難したうえで、以前とは別の案を示したが、その案は大体ムルドルの意見と一致していた。

　1888（明治21）年5月、内務省はデリーケに実地の調査とそれに基づく詳細な設計を命じた。同年9月、デリーケは長文の報告書を提出し復命したが、大体はパーマーの設計に近似していた。

　内務省はムルドル、技師古市公威、技師田辺義三郎に両設計を審査させ、同年11月ムルドルより審査結果の報告を受けた。それによるとパーマー案は防波堤の配置および構造に欠点があるので採択できないとし、デリーケ案については設計の細目に多少の修正があるほかは、大体においてパーマー案に優越するという結論であった。

　1886（明治19）年、下関事件の賠償金として米国に支払った金額の一部が米国の好意で返還され、それを横浜築港費の一部に充当することが廟議で決定され築港財源の基礎ができた。審査ではオランダ案がすぐれていると結論づけられたが、当時、政府は万事においてイギリスを迎え入れる傾向があり、またイギリス人工師の周到な運動も功を奏しイギリス案が採択された。工事監督には元イギリス退役陸軍少将パーマーが委任された。この決定には外務大臣大隈重信の意見が強く反映されたようである。

　工事の実施にあたっては多少設計が変更され図のように施工された。北、東堤はそれぞれ1981メートル、1640メートルの延長で海面約176万坪を包囲し、港口は正東に向かい水深は大干潮面以下約8.8メートルのところにある。

第3章　修行時代　　91

　廣井は、横浜築港が進む時期、札幌農学校教授として、また兼務する北海道
庁技師として多忙な日々を送っていた。

注

（1）藤井肇男『土木人物事典』アテネ書房、2004年12月。

（2）札幌市教育委員会文化資料室編『お雇い外国人』北海道新聞社、1981年12月、
　　　69—71頁。

（3）同上、73頁。

（4）秋月俊幸編『書簡集からみた宮部金吾』北海道大学出版会、2010年9月、29頁。

（5）同上。

（6）大島正健『クラーク先生とその弟子たち』国書刊行会、1973年3月、148頁。

（7）土木学会土木図書館委員会・土木史研究委員会編『古市公威とその時代』土
　　　木学会、2004年11月、285頁。

（8）中西隆紀『日本の鉄道創世記』河出書房新社、151頁。

（9）土木学会土木図書館委員会・土木史研究委員会前掲書。

（10）小川博三『日本土木史概説』共立出版、1975年12月、152頁。

（11）故廣井工学博士記念事業会『工学博士　廣井勇伝』工事画報社、1940年7月、
　　　187—190頁。

（12）藤井前掲書。

（13）廣井勇『築港　後編』第5版、丸善、1937年3月、328—329頁。

（14）KARL-EUGEN KURRER "The History of the Theory of Structures From Arch
　　　Analysis to Computational Mechanics," Ernest & Sohn A Wiley Company, Jan.
　　　2008, pp.59–60.

（15）新渡戸博士の演説「人間廣井について」『工事画報』1929年11月号、41頁。

（16）合田良実『土木と文明』鹿島出版会、1996年3月、210頁。

（17）同上、210—211頁。

（18）同上、213—214頁。

（19）S. P. ティモシェンコ『材料力学史』鹿島出版会、2007年6月、166—168頁。

92 第1部 廣井勇の生涯

(20) KARL-EUGEN KURRER 前掲書、70頁。

(21) ティモシェンコ前掲書、172—175頁。

(22) ゲーテ「ヴィルヘルム・マイスターの修行時代」『ゲーテ全集』第2巻第13章、潮出版社、2003年5月、118頁。

(23) 故廣井工学博士記念事業会前掲書、36頁。

(24) 秋月前掲書、29頁。

(25) 北海道大学付属図書館所蔵、ドイツ留学辞令（写し）。

(26) 秋月前掲書、29頁。

(27) 同上、29頁。

(28) 廣井勇『築港 巻之三』工学書院、1900年2月、17—18頁。

(29) 同上、31—33頁。

(30) 合田前掲書、217—218頁。

(31) 同上、220—222頁。

(32) ティモシェンコ前掲書、118—119頁。

(33) 新渡戸稲造全集編集委員会編『新渡戸稲造全集』第22巻、教文館、1986年8月、290頁。

(34) 同上、279頁。

(35) 秋月前掲書、29頁。

(36) 故廣井工学博士記念事業会前掲書、191—192頁。

(37) 宮部金吾「廣井勇君之小伝」『札幌同窓会第50回報告別刷』1928年12月、7頁。

(38) "The Railroad and Engineering Journal", Vol. LXII.,No.5, M. N. Forney, May, 1888. pp.199-200, 445-449.

(39) ゲーテ『自然と象徴』冨山房百科文庫33、冨山房、1999年12月、234—235頁。

(40) 廣井勇『築港 前編』第5版、1929年4月、327—328頁。

(41) 内田冨吉『コロンボ、マドラス及バタビヤ築港調査報文』1898年6月、7—8頁。

(42) 松浦茂樹『戦前の国土整備政策』日本経済評論社、2000年、19頁。

(43) 同上、19—20頁。

第 3 章　修行時代　　93

（44）土木学会土木図書館委員会・土木史研究委員会前掲書、109—112頁。

（45）中西前掲書、165頁。

（46）松浦前掲書、26頁。

（47）廣井勇『日本築港史』丸善、1927年、22—35頁。

（48）同上、36—47頁。

（49）同上、55—61頁。

第4章　北海道時代

4－1　札幌農学校の存続危機

　開拓使の廃止以来、札幌農学校はその根底を大きく揺さぶられていた。開拓使は、その廃止にあたり、それまで行っていた事業を民間に移行するため財産を払い下げることにしたが、大隈重信ら反藩閥勢力が政治問題として取り上げ、いわゆる「開拓使官有物払下げ事件」が発生した。黒田清隆の主導で進んでいた北海道開拓はその中心を失い停滞することとなった。

　1882（明治15）年2月8日、開拓使を廃し、函館・札幌・根室の3県が置かれた。その年の1月、開拓長官西郷従道は太政官に対し、開拓使の廃止後は札幌農学校を農商務省の所管として存続するように要望していた。1883（明治16）年1月、農商務省は北海道事業管理局を設置して旧開拓使の事業を経営させ、札幌農学校も所管することになった。

　太政官大書記官金子堅太郎は伊藤博文の命を受け1885（明治18）年8月から北海道3県に出張した。そして10月2日に出張復命書を提出したが、その復命書において3県を廃し開拓事業を一元化すべきであると提案するとともに、札幌農学校については「教科課程は高尚すぎて開墾の役に立たない」と批判したため、札幌農学校の在り方が問題となった。

　1886（明治19）年1月26日、北海道3県と北海道事業管理局が廃止になり、内閣直轄の北海道庁が新設され初代長官には岩村通俊が任ぜられた。

　同年8月、佐藤昌介が米国ジョンズ・ホプキンス大学留学から帰国した。佐藤は岩村長官に帰朝報告をすることになっていた。佐藤は岩村長官に米国の現状を報告するとともに札幌農学校の維持発展について建言し、金子の復命書を「考えの浅い評論」と批判した。そして、札幌農学校改革について次のように提案した(1)。

　(1)札幌農学校の目的を「人材を育成し道庁に採用して拓地殖民事業に翼賛す

る」と定める。

(2)道路・橋梁・鉄道建設・治水など土木工学の人材養成が必要であり、工学科を新設する。

(3)卒業生中、学力優等者を教授とするために、東京大学・東京農林学校（駒場農学校）などに入学させ、さらに外国へ留学させる研究制度を設置する。

(4)道内各地の巡回講演・臨時講演・農耕関係出版物刊行など、直接北海道に利益をもたらす事業を実施する。

(5)日本語による実業教育を行う簡易農科を設置する。

(6)文部省・農商務省所管学校と同様に官制を制定する。

それらの提言は受け入れられ、1886年12月18日、「札幌農学校官制」（勅令）が制定され、農工に関する学術技芸を教授する官立教育機関としての位置、教職員の配置が確定した。1887（明治20）年3月23日、「札幌農学校校則」を改正し工学科および農芸伝習科を設置した。それを受けて米国に留学中の廣井勇と新渡戸稲造が助教に任命された。

4-2　札幌農学校教授

廣井は1889（明治22）年7月に帰朝し、札幌に母を呼び寄せ同居する。9月、札幌農学校教授となり翌1890（明治23）年2月に北海道炭鉱鉄道工事計画取扱、5月に北海道庁技師の兼務、11月に第二部土木課長を命ぜられた。1891（明治24）年1月には伊予大洲藩士大井上家の綱子と結婚した。1月23日、廣井は札幌から松山まで出向き、翌24日早暁5時、夫人の生家の広間にて松山教会牧師二宮邦次郎の司会の下に結婚式を挙げ、即日相携えて札幌に向かった。綱子夫人は松山のミッションスクールに学んだ後、神戸女子学院に在学中に廣井と婚約し、1か年の課業を残して松山の実家に帰宅していた。夫人を同伴して札幌へ帰る途中、車中で西洋人が平然と喫煙を始めたので、廣井はその西洋人の前に歩み寄り「欧州文化国の紳士たるものがノースモークの室内で、しかも淑女の前で喫煙するのは失礼ではありませんか」と注意したので、外人は赤面したというエピソードが残っている(2)。

札幌郡苗穂村の新居（『工学博士　廣井勇伝』所収）

廣井はかねて佐藤昌介、宮部金吾らとともに購入していた札幌郡苗穂村2番地の1000坪の土地に、廣井自らが設計した木造平屋建ての家を建てた。防寒・防風雪式コロニヤルスタイルの質素で堅牢な構造であった[3]。土地の購入は、北海道開拓の手段として当時の上級官吏に一様に要求されたものであった。

　1891（明治24）年の4月と6月に廣井は教官会議において、校名を札幌農工学校として校則を変更し上申することを求めている。10月、札幌農学校の予科・本科のカリキュラムが改正された。工学科は廣井の目指す工学教育に変更された。英語の講義に多くの時間を割いているのは開校以来の伝統である。1888（明治21）年からドイツ語が教授されることになった。カリキュラムは3期に分かれる。講義は2年の前半までは工学の基礎となる数学物理、理化学、測量及び実習、3年から4年前期までは土木工学及び実習に重点が置かれ、4年後半は卒業意匠（工事計画及び製図）となっていた。

　道庁業務が多くなるにつれ、それを学生に担当させ、卒業意匠では道庁業務の計画・設計をテーマにした。例えば大村卓一は函館小樽桃内間鉄道工事設計、西條（真島）健三郎は小樽港修築工事設計、内田富吉は大津河港修築工事設計を卒業意匠としている。

　土木工学及び実習の内容は道路、鉄道、橋梁およびそれらの製図、石工・基礎、河港改良および運河、水利工事計画、衛生工学等であるが、特に橋梁に重点が置かれている。修学旅行による実践教育は現場を重視する教育の反映で、農学校当初からの伝統である。

　教授たちはいずれも多くの講義時間を担当し多忙であった。廣井は工学科を担当し1週間に13時間の授業を受け持ち、さらに製図実習も教えていた[4]。

札幌農学校工学科カリキュラム（1891年から廃止まで）

	科目名	第1年級 前期	第1年級 後期	第2年級 前期	第2年級 後期	第3年級 前期	第3年級 後期	第4年級 前期	第4年級 後期
数学物理学	解析幾何学	5							
	画法幾何学及実習	8							
	微分		5						
	積分			5					
	物理学		5	5	2				
重学及実習	応用重学				5	5			
	器械学						3		
	画法重学及実習				7				
理化学	地質学	4							
	無機化学及分析	7							
造営工学	建築用材				3				
	造家						3		
	家屋計画及製図						3		
測量学及実習	測量術		3	3					
	測地学					3			
	測量及製図		6	6					
土木工学及実習	道路及鉄道					5			
	道路及鉄道製図					6			
	橋梁						4	3	
	橋梁計画及製図						5	5	
	石工及基礎						4		
	石工計画及製図						5		
	河港改良及運河							5	
	水利工事計画							5	
	衛生工学							5	3
	電気工学大意								2
人文科学	経済原論				3				
	運輸及交通論					2			
	工業史						3		
語学	英文学	2	2						
	独逸語	2	2	2	2	2	2		
練兵	練兵	2	2	2	2	2	2	2	
卒業意匠	工事計画及製図								無定限 8
	合計時間	30	25	23	24	25	34	25	13

（原口征人「札幌農学校における土木教育に関する研究」）

　校長の佐藤昌介はじめ廣井、新渡戸、宮部らの教授は、潑剌と理想に燃えて教育と研究に打ち込んでいたが、そのうちに札幌農学校の存続に関わる難問に遭遇した。帝国議会において自由民権派が優勢になると政府予算は抑制され、札幌農学校の財政が急激に圧迫された。札幌農学校は「官立学校特別会計法」（1890年3月制定）の適用を受けて学校所有資産から生じる土地賃貸料などを学

工学科在学生進級および卒業意匠課題

期	生徒名	明20	明21	明22	明23	明24	明25	明26	明27	明28	明29	卒業意匠課題
	宮崎繁太郎	1										
	唯是丙助	1	2	3								
1	岡崎文吉	1	2	3	4							？（研究生となる）
1	平野多(他)喜松	1	2	3	4							？（研究生となる）
2	小野常治	1	2	3	3	4						
	毛呂昌安		1									
2	十川嘉太郎		1	2	3							
3	遠武勇熊			1	2	3	4					札幌市街給水工事設計及製図
3	窪田(粟野)定次郎			1	2	3	4					札幌市街給水工事設計及製図
	味岡三六			1	2	2						
	上村熊太郎			1	1	2						
	友野巳之介			1	1	1						
4	河野市次郎				1	2	3	4				小樽港市街水道（製図添）
4	坂田末太郎				1	2	3	4				Design on the Canal between Sapporo and Barato.
	藤田環				1	2	3	4	4			
	大塚藤十郎				1	1	1	2	3			
	柳井道次郎				1	1	1					
5	川江秀雄(夫)					1	2	3	4			？（ドイツへ留学）
6	大村卓一						1	2	3	4		函館鐵道小樽挑内間工事設計
6	西篠(眞島)健三郎						1	2	3	4		小樽港修築工事設計
6	筒井調一						1	2	3	4		鐵道工事設計
7	今野讓(丈)三郎						1	2	3	3	4	空知太旭川間石狩川鐵道橋梁工事
7	筒井鈜太(武)						1	2	3	3	4	宗谷旭川間鐵道工區工事
7	関山良介(助)							1	2	3	4	天監線ビップ川国境間鐵道工事
7	内田富吉							1	2	3	4	大津河港修築工事設計
年度ごとの生徒数		5	6	10	14	13	13	12	10	7	4	

（原口征人「札幌農学校における土木教育に関する研究」）

校予算に組み入れ財政の改善を図ることとなり、文部省所管に移ることになった。1893（明治26）年、工学科の廃止が決定され、1896（明治29）年6月工学科は廃止となった。その当時の様子を宮部金吾は次のように回述している[5]。

　　この転管と同時に教授8名は6名となった。これは工学科廃止（29年6月）の前提であろうか。その当時の教授がいかに多くの学科を教授し、多大の時間と努力とを要したかは実に驚くの外はない。同年12月現在の教授の分を見ると次の如くである。

　　○農学科―農業経済、水産、山林

○工学科―運輸、交通 　　　　　　　　　ドクトル・オブ・フイロソヒー
　　　　　　　　　　　　　　　　　　　　　（ジョンス・ホプキンス大学）
　11時間（外に２時間） 　　　　　　　　教授　農学士　佐藤昌介
○工学科―給水、築港、道路及鉄道、製図　チヴヰル・インゲニール
　　　　　　　　　　　　　　　　　　　　　（スットガルド大学）
　13時間（外に製図） 　　　　　　　　　教授　農学士　廣井　勇
○農学科―植物組織、植物生理、植物病理　ドクトル・オブ・サイエンス
　　　　　　　　　　　　　　　　　　　　　（ハーバード大学）
　10時間（外に19時間） 　　　　　　　　教授　農学士　宮部金吾
○農学科―農政、植民、農史、農学総論、経済
○予科―英語 　　　　　　　　　　　　　ドクトル・オブ・フイロソヒー
　16時間（外に２時間） 　　　　　　　　　　　　　　（ハレ大学）
　　　　　　　　　　　　　　　　　　　教授　農学士　新渡戸稲造
○農学科―農業通論、土地改良、園芸、作物、牧畜
　　　　　　　　　　　　　　　　　　　教授　農学士　南鷹次郎
○農学科―植物栄養、肥料、家畜飼養
○予科―有機化学
　12時間（外に12時間） 　　　　　　　教授　農芸化学士　吉井豊造
　これを通覧するならば、いかに時代とはいえ、いかに勢力絶倫な人でも、これでは教育も研究も出来るものでないことがわかるであろう。しかも黙々その職に忠実であったばかりでなく、多くは数名の学生を私宅に寄寓せしめて世話するなど、全くこれらの教授に対しては只々頭が下がるのである。当時予科主任および教務部長の事務を担当し、かつ懇請により札幌初めての中学校北鳴学校の校長を兼ね、遠友夜学校なる貧家子弟の学校をも経営した新渡戸教授は心を労するの余り、遂に劇しい神経衰弱症に罹り、一時重態に陥ったので、1898（明治31）年３月官を辞して米国太平洋岸に転地療養のやむなきに至った。

廣井の授業に対する態度は淡々としているが厳しいものだったようである。当時生徒であった工学科二期生の十川嘉太郎の述懐がある[6]。

　　明治23年頃、ある日ドイツの艦隊が小樽に寄港し、司令官以下幕僚数名が札幌の北海道庁を訪問した。ドイツ語の通訳がいなかったので、長官であった永山武四郎中将は洋行帰りの廣井に通訳をさせようと農学校に書記を走らせた。書記が教室に飛び込み、永山長官の命を伝えたが、ちょうど建築学の講義中であった。廣井は
「今授業中です」とただ一言答えたまま平然と講義を続けた。書記は道庁に電話していたが、再び教室に戻り、長官が困って依頼しているからと繰り返したが、廣井は
「今授業中です」と繰り返した。書記も気に障ったらしく
「それはわかっています。しかし長官の御命令なのですが、それでもよろしいのですか」
「いけません」
　廣井は力強く言い放って2人の学生に向かって講義を続けた。書記は憤然として教室を出て行った。

　　廣井は工学全般に通じていたが、特に製図は得意であった。ある時、北海道鉄道の標準鉄桁を設計していたが、烏口やコンパスを巧妙に素早く正確に描いて「このくらい早く書かなきゃ米国辺ではドラフトメンとしてパンには有りつけぬ。計算でも間違ったら最後、1日2日の仕事は全く水に流されるのだ。エンジニアとなるには先ずドラフトメンを卒業せねばならぬ」と傍にいる学生に諭した。北海道庁の役人も「廣井という男は恐ろしく製図の早い男だ」と言ってその腕に感心しきりであった[7]。

工学科第一期生であり廣井の高弟であった岡崎文吉は次のように回顧している[8]。

1891（明治24）年初春、札幌・室蘭間の修学旅行の折、一学生に割り当てられた駅馬が頗る狂暴であったため、学生に危害があっては一大事と思った先生（廣井）は、余（岡崎）が諫止するのも聞かず、その暴れ馬に騎乗して辛うじて乗りこなし、生徒一同を無事室蘭に護送された。（中略）それ以来、先生はたびたび同様の態度を繰り返され、克く謂う大丈夫の度胸を保たれた。従って余の接した何人にも勝れて、常に死の覚悟を持って事に当たられていたことを直感した。全く其の天職として直接に天然力と戦うことを要する場合が多い技術家に取っては、最も必要なる覚悟であるからである。

　岡崎は廣井の行動に土木技術者が常に持つべき覚悟を見た。時に圧倒的な力を現す天然の力を相手に、土木技術者は慎重な調査と計画を以て確実な技術を積み上げて対抗する。しかし人智の限りを尽くしても、自然の猛威の前に屈服せざるを得ない事態があるかもしれない。そうであれば、天然を相手にする者は死生観を持って仕事をしなければならない。人間は死に臨む覚悟があって初めて厳粛に生きるということの貴さを肌で感じとることができる。したがって、一日一日の大切さを自覚し、一瞬一瞬の決断を忽せにしない。岡崎は廣井の姿にそれを見たに違いない。

　廣井が北垣国道長官を案内して空知平原の土木事業を巡視した際にも次のようなことがあった[9]。

　　若い技師が天幕生活を送りながら閘門の監督をしていた。天幕内に廣井と共に入った北垣長官は、その若い技師に歳を聞いた。
「ちょうどです」
「ちょうどというのは30歳か。良いねえ。私は倍だ」といったところ、平素寡黙な廣井が
「人間は明日のことがわかりませんからなあ」
と言った。明日の事はわからないから、今日に最善を尽くし「今日の事は

今日にて足れり」という信仰に廣井は生きていた。

4-3　北海道庁長官　北垣国道

　1892（明治25）年7月19日、北垣国道が京都府知事から4代目の北海道庁長官に発令された。北垣はその発令の3日前の内務次官就任を蹴っての人事であった。高知県令、京都府知事として政治・行政力とも油ののりきった時期に2度目の北海道を希望しての長官就任であった。

　その頃、北海道の人口はようやく50万人を超え、耕地面積は4万ヘクタールに届かず、開拓を取り仕切る北海道庁は綱紀が緩み、薩長閥の反目があって統制が取れない状況であった。また、北海道庁の官制も前任の渡辺千秋長官時代に大幅に改正され、それまで内閣総理大臣の指揮監督を受けていた長官が、内務大臣の指揮下に置かれることになった。開拓予算も縮小され運用特例まで廃止された(10)。

　北海道開拓の新たなヴィジョンと政治的パワーが求められていた。北垣は京都府を琵琶湖疏水によって蘇えらせ、今また遥かに広大な大地、遠大な北海道開拓に新たな生命を吹き込むことを期待されていた。北垣と廣井の出会いがあって、初めて世紀のプロジェクト小樽築港が遂行されたと言っても過言ではない。

　北垣がいかなる人物か、その生い立ちから述べてみたい(11)。

　北垣は1836（天保7）年8月27日、庄屋北垣三郎左衛門と利喜（村岡藩岡丹治郎の娘）の長男として但馬国養父郡能座村（現兵庫県養父市）で生まれた。

　幼名は晋太郎。養父郡宿南村（現養父市宿南）の儒者池田草庵が開いた青谿書

北垣国道（京都市上下水道局・田邉家資料）

院に入り漢学を学んだ。1863（文久3）年、27歳の時、尊王攘夷運動の影響を受け京都に向かう。同年10月、平野国臣の但馬生野での挙兵に加担して失敗、柴捨蔵（あるいは柴田捨蔵）と名前を変え、鳥取および長州に逃れる。その後、同じ尊王攘夷運動で知り合った松田正人（後の道之）の推挙により、鳥取藩士となる。

　1868（明治元）年1月、新政府軍の北越戦争に加わり、その功により鳥取藩の応接方になる。その後、明治政府に出仕し、1869（明治2）年6月には弾正少巡察を命ぜられ、すぐに弾正大巡察になる。1870（明治3）年10月、北垣は弾正台より北海道および樺太巡察を命ぜられる。翌1871（明治4）年7月に鳥取県少参事に任ぜられる。同年8月、北海道開拓使七等出仕となり、1874（明治7）年まで、浦河支庁、樺太支庁在勤を含め北海道開拓事業に従事した。北垣自身が次に述べるような過酷な体験であった。

　　　余も十八年前樺太探検、二十年前氷雪を犯して北海道全島巡回の事を追
　　想して感に耐えず、二十年前は札幌森林中五、六の仮屋あるのみ。以東以
　　北は道路も無く人家も無し。荒寥たる森林原野又は海浜を野に臥し雪に寝
　　ね稍く飢餓を忍んで巡回したる者なり。当時最も危難は山に在ては飢たる
　　狼、熊、水に在ては氷海・暴風、野に在り風雪なりし。思い出すも言語に
　　述るを得ず。況や筆をや。（『塵海』明治25年9月12日）

　この時、黒田清隆、榎本武揚との親交を得る。北垣はその頃、黒田清隆開拓次官に宛て再建議を提出している。「国あって人民なき」ような時代にあって、その頃随所にあらわれていた黒田流の専制独裁の弊害をただすため、開拓政策についても会議を開いて「良識を取る」ことを建策していた[12]。

　　　それ人民あつて而して国家あり。国家の事たる即ち人民の事なり。人民
　　の事たる公ならざるへからず。その公平を全くして而して後、確然不抜ま
　　た多言を待たず。

104　第1部　廣井勇の生涯

　1875（明治8）年12月、北垣は元老院少書記官となり、1877年4月には西南戦争下の熊本県大書記官、翌年7月には内務少書記官、庶務局長になる。

　1879（明治12）年6月、高知県令に任ぜられ、翌年3月には徳島県令を兼務する。当時、高知県は自由民権運動の拠点であった。この地で人心を掌握し無難に県治を行ったことが、その翌年1月に第3代京都府知事に任命される布石になる。その後11年半にわたって京都府政を主導する。この間、1881（明治14）年に「開拓使官有物払下事件ニ付建白」を太政大臣三条実美に提出して、黒田清隆をいただく特権閥の公平を欠く処置を非難し、払下願書を却下するよう要望している。北垣の一貫した公人としての基本姿勢である。

　　　彼等か願う所、正義愛国の哀情より発露したる者と云い難し。何となれば比官吏の外十分資力を有する者にして、北海道開拓の事業に熱心し、且数年該地を跋渉して其実地を研究する者、敢て之を無と云可らす。
　　　国道、伏て翼くは大臣閣下、深く利害の大小を計り、審に得失の計量を権り玉ひ、速に開拓書記官等に明諭し、該願書を却下せられん事を(13)。

　北垣が京都府知事として推進し完成させた琵琶湖疎水のプロジェクトは、朝廷から府民までの心をつかんだ。

　　　世人多くは是れを架空の迂説となして耳を傾くる者無かりしが、君は百折不撓堅忍不抜の大精神をもつて苦心惨憺の結果、遂に山縣内務卿の容る処となり、三條、伊藤、井上、松方、西郷等の賛成を得て、実に明治23年4月9日、天皇陛下、皇后陛下の御臨幸を仰いで竣工の式を挙げたり。（「明治天皇記」）

　1892（明治25）年7月、従来から関心を持ち続けてきた北海道庁長官（第4代）に任命される。在任4年弱の間に、函館や小樽の築港、運河開削、鉄道計画等社会資本の整備、北海道移民の奨励、寒冷地に適した稲作の奨励等に力を

尽くした。

実は、長州閥井上馨は、1892（明治25）年8月8日に成立した元勲内閣の内務大臣に就任していたが、1893（明治26）年10月、北垣に対し交通、山林・原野、殖民、町村制など北海道開拓の根本施策に係る42ヶ条にのぼる諮問を発していた[14]。

　　悉く百年の後図となすものであるから、為政家たるもの慎重審議、国家
　　を衍まらぬ丈けの用意が緊要である。

1894（明治27）年7月17日、北垣は内務省に井上馨内務大臣を訪ねた。

　　大臣云。北海道大計を三期に区分し、着手の計画を立んと欲し、昨日伊
　　藤〔博文〕総理に談したるに、総理も同感に出つ[15]。

北垣は北海道大計画を起草して後、渡辺国武逓信大臣を訪ねて次のように述べている。

　　北海道大計画略起草成れり。其重大なる事業は鉄道・港湾・排水・道路
　　とす。排水・道路は既に経常臨時の経費予算に提出す。新たに提出すべき
　　者は鉄道・港湾なり。此二者は相待て用を為し功を奏する事業なり[16]。
　　（『塵海』明治28年7月4日）

また、北垣は北海道の実情を内閣に知らしめるために、北海道巡視を勧めている。

　　余は又大臣に勧むるに、内閣各大臣の北海道巡視論を以つてす。此れ些
　　細巡視を要せす、五六乃七八要所を概見して、内閣は北海道を忽諸にせさ
　　る所以を示すへしと云にあり。（『塵海』（明治28年7月4日）

106　　第 1 部　廣井勇の生涯

　北垣は、北海道庁長官時代を総括して、次のように記している。

　　抑も北海道案に於ては余六年間苦辛経営の果、終に此の前途経営の基礎
　たる港湾・鉄道の継続費二千百万円余と、函樽鉄道私設の仮免状下附の事
　を決定し、其他水産・山林・排水・道路等の事業も緒に着き、区町村制も
　発布させられたり(17)。

　1896（明治29）年 4 月、北垣は拓殖務次官に任命される。同年 6 月には勲功
華族として男爵を授けられた。翌年 7 月、依願免官。1897（明治30）年11月、
かねてより、開拓構想の目玉であり、鉄道計画の最優先課題としていた函館・
小樽間を結ぶ函樽鉄道創設委員長となり、1899（明治32）年11月には北海道鉄
道社長に就任した。同年 8 月、貴族院議員となり1912（明治45）年 5 月に貴族
院議員を退職するが、その直前に枢密院顧問官に任じられている。1916（大正
5 ）年 1 月16日、京都市上京区で80年の生涯を閉じた。
　彼は当時の政治・社会情勢と今後の日本の針路について、次のような見解を
持っていた(18)。

　　日本の現状を見ると、内閣諸公も改進・自由両党の首領も復古の功臣であ
　るのに、欧州強国が東洋に急激に勢力を伸ばしている状況を察せず、互い
　に相争い児戯のように顧みない。ただ人を責めることにのみ務めて克己猛
　省の徳義を忘れ私心に負けスケールが矮小で全く恥ずかしく嘆かわしい。
　それが一般の風潮になっている。

と現状分析したうえで、

　　我国将来を観測するに、三十年を養成時代第一期とし、是非とも此一期内
　に一人前の実力を養成せされは甚た殆し。何となれは欧州強国の東洋政略
　は、前段にも述るか如く、東漸して既に支那・朝鮮に渉り其勢頗る急なり。

（中略）一朝北支那戦争の如き国難に遭遇せは、其影響は国中に及ひ、其瘡痍は容易に回復す可らす。況や今日の如き微力にして如此国難に罹らは実に亡滅の基となるへし。故に我国は遅くも三十年を一期として各強国に当たるへき実力を養成せさるを得さるなり。又之れを養ふの目的は隣国と争う主義に非す。東洋に介立して常に各国の畏怖する所となり、魯も我を尊重し、支那も我を尊重し、欧米各国も亦我を尊敬信愛し、東洋に事を図る者は何れも我の同意を得されは手を出すことを得す、我の協賛を得されは望を達することを得さるの地位を保つを以て主眼とする者なり。

北垣は、日本は欧米列国に伍する実力を30年以内に養成し、広く世界に目をやり他国を侵略するのではなく、畏怖され敬愛される国になる進路を取るべきであるとする見解を持っていた。そこに北海道開拓の重要性を見ていたのである。このように徳義を重んじ独立自尊を標榜する北垣であったから、自らの金銭感覚も清廉であった。小樽の静屋通りは彼の号に由来するといわれるが、日記には次の記述がある[19]。

　　余、高知県令たりし以来、公事の為に家産を抛ち終に此の負債を累成したり。然れとも、明治五年北海道地所買取の模範とならんかため、榎本［武揚］氏と謀り、十万坪の土地を小樽に於て払下を願ひたり。是れ北海道土地払下の嚆矢なり。此時之思想は、只衆人をして北海道の土地払下を願はしめんとの他に出てす。然るに、今日此土地を売て我公事に尽したる負債を消却するの幸を得るに至りしは、是れ因果応報の理か、子孫之れを鑑みる可し。

北垣は京都府知事時代と同じように部下に権限を移して存分に仕事をさせた。北海道拓殖の基幹となるプロジェクトについては、自ら首相、関係省庁の大臣以下幹部に説明し了解を得ている。函館、小樽の両築港の着工についても北垣長官に負うところが非常に大きい。失敗続きの築港を政府に決断させるには、

琵琶湖疏水工事の成功によって京都を蘇らせた北垣の卓越したビジョンと政治家としての手腕が必要とされた。

4-4 横浜港コンクリートブロック崩壊事件

1893（明治26）年4月、廣井は北海道庁技師を本務とし、札幌農学校教授を兼務することになった。北垣国道の日記『塵海』によると1895（明治28）年2月14日に各技師の担務を以下のように定めているが、それまでの各技師の業務分担の確認ではなかったかと思われる。

土木事業監督の分任を定む。

排水運河港湾	廣井［勇］技師
鉄道	佐藤［勇］技師
道路排水測量及工事	島田［道生］技師
営繕土木	宮沢［磯之助］課長

イギリス人雇工師C・S・メークが1887（明治20）年から1890（明治23）年までの港湾分野を担当して後は、廣井が農学校教授をしながら港湾分野を担っていた。

横浜港の崩壊したコンクリートブロック
（「横浜築港工事用材混凝土調査報告」所収）

1892（明治25）年11月、横浜港の防波堤を建設中、コンクリートブロックに亀裂が発見され、その数1700余個に達し当局者を震え上がらせた。後に現地を視察した廣井は亀裂というより崩壊であると明言している。

この事件は帝国議会において取り上げられ、大きな

騒ぎとなった。すでに述べたようにオランダ人雇工師ファン・ドールンが設計した野蒜築港の被災と放棄、同じくオランダ人雇工師エッセルとデ・リーケが関わった坂井築港の失敗から立ち直り、世界に冠たる大英帝国の退役陸軍少将H・S・パーマーが設計し、職工長、職工副長、潜水職工長から成る技師団を率いて鋭意建設を進めていた矢先の出来事であった。事の重大性に当局者が震えおののいたのも当然であった。

1893（明治26）年3月25日付『国民新聞』は、次のように報じている。

　　数百万円の大資本を投じたる横浜築港工事下層のセメントは工事落成に近き今日に於て俄然融解を始めたり。これ容易ならさる珍事なれは内務省土木局長古市公威氏は一昨日之か実地調査のために出張したり。比珍事の原因に就きては種々の評判あり。元来築港技師パーマー氏の意見にては英国のセメントにあらされは工事の責任を負はさる由を主張せしか其説行はれすして内国セメントを用ゆる事に決するや其入札に関し種々なる快聞を生したり。（中略）或いは曰く、「築港工事技師中既に此のセメントの粗質なることを認めたるものあり」と。或いは曰く、「昨年八月愛国主義有志なるもの此内幕を発きたる檄文を発したりしか彼等三百円を受けて泣寝入りとなれり」と。而して今回融解を始めたるは愛知セメントにして漸次他の部分にも及はんとする勢あり。尤も或一説によれは「一旦凝固したるセメントは如何に永く水中にあるも其性質より決して溶解するものにあらす只其埋没の方法宜しきを得さるために亀裂を生したり」と。亀裂乎、溶解乎、兎に角容易ならぬ珍事と言ふへし。

　　古市公威氏は実見後の意見を人に語りて曰く、「築港工事の柱礎たるセメントに亀裂を生したるは事実なり。其模様を実見せしに多くは横長く亀裂し、縦線に亀裂し居る箇所は一小部分に過きす。亀裂の原因は調査員を設けて調査する筈なれは暫く自己の臆見を述へさるへし。而して調査すへき点は㈠化学上、㈡理学上、㈢応用上の三点なり。此亀裂たるや其影響する処延て全国の土木事業に及ほすへきものなれは成るへく精密に調査を遂

くる決心なり」と。又其筋にては調査員を設け充分なる調査を為すことに
内定したる由。

　このように世論の注目はすこぶる高かった。この事件は当のパーマーには全
く痛手であったに違いない。彼は1893（明治26）年2月に病死した[20]。
　セメント工事の初期にはイギリス製のものも用いたが、1891（明治24）年以
降は国内産を購入していた。コンクリートブロックの亀裂事件は一般の視線を
セメントに集中させたが、調査結果は必ずしもその原因ではないことを証明し
た。『日本築港史』は次のように述べている。

　　調査委員は9か月の長きにわたり各種の調査を終え報告した。その結論
　は大要左のとおり。
　　亀裂の原因　亀裂した塊（コンクリートブロック）に使用したセメントは
　残りがなく、それを試験できなかったので該セメントの適否は証拠とする
　手段はないが、その後購入したものについて実施した試験の結果によれば
　亀裂を生ずる原因となすべき特別な点を見なかった。そこで以前使用した
　セメントも現存品と同質なものとすれば、あえて不適当ではないと信ずる。
　　事実、亀裂の原因となすべきものは左の事項であると認めるものである。
　　一　セメントの砂に対する分量は、やや少なすぎること。
　　一　砕石が粗大であり過ぎ、さらに原料の混和が均一でないため塊の内
　　　　部に空隙を生じたこと。
　　一　搗固めが充分でない。さらに塊を釣り上げるため設けた2孔は搗固
　　　　めの障害であったために塊の内部が緻密でなかったこと。
　　一　塊製造後の処理法が適当でないこと。例えば製造後直ちに急激な乾
　　　　燥を防御しなかっただけでなく規定の時日を経過しない前に移動運
　　　　搬または海中に沈下したこと。
　　改善の方法としては既製の塊はその表面を優等なモルタルによって被覆
　することを適当とする。新製に属する塊については既に製法の欠点を指摘

したので処理法はおのずから明瞭である。ただし砂のセメントに対する量は海水に接触する部分に限り2以内とし、その他は劣等の配合によってもさしさわりないだろう。また塊の釣孔は廃止するか、もしくは別に海水の浸透を防止する適法を講ずること。

　以上調査報告の結論は大体において物事の急所を得たものである。要するに横浜築港に用いた方塊は製作が次第に乱造に流れ、搗固めのため水量を減らしたコンクリートを充分に搗固めなかったことにより、数多くの空隙を生じ海水が出入するところとなったことを亀裂崩壊の主因と認めるものである。もし水量を多くしたならば、その結果は搗固めたもののように固く緻密な塊を得るには至らなくても、全体の組織を前者と比べて密にして亀裂を生ずるような事はなかったであろう。

　亀裂発見の当時までに製造した方塊はその数11200個であり、所定の数に達しないこと4900個に過ぎなかったが、亀裂のためさらに約2500個を増加するに至った。

　新造の塊に対しては、前記調査の結果に基き製造法を改めた点はひとつだけではない。すなわち材料の配合においては割栗石の使用をやめ砕石および砂利のみを用い、モルタルはセメント1、砂2とした。また蛸は重量40斤〔約24キログラム〕とし搗固めを励行させ塊一個を少くても5層に分け、毎層約600回の搗固めを行わせた。その他傾斜した釣孔を垂直にする等緻密なコンクリートを製造する上において注意に全く手ぬかりがないようにした。

　亀裂した方塊は海底の柔軟な部分における築堤に利用し、載荷として堤の降下を促して竣工後における沈下の減少を期待した。(『日本築港史』81—84頁)

4−5　耐海水性コンクリートブロックの製造

　廣井は上京の折、横浜港を視察し現場の状況を把握した。彼は1890(明治23)年5月、雇工師C・S・メークと交代して北海道港湾の調査を命じられると、

函館港改修を第一として精密な測量を実施して修築計画に着手していたので、コンクリートブロックの亀裂は是非とも解決しておかなければならない課題であった。後年、廣井は、次のように述懐している[21]。

　　　セメントというものは、当時まだ使った経験がないので、どういう具合に使うのか、よく分っていない。何でも横浜築港の失敗は、セメントの使い方が悪かったというのであるから、これにはすこぶる頭を悩ませたものである。

　廣井は、ドイツ政府の規定およびそれに準ずる我が国農商務省の発令に係わる試験方法を参考に、海中工事に使用するための独自のセメント試験方法を実行した。公的基準に基づき、それを補う独自の方法を入れて、より完全な試験方法を作り出すという廣井のオリジナリティーが光る。そのセメントおよびコンクリート試験は、1894（明治27）年7月から11月にかけて行われた。その試験方法（抜粋）は、以下のとおりである。セメントが改良されるたびに廣井は試験方法に改良を加えている。

　セメント性質試験方法[22]
　本工事に使用すべきセメントは所謂ポルトランドセメントであり、その用途により甲、乙の2種に分け、次の各項に合格するものとする。
　甲種：水上において燻製凝結させるもの、すなわちコンクリートブロック、
　　　　水上場所打ちモルタルおよびコンクリート用等のものである。
　第1　セメントは酸化アルミニウムは100分の2以上を含有してはならない。
　第2　セメントは製造後2ヶ月以上風化したものでなければならない。
　第3　セメントの細末の程度は1平方センチメートルに900の網目を有するふるいを通過させ、その残留は全量の10分の1を超過しないこと。
　第4　セメントは湿和後3時間内外に凝結を始め5時間余を経て終結する

第4章　北海道時代　　113

海水中におけるモルタル拡張力試験結果　　　　　　　　　　　　　　　　　（kgf/cm²）

配合重量	供試体は淡水で製作し24日間空中において函中に囲い置き、後海水に浸すこと以下のとおり														
	1週間	8週間	6ヶ月	1年	2年	3年	4年	6年	7年	8年	9年	10年	12年	16年	20年
純セメント	23.9	38.5	40.2	40.6	10.1	7.7	3.5	5.1	5.7	5.5	6.5	7.4	2.7	8.3	8.8
セメント1 砂　　1	23.4	26.6	40.0	25.6	28.8	25.7	39.8	39.4	41.3	39.5	48.8	38.9	50.1	51.4	52.8
セメント1 砂　　1.5	18.7	27.9	30.0	33.3	30.1	32.8	32.6	35.7	30.1	34.6	40.8	32.0	39.4	43.8	51.0
セメント1 砂　　2	16.5	25.6	29.8	32.6	30.1	29.0	29.1	30.8	29.5	29.8	41.9	35.9	41.5	40.4	44.9
セメント1 砂　　2.5	12.3	22.2	21.9	26.5	22.1	27.2	24.4	27.9	27.0	31.3	30.9	32.3	33.9	32.4	41.6
セメント1 砂　　3	9.5	17.8	22.8	25.6	24.5	22.8	20.6	24.4	26.0	29.7	26.5	30.4	30.4	31.4	33.9

（『築港　前編』第5版より抜粋）

　　こと。
　第5　セメントは凝結後、形と容積を変えることがないこと。
　第6　セメント1、砂3（重量）の割合で造った固塊の抗張力は、7日間
　　　　を経て1平方センチメートルに付き6キログラム以上であり、28日間
　　　　の後において10キログラムを下まわらないこと、かつ抗圧力は抗張力
　　　　の10倍以上であること。

　　コンクリートはセメント、砂、砂利を水と混和させて製造する。海水の化学
作用に強いコンクリートを造るには、それらの材料の配合が品質の良否を決定
する。混和する水の量が必要最小量であることを前提とすると、まずセメント
と砂の割合、すなわちモルタルの配合を決める必要がある。モルタルの配合を
決めるためにはブリケットを製作し試験機によって引張強度（抗張力）を測定
する。その実施方法についても結果を左右するので、以下のように規定し厳守
させている。

　　一　供試塑［モルタルブリケット］を製作するときに用いる圧力の差によっ

て、ほとんど３割の差を生じる。ゆえに手力のみで行うときは熟練した者を要すべきである。もし機鎚（G.Böhmeshammer）を用いるのであれば、手力に比べさらに良好な結果を得るだろう。

一　水および大気の温度は凝結に遅速を生じ、さらに抗張力の増進を左右するので常になるべく一定の温度を保たせることを必要とする。

一　用水量はセメントの種類および湿度によって多少の差があるが、要は化合に必要な適度の量をはなはだしく超過させないことにある。

一　塑の断面は通常５～10平方センチメートルであり、その小のものは大のものに比べ高度の抗張強度を示す。ドイツ試験法では５平方センチメートルとする。

一　試験器の構造もまた多少結果を左右することがある。普通用いるものはミハエリス重秤桿器である。

一　塑を型枠から取外す時間の遅速も、また多少試験の結果に差異を生じる。その時間が長いときは結果が優るとしても、実験にあたっては型枠に詰め込むとともに順次これを取外すのが一般的である。

　廣井は海外の文献からフランスのラロシェールの実施結果を参考にして、まず追試を行ってから、上の表に示すようにセメントと砂の配合を変えてモルタルの比較を行い、セメント１、砂２の配合が比較的良好であることを確認した。次に、さらに砂利を加え、セメント１、砂２、砂利４の配合のコンクリートが耐海水性が最も高いとして、その配合に決定した。

　また、コンクリートブロックの亀裂の原因について以下のように結論づけるに至った。

　　化合により生ずる塩酸石灰は溶解して去り、水化マグネシウムおよび溶解しない石灰の化合物は、白色物となって沈殿してセメント体に付着するもので、混和したセメントを海水に浸すとき、たちまち白色物が全体をおおうものがあるのはこの作用に外ならない。そのうち硫酸石灰は結晶する

と元の石灰と比べ大いに膨張するものなので、セメント体内に海水の透入が自由であるときは亀裂を生じ、分壊をひきおこすに至るものである。

　前記の作用はどんな場合にあってもセメントが海水に浸されるときは多少それを免れることはできないが、多くは表面にとどまり、良好なセメントは一度硬化した固密な塊中を侵されないことは、前掲10数年にわたる実験により明瞭である。品質不良なセメントの場合には、海水に浸す前に充分に硬化させないときに、最もすみやかに海水の作用を現出するものである。どんなセメントであっても砂礫に混ぜ全体に夥多の空隙を存在させるか、または層を成して搗き固めたものを海水に浸すときは、海水がその中に透入し遂に破壊されるに至ることは実験が示すところであり、また従来、築港工事においてコンクリート塊に亀裂を生じる原因であったことは全く争うことができない事実である[23]。

　小樽築港においては、コンクリートブロックの製造個数が膨大になり、粗製乱造に陥る危険性があるので「コンクリート塊製造方心得」を定め、コンクリートブロックの製造方法を細かく規定し、一定の方法で一定の品質のコンクリートブロックが製造できるようにした。例えば機械による填充搗固めについて「コンクリート塊製造方心得」によれば、

　　型枠に填充するには混合筒の口に斜板を置き、その上でコンクリートを受け、スコップで型枠中に投入し、その周囲にあたる部分には側板に向けるように投入すること、そして投入したコンクリートの厚さが約18センチメートルに達したら、搗固機を運転させ2回の搗固めをすること。なお型枠ごとに人夫3名を配置し、隅々の搗固めおよび染み出た水の取除きに従事させること。
　　一層の搗固めが終わったら熊手でその表面をかき荒らし、さらに次層の填充にかかること。（以下略）

という具合である。人力による搗固めでは、さらに細かな注意と労力を必要とする。「コンクリートブロックを製造するには、水量および搗固めの程度に最も細密な注意と厳重な監督を必要とし、瞬時も放心を許さないので当事者（製作する人夫たち）の苦心は実に察するに余りある」[24]と記しているように、それを人夫に励行させた。

　工事の準備が十分整った後、北垣国道長官は井上馨内務大臣より了解を得て函館築港に着手することになった。

　ここまで到達できれば実用的には完璧であるとして、それ以上のことを追求する者は稀であろう。ところが廣井はコンクリートが出来た後の変化を追求する研究にとりかかる。

　配合の異なるコンクリートが外的環境、すなわち空気、水、海水の中にあって、どのように品質が変化していくかを50年にわたって観察する研究を開始した。いわゆる「50年耐久試験」である。品質の変化はコンクリート内部の組織変化を調べる方法ではなく、モルタルブリケットの抗張力を測定することで得る。東京帝国大学に移った後には新たに「100年耐久試験」をスタートさせている。

　廣井は後述するように「技術者の千年にわたる誉れとするはずかしめは、ひとえに設計にかかっている」と公言し、そのとおり生きた人物である。したがって技術に対する完成度が一般の技術者と全く違うのである。明治・大正期に近代工学の研鑽を積み大きな功績を残した工学者は幾人もいたけれども、このような高い完成度を追求し続けた人物を筆者は知らない。しかも技術のための技術、科学のための科学ではなく、未来も含めてこの世に生きる貧しい人々のための工学を心底追求し続けた人物なのである。その有する工学も廣井という人間も、他とは桁違いに進化し成長したのは当然といえる。

　いずれにしても耐海水性コンクリートが完成した後、ドイツのミハエリスの説を追試して1902（明治35）年から火山灰を混和してその品質向上とコスト縮減を図ることに成功したのは、工費の高騰に悩まされていたという事情があったけれども、その完成度の高さを追求する姿勢がコンクリートの研究を終わら

せず、ミハエリスの論文に着目させることになったのは疑いない。

4-6　技術者千年の栄辱

廣井は北垣長官に小樽築港の必要性を説き、その準備を進めた。我が国では未曾有の大工事に、いかに臨んだのであろうか。廣井は港湾修築の重要性とそれに携わる技術者の理想像を郷里の偉人野中兼山の事跡を引いて述べている。

　　港湾修築に関する事というのは実に国家にとって重大な事業であって、その建設が困難であることは土木工事の中で一番である。したがって、その計画をたてる場合には、最も慎重に最も周到に行い、百年にわたって誤りがないように決心しなければならない。著者は幼時、土州浦戸種崎に遊び、次のような話に耳を傾け、注意して聞き取った。当地の海峡の要所をおさえる2個の波止がある。これは我邦の工学の泰斗である野中兼山が築設したものであった。その種崎村にあたる所は、長い間、堆砂の内に埋没して知る者が全くいなかったが、その後、二百余年を経て安政元年の大地震の時、怒濤が襲来して種崎の村が今や荒れ狂う大波に巻き去られようとする瞬間、その波止が露出してこれを防ぎ、村が安全であることができたという。このことは、兼山が造った施設が、永遠にわたって当を得ていたことを証明するのに十分である。実に技術者の千年にわたる誉れとはずかしめは、設計の如何にかかっている。その用意が綿密ですみずみまでゆきとどき、遠い将来のことを考える必要があることを悟るべきである。(『築港』緒言)

　港湾修築は国家にとって重大な事業であり、百年にわたって誤りがないよう慎重かつ周到に計画を立てなければならない。それによって、今も残る野中兼山の造った波止のように後世にも役立つ立派な施設ができるのである。その事例から明らかなように、「技術者の千年にわたる誉れとはずがしめは設計の良否にかかっている」と明言している。廣井にとり、真の技術者とは遠い将来の

118　第1部　廣井勇の生涯

ことまで考え綿密に用意する者でなければならず、千年にわたって評価を受け
ることを自覚する者でなければならなかった。小樽港北防波堤が守る水域の大
きさも防波堤そのものも現在に至るまで有効であることから、我々はその決心
も慎重かつ周到な設計も本物であったと改めて認識している。その覚悟と実行
が、そのほかの工学者との際立った相違なのである。小樽築港と同時期に着工
した大阪築港と対比すると明白である。

　大阪築港はそれまでの築港の方法と同じように雇工師デリーケが設計し、内
務技官のエース工学博士沖野忠雄を技師長として1897（明治30）年10月に起工
した。工事は8か年の継続事業とし2250万円、そのうち国庫補助465万円と時
価200万円の官有浜地の下付を受けたが、種々の原因により予算が不足し期限
内に竣工できなかった。さらに追加予算920万円をもって10か年工期を延長し
たが、市財政の逼迫に加え物価労働賃金の高騰があって予定した整備ができな
いまま1915（大正4）年中止となった。防波堤に高価な御影石を使用し、横浜
築港の轍を踏みコンクリートブロックの亀裂事件を発生させた。『日本築港史』
は次のように記している(25)。

　　　本工事は起工以来、18ヶ年の年月を数え、費やした金額が3,000万円を
　　超過したにもかかわらず、その効用はいっこうに現れず埋立地には雑草が
　　繁茂し長大な桟橋は時折市場に集まった人の魚釣に、港内は鴨猟に用いる
　　のみ。世論が嘆き憂えるのも当然である。その原因はひとつだけではない
　　が、新港は大阪市と2里離れ、その間に運輸の機関が無く、市および後背
　　地と隔絶したことがその主な原因で、安治川の水運は従前と同じように行
　　われた。

　大阪築港の失敗は設計が適切に行われていないことが根本原因であった。当
初予算を守ろうとする努力もみられない。現代でも散見される状態である。そ
の事実と、後述する廣井チームの11年にわたる小樽築港の努力とを対比すれば、
廣井の卓越した力量も留守を守って工事を推進した所員の勤労も、そして小樽

築港の予算を厳守する辛苦も推し量ることができるであろう。

廣井は近代港湾工学を独学でマスターした。おそらく、Ｃ・Ｓ・メークから港湾調査を引き継ぐ1890（明治23）年には、知識としては習得していたとみるのが自然であろう。そのうえで、港湾調査の仕事を通じ知識と技術を深めていったに違いない。この時期すでに波力の算定法を発見し、小樽に防波堤を建設できると確信していたであろう。そして、1892（明治25）年に渡辺北海道長官が更迭され北垣国道が着任すると、廣井は北海道の西半分に対する物貨の集散場は小樽港をおいて他にないことを確認し、修築の必要を長官に説いた。廣井は北垣の人となりを知っていて、彼に小樽築港を促す機会をねらっていたのではなかろうか。北垣もあるいは片岡利和に廣井の人となりを聞いていたと考えても不思議ではない。

翌1893（明治26）年に井上馨内務大臣が北海道を巡視した折に、大臣は深く小樽築港の必要を感じ、修築工事設計を確立することができる調査を実施するよう命じた。

1894（明治27）年、地形深浅の実測を行い、続いて鑽孔（ボーリング）その他の調査を完了し、翌1895（明治28）年には一大試験工事を行い、海底の載荷力、波浪の動作、建築用材等に関する諸般の調査を行った。同年11月、内務大臣は古市土木技監に小樽港調査の成績を視察させた[26]。

いずれの工程も、それまで我が国で実施された調査と比較して一段と完成度が高い。特に、「高波浪については工事に重大な影響を与えるものであるけれども、毎年発生するものではないので数年間観測しなければ知ることができない」[27]として波浪の観測を実施している。野蒜築港および坂井築港においては、その基本調査が十分ではなかった。

廣井はまず、北海道西半分の生産物の量、それを運ぶ船舶の量、海外における港湾の水域面積との比較から、防波堤の位置を決定した。防波堤の構造は、海底が砂であり、周辺に石が多くないこと等の条件から、海底に直立する直立堤や捨石を積み上げる捨石堤ではなく、捨石で基礎マウンドを築き、その上に直立堤を置く混成堤を採用した。

混成堤の設計のポイントは、捨石基礎（マウンドと呼ぶ）の高さおよび直立堤の大きさ（高さと幅）である。マウンドの高さが厚くなるほど、その上に置く直立部を築造する作業が容易になるので、マウンドの高さを水面近くまで上げる方が有利であるが、その分だけ波力が増加して捨石が流されやすくなる。一般的には海面から6メートル程度下までマウンドを積み上げ、その上にコンクリートブロックを置いて被覆する。廣井はコンクリートブロックを階段状に設置して波を砕いてエネルギーを発散させ、同時にマウンド表面も守るように工夫した。

当時、防波堤の断面を決める方法は、波力を算定する公式がなかったので、過去に建設された防波堤のうち海象条件や地形等が近似するものを選び、それを参考にして断面を決定していた。廣井は小樽港のモデルとして、帰朝の折に寄港したコロンボ港を採用した。そのあとの作業は波浪の大きさを参考にして勘で防波堤の断面を決定するのであるが、廣井はそこで重要な発見をしていた。

すなわち、コロンボ港の南堤は、当初設計では港内側を埠頭に使うために全体の幅を15.2メートルとし、外側の壁幅7.3メートル、内側の壁幅3.7メートルとし、その間に粗石を填充する構造であった。外側の壁を内側よりも常に先行して建設していたが、起点より約400メートルに達した時点で、西南の暴風によって外壁は港内に向かって押し入れられ先端で38センチメートル移動し、同時に30センチメートル陥落した。そこで設計変更し、埠頭をあきらめ単独の防波堤として、その幅を7.3メートルから10.7メートルに変えたところ十分波浪に耐えた。そのことから適度な防波堤の幅はその中間にあることに廣井は気づいた[28]。

そして、射水の圧力の式にラッセルの提案した孤立波の速度式を代入して、後年廣井公式と呼ばれる波力式を求めた。そして上記のコロンボ港防波堤の幅にあてはめてみて実用的に使えることを確認した。すなわち、

　　　1878年7月コロンボ防波堤を移動させた圧力は、突堤の重量より計算すると1平方メートルに対しおおよそ8500キログラムとなる。一方、突堤周

辺の深さを6メートル内外として波力式より計算すると1平方メートルに対し9000キログラムとなる[29]。

　常に合理性を徹底的に追求する廣井の探求心によって、非常に重要な波力式を発見するインスピレーションが閃いた瞬間である。波力式の発見の重要性と同時に、その詳しい情報が英国土木学会の学会議事録（Minutes of the Proceeding of the Institution of Civil Engineers）からのものであることに注意する必要がある。廣井がよく参照したVernon-Harcourt 著 "Harbours and Docks" の著述のもとにもなっている議事録であり、港湾および船渠（ドック）に関わる工事記録とともに土木学会員の意見・評価が記録されている。廣井は専門書のレベルではなく、さらに現場に近い情報まで追求してゆく情報ネットワークと労力、勤勉さをもっていた。そこからスパークしたインスピレーションなのである。廣井の天才は99パーセントの汗と努力によってもたらされたものであることを忘れてはなるまい。

　その発見によって、模倣と勘による防波堤設計から港湾技術者は解放された。同時に我が国において混成堤が主流となる決定的要因となった。

　直立部を築設するにあたっては、当初からスローピングブロックシステムに着目し、それを採用しようと思っていたとみてよかろう。何といってもコンクリートブロック製造後の運搬方法が人手をほとんど必要としない機械化一貫施工であったこと、ブロック相互がもたれあいマウンドの不等沈下に対応できる柔軟性と堤体の一体性が最大の魅力である。また、ブロックの設置は既設のブロックの表面に沿って降ろすので位置決めが容易である。1891年にはコペンハーゲンおよびハインストにおいて、現在我が国で最も使われているケーソンが開発されており、廣井もそれを知っていたけれども、スローピングブロックシステムによる機械化一貫施工とブロックが全延長一体となる構造の優越性に加え、ケーソンにした場合の鉄筋の腐食を嫌ったのではないかと推察される。

　このようにして防波堤の断面を決定すると、次に工事完成までの工程を考え、1年間に使うセメント、砂、捨石などの資材の量とその貯蔵場所、コンクリー

トブロックの製造・養生・保管場所などの作業が効率的に進むように面積およ
び配置を決定する。次にスローピングブロックシステムに必要な機器の購入手
続きにかかる。

　これらの工事に関わる準備はすべて廣井によって行われた。なぜなら、港湾
工事に携わった経験のある人間は当時北海道庁にいなかったからである。『小
樽築港工事報文　前編』は次のように記録している[30]。

　　　本予算は初め工事を7か年の継続事業として編成したが、政府財政の都
　　合により10か年の継続事業として総額218万8618円余を、(明治)30年度に
　　は25万円、31年度から38年度までは毎年25万5千円、39年度にその残額を
　　支出する計画を立て帝国議会の協賛をうけたが、37年に至って戦時財政の
　　都合でさらに1年繰延べ、年割りを変更した。そして1年間の工事繰延べ
　　に対し監督費1万1891円を増額して次のような総額および内訳となった。
　　予算総額220万509円（以下略）。

　それに対し実際にかかった工費の総額は218万9066円となり、予算よりも1
万1443円少なく工事を完了した。日清戦争後のインフレーションの時期に工事
に着手し日露戦争をはさんで物価が高騰するなかで、火山灰を混和してセメン
ト量を大幅に節約する等の工夫によって予算内に工事を終えた。我が国初の外
洋防波堤完成とともに、まことに驚くべき成果であった。廣井が工費にこだわ
るのは、それが設計の良否を端的に表す指標であるからに他ならない。

　設計が適切であっても物価変動等、予測できない影響によって工費が当初よ
り増加することはあるが、設計が不良であっては予算内に納まることはない。
さらに工費を予算内に納めることは、廣井にとっては公に口にした約束であり、
それを守ることは人間として堅持しなければならない信念なのであった。廣井
の視点に立つならば、野蒜築港や坂井築港の設計・監督に携わった工学者の態
度はあってはならないもの、それらの工学者は恥を知るべき者なのである。今
日の常識から判断すれば厳しすぎるという意見もあるだろうが、廣井のその自

覚は生涯を貫く大精神であり、常に一頭地を抜いた彼の工学を支えるもので
あった。

4 - 7　小樽築港

小樽の街[31]

　1890（明治23）年、初めての選挙が行われ第一回通常議会が開設されたが、
北海道の住民には選挙権が与えられなかった。

　1897（明治30）年11月2日、「北海道庁官制」が改正され、北海道の地方制度
の母体となった支庁制度が設定され、19の支庁が発足した。北海道には市・
町・区などの地方制度は適用されず、地方団体として一人前とは認められな
かった。

　小樽支庁の管轄は、小樽・高島・忍路・余市・古平・美国・積丹の7郡にま
たがっていた。北海道の総人口は当時85万3000人、そのうち小樽支庁には約10
万人が居住しており、戸長役数7、町数49、村数35、戸数1万5275であった。

　当時の小樽支庁の状況を「北海道庁第十一回拓殖年報」から見てみたい。

　　小樽外六郡役所の状況
　　　（小樽・高島・忍路・余市・古平・美国・積丹の7郡を管轄。明治30年10月廃止、
　　小樽支庁が継承）
　　1　小樽の躍進
　　　　管内各郡の進歩は、他の地方に比べて特別著しいものではないという
　　　べきであろうが、ひとり小樽市街にあっては、その発達は急速である。
　　　人口の急増
　　　　戸口の増殖は過去数年間の平均で毎年1000戸を下らない。これを10年
　　　前の明治20年末に比べると、戸数は2.8倍、人口は3.25倍も増加しており、
　　　毎年の平均増加は前年の現住者に対して、戸数は28%、人口は32%強の
　　　割合である。明治29年末には実に1万442戸、5万163人を数えるまでに
　　　なった。

124　　第1部　廣井勇の生涯

2　物価と地価

　明治29年末の小樽の市況は、物価騰貴の一方に傾いて金融が大変に逼迫した状況で本年を迎えた。本年は取引所の休業、市内大火などがあって、商況はいよいよ沈静に向かったが、ニシン搾粕が出廻る季節になると一気に気勢を挽回した。これは魚粕の価格がしきりに昂騰し、商機活動、金融が円滑に行われたためである。しかしながら、時を同じくして、土地売買が盛におこなわれ、市民が狂奔した結果、大いに取引上の警戒をよびおこし、振出手形の如きはこのために信用を失った。また、例年のとおり、11月以降、金融は逼迫をつげ、年末にいたっては市況もまた沈静をまぬがれない状況である。ただし、旅客貨物の出入がともに前年に比べて2割強の増加をみせたことと、火災後の建築工事が多かったことなどのため、前年末に比べると好況を持続して歳末を送った。

3　鰊漁と鮭漁

　漁業の主なものはニシンとサケである。ニシンは前年に比べるとおおよそ一割の減収である。しかし、前年には100石800円を超えなかった価格が本年は遂に1100円を唱えるにいたったため、漁家は概して潤沢であった。サケは年々減収し、本年の如きは郡役所管内全部で320石にすぎなかった。タラと雑魚は前年と大差はないが、ナマコ、ウニ、アワビは著しい減収であった。これは、輪採区域の規定によるものである。

4　農作は半作

　農業は盛夏の時期に寒冷に見舞われたうえ降雨多く、8月中旬より下旬にわたって数回、暴風にあい、ついで虫害があって、おおむね平年作の5割内外の作柄であった。

　これに対して、養蚕は晩春初夏の気候が温暖であったため、結果は良好で、飼育者はようやく増加の傾向にある。管内で農業のもっとも盛なのは余市郡である。

小樽築港着工

　1897（明治30）年4月27日、廣井は小樽築港事務所長を命じられ、5月9日より工事に着手した。

　日本人の力だけで近代築港の工事が始まった。北防波堤の延長は1289メートル、幅は7.3メートルである。防波堤の構造は波当たりの違いによって甲、乙、丙部の3種類に分かれている。最も陸地に近い部分は海底から直接コンクリートを打設した後に背後を埋め立て護岸（甲部）とし、次の部分は両側にブロックを積み上げ、その間に石を充填して上面にコンクリートを打設する構造（乙部）となっている。最も波浪が激しい、防波堤先端から1098メートル（丙部）をスローピングブロックシステムによって建設した。

　工事はまずコンクリートブロックを造る工場用地の埋築と船入場の建設から取り掛かった。工事は工場の建設と用材の供給のほかはすべて直営であり、当初は構内作業だけでも男230人、女100人の労働者がいた。

　廣井は率先して第一線に立ち、細かなところまで徹底的に改良し段取り等を実行してみせた。朝は誰よりも早く現場に出、夜は遅くまで事務を執り、また部下や作業員に対し尊大ぶるところが微塵もなかった。

　小樽は毎年11月には気温が氷点下になり、4月にならなければ霜雪が去らないので、コンクリートブロックの製作は4月から10月までに限られ、熟練工を除いて労働者は一旦解雇せざるを得ず、不便不利が頗る多かった。また冬期には海上が荒れて用材の運搬が困難であり、陸上は積雪のため作業ができなかった。しかし、水中の基礎工事は最も多くの日時を要するので四季を通じて操業しなければならなかった。

　また、基礎マウンドの材料である捨石が欠乏し、それを確保するために採集場所を探さなければならなかった。さらに当時は日清戦争後の物価動乱期で工事資材等の購入を予算内に抑制するのに苦労した。

　工事全体を指揮監督し、率先して模範を示していた廣井にとっても未経験のことが多く、精神的、肉体的負担は尋常なものではなかったに違いない。

　小樽築港の本格工事に着工した1897年（明治30）年、設計に従って実施され

126　第1部　廣井勇の生涯

た工事は次のとおりである[32]。（北海道庁「北海道庁第十一回拓殖年報　明治29年」
明治30年12月刊）

(1)工場建設のための設計

(2)用地にかかる一部民有地を借上げるとともに埋立開始

(3)セメント貯蔵倉庫と砕石器械置場新築

(4)機械棟（砕石器械と蒸気鑵）の建築

(5)器械舟車類の購入準備

(6)防波堤建設機械の発注と製造の監理

(7)セメントの購入契約

(8)試験工事使用済コンクリートブロックを防波堤材料に転用するための作
　業

(9)防波堤基礎の軟石の採掘

(10)防波堤用捨石の採取と運搬

(11)捨石運搬用インクラインの設置

(12)防波堤［甲部］の着工

(13)工場事務所棟の新築を中止、官有棟を借りうけ修繕

[小樽築港の第一年次の工事]

　延長4250尺の防波堤を建設するために、明治30年に実施した工事は次の
通りである。

一　その起点は後志国高島郡高島村字厩海岸（しりべしのくに・たかしまぐ
　ん・たかしまむら・あざうまやかいがん）である。

一　厩海岸に工場を建設するために設計を行った。

一　厩海岸一帯の民有地3522坪8合を借りうけ、この借用地につづく海面
　おおよそ5200坪の埋立に着手した。これが実際工事としての第一着手で
　あった。工場のほかに人造石［コンクリートブロック］製造所、諸材料の
　置場と倉庫などを設ける必要があったからである。

一　埋立工事は請負方式で、本年5月下旬に起工し9月には落成の予定で
　あったが、しばしば暴風狂瀾のために工事は中断され、あろうことかす

第4章　北海道時代　　127

整然とコンクリートブロックが並んだ作業ヤードと建設中の北防波堤
(「小樽築港報文　前編」所収)

　　でに完成した部分が破壊されるなどの不幸にあったため、いまだ、その完成をみるにいたっていない。請負工費は2万2951円40銭。借入にかかわった土地の使用料は1か年720円也。
一　人造石製造の原料であるセメントを購入するには、それに先だってセメントを貯蔵しておく場所がなければならない。そこで、倉庫と砕石器械置場の新築工事をおこし、すでに落成している。その建坪は315坪で「セメント」1万樽を貯蔵するのに十分である。請負工費は6200円。
一　次に砕石器械と蒸気鑵を据えつけるために必要な建物1棟、24坪を、上記倉庫のかたわらに建設した。これは、一つの蒸気鑵であって、砕石器械を運転するほか、倉庫に所属する「クレーン」をも運転する装置とするためである。この建物の請負金176円92銭6厘。
一　防波堤の基礎に用いる軟石は、本年度においておおよそ5000立方尺を

採掘する計画である。札幌郡平岸村の官林において採掘しえた石材の総計は3800立方尺であって、この工費は490円56銭7厘であった。

一　工事に必要な器械舟車類のうち、そのおもなものはおおむね本年度中に購入準備の見込みである。

一　目下、イギリス本国において製造中の機械は、人造石据え付け用起重器1台［スローピングブロックシステム用クレーン「タイターン」］、運搬用巻揚器械1台［同システム用キャリア「ゴライアス」］、機関車1両、コンクリートブロック・ミキサー機2台。この代金合計9万81円65銭。

一　その他は舟、車、器械の類であって、すでに購入したものも少なくないが、その種類を一いちあげるいとまはない。その予算高は金13万円。内仕掛高は2665円86銭1厘。約束高は9万2293円16銭2厘。予算残高は3万5040円97銭7厘である。

一　築港工事のうえでもっとも重要な「セメント」は、近年価格が上昇し、予算に影響を与えることは甚大である。しばらく時機を見はからっており、まだ大半の購入はしていない。目下契約を済ませたものは、僅に6098樽にすぎない。一樽の入量正味170キログラム、代価6円93銭より6円70銭までとしている。この合計は4万2206円60銭である。

一　前年の試験工事に使用したコンクリートブロックと軟石類をくずして、ふたたびこれを防波堤の材料に転用させるため、直営によって本工事を起し、すでに八分以上の成功をおさめた。目下は冬季に入っているため操業を停止している。この工費予算は463円である。

一　防波堤に必要不可欠な捨石は、小樽郡銭函村天狗山官林より採取する設計をたてた。この石材を運搬するため同官林より銭函村の北海道炭砿鉄道株式会社停車場まで、幅7尺、延長9634尺の運搬路を開削した。この請負工事費は2474円5銭7厘。ついで、道路上に軌条を敷設し、また、インクライン線の設置等は直営によって建設中である。この工事予算は軌条敷設費482円（軌条枕木等の購入費を除く）。インクライン線設置費733円50銭。この運搬路に敷設する枕木5300挺は競争入札をもって買い入れ、

この代金は1049円40銭。この上に敷く30ポンドの古軌条は高島工場に敷
設する分をあわせて総計4万6216フィートであるが、これは北海道炭鉱
鉄道株式会社より購入の契約を締結した。この代金は5971円20銭。

一　捨石はおもに上文の官林から採取する見込みであるが、明年度に着手
しなければならない乙部防波堤の捨石のうち、おおよそ400立方坪は冬
季中に海中に投入し沈下させていく必要があった。そこで本工事は昨年
10月中、競争契約に付した。この請負金2250円である。

一　防波堤の起点150尺は甲部防波堤である。直営によって、その建設に
着手したが、目下、冬季に入ったのでやむをえず操業を停止した。この
工費は1012円50銭。

一　工場事務所は本年度に新築する設計であったが、ちょうど高島郡高島
村字厩に、官有建物があったので、これを借りうけることにし、内部を
修繕して、事務所に充てることにした。

このように詳しく積算を行い、毎年の予算と照合させながら工費の管理を行
い、工事の改善を図っていったことが読みとれる。

1898（明治31）年1月、廣井は内田富吉をコロンボ、マドラス、バタビアの
築港調査に派遣した。内田は2月5日に横浜を出発し、3月6日コロンボ港に
着き約半月滞在、次いでインド南端チュチコリンまで船に乗り、そこから汽車
でマドラスに着き約1週間滞在後、バタビアに行き、5月16日横浜に到着。6
月2日に小樽に帰った。（内田富吉「コロンボ、マドラス及バタビア築港調査報文」）

廣井はそれらの築港について英国土木学会の学会議事録（Minutes of the
Proceeding of the Institution of Civil Engineers）等ですでに詳しい情報を得ていたが、
翌年のスローピングブロックシステムによる防波堤築造を前に、情報の確認と
補充とともに実際の稼働状況を内田に見せて小樽築港の監督をさせようと考え
ていたのではなかろうか。また、小樽築港の参考にするための現地調査であれ
ばモデルとしたコロンボ港のみで十分とも思われるが、スローピングブロック
システムを採用しながら防波堤の構造に不備があって被災し復旧したマドラス

港と、大阪築港のモデルとなったバタビア港も築港技術者としての内田の能力向上のために必要と考えたための処置であろう。コロンボ港およびマドラス港の建設とその後について『築港　前編』第5版から引用しよう。

マドラス港[33]

マドラス港はイギリス領インドの東岸における一大人造港で、築設は1876年に始まりたびたび風浪の害を受け、創設より20年を経てようやく完成したが、その結果は予期に反したもので、近年一大改革を施すに至った。

防波堤は初め南北の2本より成り、各堤の延長は1210余メートル、その包囲する面積は84万平方メートルで、港口は当初、図に旧口と記した所に設けた。

マドラスの地は連亘千数百キロメートルの砂浜にあり、特に波浪の激烈なことに加えて漂砂が激しい。潮流は、定期風向に伴い、年内8ヵ月間は北に向かい、残りの4ヵ月は南行するため、漂砂は多く南より北に移動し、かつその量がおびただしいため、港湾の維持が困難であろうと予想し該工事の設計を非難する者がすこぶる多かったが、設計者パークス（W.Parks）はアムイデン築堤の好例を引き、マドラスにあっても同一の結果が得られるだろうとした。これは誤った考えのはなはだしいものである。まさしく両所は地勢を異にし、マドラスにおける漂砂は、その性質が猛烈であることはアムイデンの比ではない。そのため前者にあっては、築堤工事の進捗と共に著しく南側において陸地を増し、築設後20年間に海岸線は工事着手の当時と比べ、およそ600メートル前進し、風

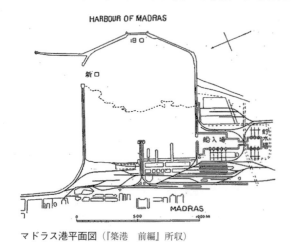

マドラス港平面図（『築港　前編』所収）

浪に際しては港口の水深を減らし港湾の維持が非常に危ない状態になった。

1881年、工事がまさに完成しようとする時に、防波堤は激浪のため堤頭より曲部に至る間、両腕各およそ1500メートルをことごとく破壊され、工費200万円は水泡に帰した。これが工事の一大頓挫であり、ようやく3年を経て復旧工事に着手することができた。

復旧工事は予定通り完成したが、築港全体の設計の仕事が適切でないことは前述のとおりであり、漂砂は南堤をまわり次第に港内に堆積し、到底浚渫によって永く港内の水深を維持することができない状態になり、かつ東南の風浪に際しては高浪が港内に侵入し、船舶の錨泊を困難にすることがあったので、遂に1905年に至り、前頁の図に示すように北堤において幅120メートルの新口を設け、その庇護にあてるため北に向かい延長500メートルの防波堤を増設し、かつ旧口を完全に閉塞した。さらに南堤においてもまた別に一口を設け、堤外の堆砂を浚渫して船入場、貯水池等を築造し、その他諸般の設備を整頓するに至った。その工費は650万円であり、築港工事全体に要したのは実に1600万円に達したという。

新堤頭には鉄殻の函塊を用い、その高さ18メートル、四方各13メートル、重量5000トン余で、干潮面以下13メートルに達し非常に堅牢であるにもかかわらず、1916年、稀有の暴風に際し傾倒され根囲に用いた粗石および20〜33トンの塊の多くは散乱した。

以後、東北風により新口の外に堆積する土砂は浚渫して除去し、その量は1か年に約17万立方メートルにすぎず維持が容易であるが、南方より来る漂砂は依然30万立方メートルに達し、南堤の湾曲部に到れば新堤端に尾洲を生じ、港口における堆砂の激増を免れないだろう。結局、本港の存在は時間と資金の問題である。

下図はマドラス港防波堤の断面である。

築堤は初め上の甲図に示すような断面に施工して、全長の工事がまさに完了しようとする時に、激浪のため南北堤共に堤頭部より湾曲部までの間を全く破壊された。当時の風力は毎秒17メートルにすぎなかったが波浪は

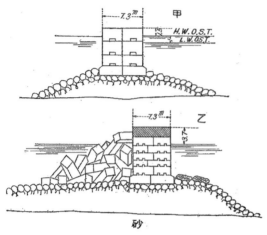

マドラス港防波堤の当初(上)と復旧(下)(『築港　前編』所収)

水深14メートルの箇所において海底を撹乱し、防波堤に達すると30トンのブロックを20メートル内外の距離に散乱したという。

復旧工事は乙図に示すように、波浪により十分締固められた捨石を基礎として直立部を築造し、アムイデン防波堤の構造に則り堤の外側に多量の巨大なブロックを投入した。

捨石はマドラスよりおよそ22キロメートルの地において採掘し、鉄道により搬出し開底船に積んで投入したもので、0.5〜1トンの粗石より成り、その高さは水深により異なり最高8メートルに達し、上端は全堤を通して干潮面以下7メートルとし内外共に2割の法に均した。

復旧工事では散乱したブロックを取片づけて外側の捨石とし、新たに17〜33トンのブロックを製造した。配合は次のとおりである。

　　　　セメント1　砂3　砕石5

ブロックは2台の積畳機を用いて水平に対し68度の傾斜に積畳した。その上下および前後の面には2条の凹凸を設けて隣のブロックと接触させ、その他は何も継合を施さなかった。

ブロックはすべて隅角を約10センチメートル欠いて作業中におけるブロックの破損を防ぎ、かつ積畳するとブロックの四隅において堤を貫通する小孔が形成され、その合計断面は大体港口の断面積に等しくし海水の流通を助けることにした。隣設するブロックの間隙はおおむね6〜9ミリ

メートルで非常に密接である。

堤頂の場所詰はブロック積畳後1ヶ年を経て施工した。その配合は次のとおりである。

　　　　セメント1　砂3　砕石4

場所詰には長さ6メートルごとに約24ミリメートルの間隙をあけて、寒暖による伸縮および捨石の陥落に備えた。

コンクリートブロックの製造および場所詰は共に練込法によった。

ブロックは製造後6日間を経て型枠をはずし、さらに10日間おおって水を注ぎ3か月を経て沈下した。

堤頭には径13メートル、高さ8メートル余の鉄箱を用いた。鉄箱周囲の鉄板の厚さを6ミリメートルとした。鉄箱は乾渠（乾ドック）の中で製作し高さが約2メートルに達したら水に浮かべ次第に高さを加え、コンクリートを詰め浮送して沈下し、さらにコンクリートを填充した。

築堤費は1881年までに実に371万余円を要し、堤延長1mの工費は約2376円にあたる。そして復旧工事では1mにつき2805円を要したという。

コロンボ港(34)

コロンボ港はセイロン島の西岸にあって該島唯一の輸出入港であり、欧州東洋間を航行する船舶の寄航港である。外構は3個の防波堤より成り、南堤は1276メートル、島堤は805メートル、北堤は323メートルであり港内の面積は264万平方メートルである。

本工事は工師クウド（Sir John Coode）の設計に係わり、1875年に着手し工師ボーストク（J. H. Bostock）が終始施工の任に当たった。

コロンボの地はインド洋に面し定期風を受け、海上が平穏な期間は長くない。特に5月から11月の間は西南風が襲い海中工事はほとんど休止せざるをえず、施工は困難を極めたという。

港口は2ヶ所に設け、その幅を正口は243メートル、副口は212メートルとした。しかし西南の暴風に際しては港内がなお平穏ではないので、築設後に図に見るように南堤をさらに一直線に600メートル延長し、港口を正

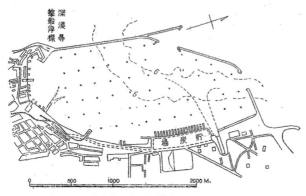

コロンボ港平面図（『築港　前編』所収）

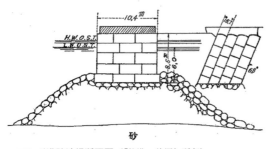

コロンボ港防波堤断面図（『築港　前編』所収）

北に向けた。

　本工事は1912年に竣工し、創設より前後37年にわたり工事費は実に3,000万円に達したという。

　左図はコロンボ港防波堤の断面である。

　該堤は南端より着手し初め埠頭に兼用する目的で幅を15メートルとし、壁を内外の2列にし外壁を幅7メートル余、内壁を4メートルとし、その間に粗石を詰め、上にコンクリートの場所詰を施して通路にする設計であったので、施工中は外壁を内壁より常に前進させていた。ところが、築堤が起点よりおよそ400メートルに達した頃、西南の暴風に遭遇し、当時外壁は内壁より210メートル前進していたが、たちまち激浪のため港内に向けて押し寄せられ、その移動は終端において36センチメートルに達し同時に30センチメートル陥落した。そこで設計を変更し、かつ到底埠頭の用をなさないことを認め、単に防波堤にする設計に改めた。

　この設計変更はコロンボ地方における波力を推定するのに十分である。まさしく幅7メートルの旧堤は激浪に耐えられなかったが、幅10.4メート

ルの新堤はよく対抗することができたからである。

　捨石はコロンボを隔てること約24キロメートルの地から鉄道により搬出し、さらに開底船に積載して運搬・放下し水面以下６メートルの高さに達すると、やや小形のものを加え干潮面以下６メートルに均し、およそ６か月を経て潜水夫によって捨石の上に軌条２本を左右に置き、高さを定めてそれに軌条を横架し前後にすり動かせて凹凸を均し直立部の基礎とした。

　捨石はこのように投入後、少なくても１回の定期風を経て初めてその箇所における直立部の築設に着手するので、多少の沈定を生ずるであろうが高基堤のように波浪の強烈な動揺に接しないので、固定は完全ではないようである。

　コンクリートブロックは14〜33トンであり配合は次のとおりである。

　　　セメント１　砂２　砕石５

　そのほか70キログラム内外の粗石をコンクリート全量の３分の１に達するまで加えた。粗石はブロックの表面より15センチメートル以内に止めた。

　ブロックの製造は全て練込法により、これまで搗固めを施したことはないという。

　直立部は干潮面以下６メートルの深さから高さ8.5メートルの間にブロックを用い、上部には厚さ1.3メートルの場所詰コンクリートを布設した。

　ブロックは旋回積畳機（タイタン）によって水平に対し68度（法４分）の傾斜に積畳した。積畳機は既成の堤上を進退し、施工中は堤の終端にあり工場より台車により搬出するブロックを沈下した。

　捨石は自重のほかブロックおよび積畳機の重量により沈定し、その程度は捨石の高さの平均10分の１に達したことは既述したとおりである。

　堤頂の場所詰コンクリートはブロックを積畳した後、さらに１か年を経て施工した。

　堤頭には捨石の上に径18.9メートル、高さ8.2メートルの鉄箱を据えコンクリートを填充して水面上に達せしめ、上に一体の場所詰コンクリートを布設し、本堤との接続には水平に積畳した異形のブロックを用いた。

南堤の工費はおよそ350万円を要し、堤端における埋築その他の工費を除くと堤1メートルにつき約2614円にあたる。工費が比較的低廉なのは囚人を多く使役したことによる。

島堤は南堤に比べて波力が小さいので幅を10メートルとし、干潮面以下9メートルにおいて捨石を均し上に17〜33トンのブロックを傾斜して積畳した。

東北堤は単純な捨石堤で、高さは満潮面上2メートルに達し斜面には3トン内外の粗石を使用した。

南堤を延長した部分は大体、南堤と同じ構造である。異なる点は直立部の基礎が干潮面以下9メートルにあることと上幅が11メートルであることである。

堤頭は径が18メートルで30トンのブロックを水平に積畳した。

最大の危機

1899（明治32）年7月14日、いよいよスローピングブロックシステムが動き出す。コンクリートブロックを防波堤先端で吊り降ろす積畳機（タイタン）は、英国ストサートエントピット工場で製作された24トンの重さを吊り降ろしできる総重量100トンの起重機である。ブロックヤードでコンクリートブロックを運搬・積卸する軌道起重機（ゴライヤス）はタイタンと同じ会社で製作され、重量30トンである。堤上を走りタイタンにコンクリートブロックを渡すのは英国ジョンバーチ会社製作の機関車である。写真はゴライアスと機上の廣井である。直立部の築造は通常1日にコンクリートブロック16個を積み、2.8メートル延長が伸びるが1年間では100列に過ぎない[35]。

捨石の投入も投げ損じのないように位置および数量等をよく把握して行わなければならず、全く容易な作業ではなかった。さらに捨石均しは防波堤工事中最も難しい作業のひとつで天候の許す限り年中施工したが、直立部が載る部分は粗均しの後、潜水夫6人が玄能（ハンマー）で突起する石を打破して全面を平らにし割栗石で目潰しをするので、1日に80センチメートル延長が伸びるに

過ぎなかった。捨石マウンドの表面に凹凸があればコンクリートブロックを隙間なく整然と積み上げることができないので、非常に重要な作業であった。

　このように設計通り作業するには細心の注意を必要とした。それに加えて予期せぬ現象が発生し様々な工夫を重ねなければならなかった。

　遥か岬をまわって来襲する波は防波堤に向かい60度内外の角度で衝突し、砕けた波が水柱となって堤に沿って駆けるようであって、防波堤の全延長に同時に波

軌道起重機（ゴライアス）上の廣井勇（右側）
（『小樽築港報文　前編』所収）

が衝突しないことは予想したとおりであった。しかし、設計では１平方メートル当たり30トンの波力が作用することがあるだろうと考えていたが、波力計では40トンに達することがあり、将来の防波堤の安定を考えて廣井は慄然とした。そこで防波堤の背後に捨石を積み上げて波力に抵抗させ、直立部に４段に積んだブロックの最上段とその上に打設するコンクリートを数条の鉄骨で連結して一体化を完全にする方法をとった。このように予期しないことが次々に発生し、並の人間であれば引き受けることは勿論、決して自ら防波堤を築こうなどと思うことなど考えられないような行動を、平然と取る剛胆な廣井ではあったが、その心中は察するに余りある。防波堤の断面が標準的な混成堤の断面から沖に伸びるに従い、直立部の最下層をマウンド内に埋め込んで傾斜堤に近い断面に

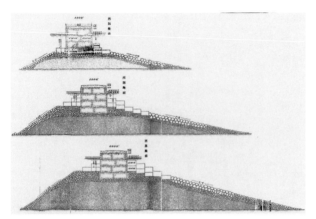

防波堤の延長が各300、600、1200メートル地点の断面
波浪が強烈になるに従い防御が厚くなる。(「小樽築港工事報文前編」所収)

変更し、その前面の階段状のブロックの重量および数量を増してマウンドの防御と波浪のエネルギー分散を図り、堤体の最上部ブロックとその上に打設するコンクリートの連結をより完全にしたのは、このような自然の猛威に対抗した廣井の苦心の跡なのである。

　防波堤の延長が330メートルを超えた12月24日、絶体絶命の危機に直面した。廣井は後年、当時の厳しい状況を回顧して次のように述べている[36]。

　　自分はかつて北海道庁に在職して小樽築港に従事したが、その工事は自分たちが当時の長官である北垣国道にその必要性を説き、長官も認めるところがあり計画されたものであるが、当時築港というものはいささか事珍しく、それ以前に野蒜において失敗し、また軽微ではあるが横浜港でも蹉跌を経験した後であり、政府においては非常に危ぶんで容易に認められなかったが、長官および有志者が百方尽力した結果により、井上内務大臣が視察し、また古市技監が調査して200余万円の予算が議会を通過し、明治30年12月に起工する運びになった。

　　当時経験に乏しい自分の苦心は一通りのことではなく、漸く工事が進捗したところ、明治32(1899)年12月に至り防波堤の延長が2百間に達した頃、ある日突然暴風が襲って来てたちまち怒濤が沸き上がって逆巻き始め、2、3時間の間に全て破壊して洗い去られ、残ったものは出来上がった防

波堤と、その上にあった積畳機のみとなり、それらもますます強まる風浪に耐え難い状勢に至り、多少の応急作業のほかに施す方法がなく、激浪のなすがままに委せて傍観するうちに日は暮れ、何も見えなくなり、ただ遠雷のような波の打ちつける音を聞くだけであった。

　ここにおいて自分は万事休し、居室に戻り思案に暮れ、心中は非常に穏やかではなかった。もし既成の工事で出来た防波堤が全く破壊される事態になったならば、何の面目があってその顛末を報告して予算の追加を請うことが出来るだろうかと苦慮し、その時ばかりは本当に当惑しきり、そうなったなら断然一命を以て自分の不明を謝すほかはないと思い定めたところ、心も静まり横臥して昔から工事の失敗の責任を一身に負った人々のことなどを回顧し、自分もやがてその数に入らなければならないのかと思い、ただ天佑を祈るうちにいつしか終日の労働のため仮眠してしまい、夜半を過ぎて目を覚まし、いよいよその時が来たかと気づいたとき、意外にも波の音は大いに静まっていて、海上がやや平穏に戻った様子なので、とにかく現場に行こうとして外に出たところ、雪は降っていたが風は大いに凪ぎ、防波堤上に着くと、打ち越す余波のためその上を歩行することは出来なかったが、防波堤の存在を確認することが出来、その瞬間の嬉しさは今もって忘れることが出来ない。また貴重な積畳機も残っており、自分はその時、天を仰いで神に感謝した。

　翌朝、被害の程度を調べたところ、今一度、強い波の一撃を受けたなら堤は破壊され、積畳機は墜落したであろう事は歴然としていて、その折、自分の胸中には千万無量の感が往来した。その憂い悶えきって以来ほとんど30年、激浪の襲来を受けたことが幾度あったか知らないが、以上の経験により得た多大の教訓は堤を今日まで存在させたのである。

　廣井は東京帝国大学教授になった翌年に、工学会において小樽築港工事について演説したことがあった。廣井は小樽港の防波堤が大海に向かって波浪を防止する施設としては世界に例のないほど細いものであると述べたあと「防波堤

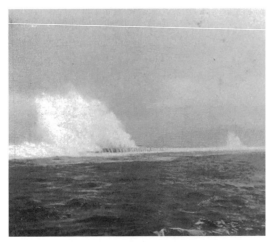

小樽港北防波堤の激浪（小樽築港工事報文前編）所収

嵐の翌朝、波に洗われる北防波堤と辛うじてもちこたえたタイタン（浅田英棋氏所蔵）

を大きくしておけば安全であるには相違ありませんが、小樽港に政府から出してくれる金は大体分かっておりまして、それに対してやらなければならないので思う存分な事はできません。つまり波動の計算上ようやく許されるだけの幅にしたのです」(37)と苦しい心境を述べている。

当時、セメントを事務所に納めていたのは浅野総一郎であった。浅野は富山の漁村に育ち、若いころ数多くの事業を興しては失敗し「七転び八起き」ならぬ「九転十起」の男と呼ばれた事業の鬼である。1897（明治30）年2月、東洋汽船の社長として7か月の海外出張を終え横浜港に着いた際、欧米の港の近代的な施設との差に驚き、後年、自ら鶴見港を計画し建設して京浜工業地帯の基礎を築き、貿易立国を夢見たスケールの大きい事業家である。その長男は父浅野総一郎から聞いた話として、泰然として事に当たる廣井の様子を次のように伝えている。

先生の遺された代表的事業とも云うべき北海道小樽の築港工事の際など
　　は自ら人夫と共にバラックの小屋に起居して工事一切を監督されたもので
　　ある。（中略）早朝５時半頃、現場に行くと既に先生は作業服に身を固め、
　　バラックのコンクリート研究室からニコニコ笑いながら出て来られるのが
　　例であった。（中略）ある日、非常な大時化のあった日に「今日こそはわ
　　たしの方が早い」とばかりに父は早朝４時頃に現場に行った。ところが先
　　生は既に全身濡鼠となって焚火にあたりながら、例によってニコニコ笑い
　　ながら「浅野さん、あんたのところのセメントが良かったので、お陰でこ
　　の大時化に遭っても大したこともありませんでした」と言われ、前夜から
　　一睡もされず工事を監督されたにもかかわらず、少しの疲労も面に表され
　　ず話をされたということである。

　浅野は半ズボン姿でコンクリート練りに余念のない廣井を見て、これは将来
恐るべき人だと直ちにその人物に惚れ込んだ[38]。
　1899（明治32）年９月、廣井は東京帝国大学工科大学教授となり上京した。
以後、毎年、夏冬に小樽を訪れ工事を指揮した。着工から片腕として働いてい
た技師青木政徳が翌年病死し、そのあとを技師内田富吉が継いだ。
　『小樽築港工事報文　前編』の巻頭に廣井は次のように記している。

　　　小樽築港工事は去明治三十年の起工に係り、爾来寒燠を閲すること十有
　　一。今や漸く第一期工事の竣功を告ぐるに至れり。小官嚢に職を帝国大学
　　に奉せし［に］より、常に親しく工事を董督するの機会に乏しく、其、今
　　日ある一に係員一同の拮据励精の致す所たり。茲に工事創設以来の事歴を
　　編述して、高覧に供す。
　　［現代語訳］
　　　小樽築港工事は明治30年に起工し、それ以来、寒さと暑さを数えること
　　11回。今ややっと第一期工事が完了を告げました。私はその前に帝国大学
　　につとめたので、常に直接工事を総監督する機会が少なく、今日があるの

142 第1部 廣井勇の生涯

は偏に係員一同が苦しみながら精神を励まして行った結果であります。ここに工事を始めて以来の事がらを集めて書物に著わしご覧にいれます。

　経済的にも物理的にも余裕がないなかで、11年間にわたる工事を完遂するには、廣井は当然のこと、現地で工事に携わる者たちの努力は並大抵ではなかった。この防波堤の完成は現地でやり遂げた係員全員の労苦の結晶であることを廣井は後世に伝えようとしたのである。功績を一身に集めたい人間が多い中にあって、廣井は何の衒いもなく係員に感謝の意を表している。

　　要するに本工事は単に一本の築堤にすぎないといっても、施工をする上での困難なことと長い歳月を要したことは他に多くその例を観ない。またその工費にいたって防波堤一尺（約30.3センチメートル）が約500円にあたり、一見多額の費用を要したようであるけれども、諸外国における同種工事に比べると極めて廉価であることを認めるところである。（『小樽築港工事報文前編』）

　工事の期間中に日露戦争があって工期が1年延びたが、我が国の築港に新世紀を画す防波堤は無事完成した。小樽築港第一期工事の竣工式の前日、廣井は式典に出席するために小樽に着いた。ところが11年の歳月と幾多の努力によって完成された大工事に関わった所員が招かれていないことを知る。廣井は長年にわたる彼らの労苦を労うために東京の留守宅の夫人に電報を打ち、郵便貯金500円を電報為替で送金させた。そして竣工式の当日、防波堤上にシャンペンと赤飯と小料理の折詰とを準備させた。所員らが大喜びであったことはいうまでもない。廣井は密かに彼らと完成の喜びを分かち合ったのであるが、その行為が誰から出たかを彼らが知ったのはずっと後年になってからであった。

廣井の責任感
　1908（明治41）年6月、廣井は北海道における港湾の調査並びに築港工事の

顧問になり、引き続き指導を行うことになった。北海道では港が無いに等しい状況だったので、築港の需要が極めて大きく各地で建設が進められた。廣井によって一層実用性が増した築港の技術が大きな力となった。

その当時の様子を北海道の勅任技師であった斉藤静脩は次のように回顧している。

　　北海道の黎明期を託したといわれる第一期拓計の当初は、港湾築設工事が一番予算も大きかったし、仕事も活発にやっておりました。これは勿論その当時の移民も米も魚も石炭も港湾からということであったための要請でやっており、特に拓殖費の中でも先に述べたように拓殖費は予定通りでなかったのですが、港湾費用だけはむしろ増えたような具合で、港の仕事が一番活発でした。何れの港湾も岸壁などの新設は後廻しにして先ず防波堤をやりました。これは非常な卓見英断でありました。当時日本においては、深海に防波堤を築く工事の経験も少なく、研究も乏しかったので、難工事とされていたのですが、幸いに廣井先生の直接指導で卓越した意志と崇高な人格の力で予定通りしゅん工したことは、当時誠に驚異に値すると皆が見ていたのです。小樽・釧路・函館等の８港は遠洋沖取り漁業の根拠地として、江差・岩内等８港は漁港としてすべて直営施工でつぎつぎと完成していきました。伊藤長右衛門さん中村廉次さん平尾俊雄さんその他多くの港湾技術界の秀才を出したのも廣井先生の功績の主なるものだといわれています[39]。

　廣井は顧問になってからも１年に１、２回は北海道を訪れ、北海道庁の人々の相談にのり指導・監督を行っていた。また東京にいても小樽築港工事の時と同じように伊藤長右衛門らと材料・機械・人事・調査測量など、時には略図を入れて書簡のやりとりをしていた。

　1922（大正11）年も押し迫ったある日、小樽築港事務所長の伊藤長右衛門のもとに廣井から次のような便りが届いた[40]。

拝啓　ますますご清栄のこととお慶び申し上げます。私が年来希望しておりました北海道港湾事務嘱託の解除の件が今般いよいよ許可になりました。回顧すれば貴兄とは多年にわたって各種の困難と戦い北海道における築港の端緒をひらきましたが、その間、貴兄はますます独特の手腕を発揮され、小樽防波堤の完成および各地で幾多の工事を起工され、その功績の偉大なことは満天下の認めるところです。私もこれまで毎年1回の視察を致しましたが、貴兄および各主任が企画経営されたものを、あたかも自分の計画から出たもののように工事を視察し光輝を奪うところがあったのは常に苦衷でありました。私の辞職の理由はこのことにほかなりません。私が在職中に建設したもので万一、他日蹉跌を生じることがあればその責任は私一人が負い、決して諸君にはご迷惑をおかけしません。

多年の間、公私ともに一方ならぬ厚情に対しては言葉に尽くすことができません。感謝する言葉もありません。私は何と言ってもすでに耳順（60歳）を過ぎ前途は頗る短いのですが、貴兄はなお先の時間がありますから我が国のためますますご奮闘されますように。それに対する報いは期せずして訪れるでしょう。たとえ報いが来なくても意に介することはありません。

病中の乱筆をお許し下さい。

12月27日

　書中に明かしているように「私が在職中に建設したもので万一、他日蹉跌を生じることがあればその責任は私一人が負い、決して諸君にご迷惑をおかけしません」という自覚を持って廣井は顧問の仕事を遂行していた。前述したように「技術者千年の誉れとはずかしめ」ということを念頭に置いて行動していたのである。

　小樽港の北防波堤（第一防波堤）が完成した後、すぐ南防波堤（第二防波堤）に着工した。工事を監督・指導したのは廣井の高弟伊藤長右衛門である。伊藤もまた、廣井の精神と南・北防波堤の意義を深く理解し、外洋の激浪を受け続ける両防波堤の状況を逐次恩師に報告した。

明治45年3月18日の小樽港の被災状況を報告する伊藤長右衛門の廣井勇宛の手紙（北海道開発局小樽港湾事務所所蔵）

拝啓

去18日夜は　小樽工事開始以来　未曾有の大時化

（風は北北西30米、気圧735ミリ　潮位2尺）と相信候

翌19日にても　波高約17、8尺と認候

爾来　時化相続き　今日に至るも尚　両防波堤の水中部は勿論　水上部と

雖とも充分の調査　不可能にて　纔に　一回視察致したるのみに御座候

一、第一防波堤　異常なし

　　僅　堤頭に接する場所詰　一枠　若干沈下せる形跡を認む

二、第二防波堤　1500尺より1700尺間に於て　場所詰

　　三枠は割れ目を生し　二枠は塊との間隔を生したり

　　右は手直し容易なり

三、第二防波堤　2500尺以北に於て　其際端迄　約500尺の間

　　上層塊は約2寸程　内側に押し込れたり

　　袋詰、レール鉄にて一連となれる上層塊　動揺の為

　　第二層との間の柄漸次　摩損せる為ならん

四、両堤共　捨塊には若干移動ありたる見込なるも　調査此有

　　詳報可致候

水深の増大と　港心に近くとに従ひ　波浪作用は防波堤に益々不利なるも

のある如く認候

右不取敢御報迄

　　　　　　　　　　　　　　　　　　　　　　　　　　　　　敬具

３月24日　　　　　　　　　　　　　　　　　　　　　　　伊藤拝
　廣井先生

　　　　玉案下

　　　　（裏面、廣井勇の朱書）

　　　　45年３月18日の　時化報す

　上述のような手紙は南防波堤の工事が竣工した後まで続いたことであろう。両防波堤と同じ幅のコンクリートケーソンであっても激浪時には振動する。いわんや寄木細工のようにコンクリートブロックにほぞを設け、鉄骨で隣接するブロックと連結する構造では、なかなか安心できなかったであろう。まして建設中は最も不安定な時である。手紙に述べられているような事は何度もあったに相違ない。両人の責任感と労苦はこのようであったけれども、防波堤の観察を通し新たな発見と創意工夫が生まれたであろうことは想像に難くない。

４－８　名著『築港』

　1898（明治31）年、「著者がかつて工事を監督するにあたって、部下の青年技術者に築港工事に関する研究の針路を指示するために記述した」（『築港』諸言）『築港　巻之一』を出版、以後『築港　巻之五』まで毎年１分冊ずつ公刊した。1907（明治40）年に改訂合本（前編・後編）が刊行され、最新の成果を取り入れながら版を重ね、1929（昭和４）年に第５版が公刊された。『築港』は我が国の近代港湾技術を基礎づけ、その後の発展に決定的な影響を及ぼした。

　第５版の目次構成は以下の通りである。

　〔前編〕

　　　概説

　　　港湾の調査

　　　海理

　　　工事用材

　　　工事用機械および工場

防波堤

漁港

護岸および砂防

浚渫および埋築

〔後編〕

泊船渠

係船岸

陸上設備

修船渠

河口改良工事

大船運河

航路標識

港政

　この著書の目的は緒言にあるとおり「青年技術者に築港工事に関する研究の針路を指示するため」ではあるが、見方を変えれば、それこそが廣井の近代築港学を表したものであると見なして差しつかえあるまい。

　彼はいつ頃から近代築港学の独学を始めたのであろうか。おそらく米国留学中に札幌農学校助教の命を受けた直後ではなかろうか。その時点で自らの工学に欠けていて日本のために最も必要な社会基盤として築港を意識したと思われる。「築港工事に関する研究」の範囲に港政が入っていて、各国の港湾整備政策や港湾運営などにも触れているからである。彼は英、独、仏の3か国語に通じており、米国留学中も設計の実務だけではなく橋梁工学を研究していたので、港湾に関する知識・情報を収集するネットワークがあったに違いない。ドイツ留学中も橋梁学やその他の分野は当然のこと、特に意識して港湾の情報収集に努めていたのではないかと推察する。

　廣井の著作の特長は広い分野を網羅しかつ、実用的であることにあり、加えてその理解しやすさは要素技術を系統的に配列する整理方法にある。その思考方法は著作のみならず小樽築港のスローピングブロックシステムの採用や防波

148 第1部 廣井勇の生涯

堤の耐波性向上策のような簡便で合理的、システム的な建設方法にも反映され
ている。彼の築港学は橋梁工学の考え方がよく反映されているといえる。彼は
前述したように「プレートガーダー・コンストラクション」の緒言において、

as a consequence plate-girders are often designed and constructed in a most
careless manner, no particular attention being paid to the proportion and
arrangement of parts, the spacing of rivets, etc., every one of which forms
the most important factor in the strength of a girder;

と述べていた。どんなささいな構成要素であっても相互に関連し合っているた
めに、全体が完全に機能するためにはないがしろにはできないのである。1つ
の要素の欠陥が全体に致命的な影響を及ぼすことがあるからである。橋梁のよ
うな組立型構造はその典型と言える。したがって、各構成要素とその機能を完
全にし、それらを錯綜させず系統だて、可能な限り簡便な方法で組み立ててい
くことが建設は勿論、その管理のしやすさからも要求される。それまでの防波
堤の設計のように、外力である波力の大きさが分からず、それに対抗する構成
要素としてのコンクリートブロックやそれを組み立てた防波堤が不完全である
ことは設計に値しない、近代の冠をつける工学に値しないと廣井が思ったとし
ても不思議ではない。

　廣井の設計も著作も、その構成は整然と秩序だてられている。例えば、『築
港』の防波堤の章を切り取って図解すると、次ページ図中の防波堤の配置とそ
の構造がよく対応していることが分かる。それに加えて、各港・各防波堤の建設
経緯が記述されており、系統的に理解できるように配慮されている。その整理
方法は、後で述べる "The Statically Indeterminate Stresses in Frames Commonly
used for Bridges" にも使われている。

　また視野の広さに関して述べると、廣井は日本の技術者であろうと国内だけ
でなく世界のどこでも活躍できる能力を求めていたことは、我が国では使うこ
とが稀なドナウ川やミシシッピー川などでの河口改良工事、スエズ運河やコリ

第 4 章 北海道時代　149

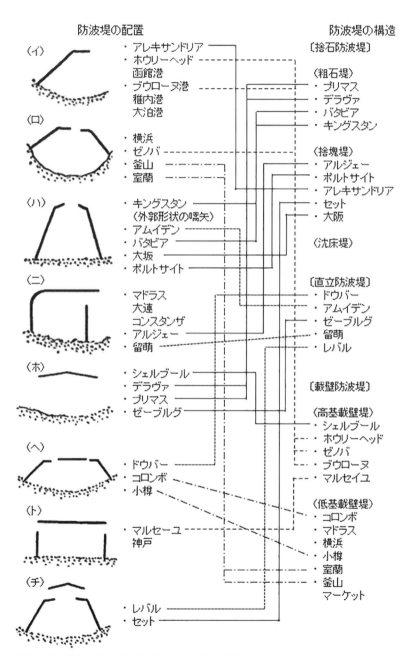

『築港　第 5 版』の第 6 章防波堤における記述の構造図解

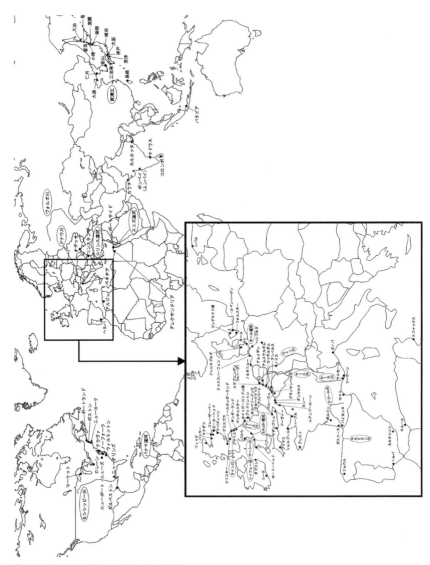

『築港　第5版』掲載の港湾・関連施設

第4章　北海道時代　151

ント運河などの大船を通す運河も取り上げていることから明らかである。『築港　第5版』で言及している河川、運河、港などを地図に落としてみると、歴史的には欧州、特にイギリスをはじめ大英帝国の港が多いことが分かる。

その地図にさらに鉄道網、道路網を重ねると世界の輸送ルートが一目瞭然となる。世界の港湾や橋梁を考える時、廣井の頭には、そのような世界の地理が描かれていたのではないだろうか。以上述べたように『築港』は英・米・仏・独の膨大な著作・論文・報告書などから得た情報を構造的かつ系統的に整理し、廣井の研究成果と見解を加えて要点をまとめた労作であり、世界の築港学の権威にふさわしい内容となっている。

注

（1）北海道大学125年史編集室編『北大の125年』北海道大学図書刊行会、2001年4月、16頁。

（2）廣井工学博士記念事業会『工学博士　廣井勇伝』工事画報社、1940年7月、203頁。

（3）同上、117頁。

（4）宮部金吾博士記念出版刊行会『宮部金吾』伝記叢書232、大空社、1996年10月、176頁。

（5）同上、176—177頁。

（6）廣井工学博士記念事業会前掲書、126—128頁。

（7）同上、146—147頁。

（8）岡崎文吉「故廣井先生の冒険と義侠心の発露」『工事画報』1929年10月号。

（9）廣井工学博士記念事業会前掲書、129—130頁。

（10）浅田英祺「北垣国道」『北のいぶき』15号、北海道開発庁、1989年、56頁。

（11）塵海研究会『北垣国道日記「塵海」』思文閣出版、2010年2月、568—575頁。

（12）浅田前掲、54頁。

（13）同上。

（14）塵海研究会前掲書、425頁。

(15) 同上、422頁。

(16) 同上、460頁。

(17) 同上、496頁。

(18) 同上、334—335頁。

(19) 同上、373頁。

(20) 和田壽次郎編輯『浅野セメント沿革史』浅野セメント㈱、1940年12月、150—151頁。

(21) 浅田英祺『廣井勇と小樽の人びと』北海道開発局小樽開発建設部小樽港湾建設事務所、1998年2月（未定稿）、44頁。

(22) 廣井勇『函館港湾調査報文　付録』1894年12月、6頁。

(23) 廣井勇『築港　第5版　前編』丸善、1871年4月、132—133頁。

(24) 廣井勇『小樽築港工事報文　前編』147頁。

(25) 廣井勇『日本築港史』丸善、1927年、161—162頁。

(26) 廣井勇『小樽港湾調査報文』1896年3月。

(27) 廣井勇『築港　巻之一』工学書院、1898年8月、30—31頁。

(28) 廣井勇『築港　巻之二』1899年3月、113—114頁。

(29) 廣井前掲『築港　巻之一』65頁。

(30) 廣井前掲『小樽築港工事報文　前編』23—24頁。

(31) 浅田前掲『廣井勇と小樽の人びと』17—18頁。

(32) 同上。

(33) 廣井前掲『築港　第5版　前編』270—273、371—374頁。

(34) 同上、289—291、367—371頁。

(35) 廣井前掲『小樽築港工事報文　前編』159頁。

(36) 廣井工学博士記念事業会前掲書、54—55頁。

(37) 「演説　小樽築港工事　工学博士廣井勇君」『工学会誌』第217号、1900年3月。

(38) 廣井工学博士記念事業会前掲書、追補4頁。

(39) 斉藤静脩『この道五十年』北海道開発局建設部、1967年8月、106—107頁。

(40) 同上、200—201頁。

第5章　東京帝国大学時代

1899（明治32）年4月、廣井勇は工学博士の学位を授与された。廣井勇の学位授与の件儀具申は以下のとおり[1]。教育者および技術者としての実績並びに"Plate Girder Construction"、『築港　巻之一』の両著作によって学位を申請している。

札農秘第七十號　　　　　　　　明治三十一年十二月廿三日扱済
　　校長　　　　　　　　　　　　庶務課長

　　　　　　　　元札幌農学校教授
　　　　　当時　北海道廳技師　　正六位　　廣井勇
本年勅令第三百四十五號ヲ以テ学位令改正発布　　本人ハ明治十四年本校卒業　　合衆国政府ミシシツピー河改良工事係雇、シー、シエラー、スミス工事々務所技師ノウフヲク、エンド、ウエストルン鉄道会社技師、エヂモアー橋梁会社技師トナリ土木及建築事業ニ従事スルコト四ヶ年本校助教ノ任ヲ帯ビ独逸国ニ留学シ　　カールスルーヒ府及スタットカット府大学ニ於テ土木工学及建築水利工学等ノ諸学科ヲ研究スルコト一ヶ年余ニシテ土木工師ノ学位ヲ受領シ英佛獨諸国ノ鉄道其他土木ニ関スル工事ヲ視察シテ帰朝後本校工学科教授トナリ工学士ヲ養成スルコト八ヶ年当時北海道廳技師、臨時築港事務所長ヲ命セラレ専ラ函館小樽両港築港事業ヲ当ル著述ニ Plate Girder Construction 及築港（巻―1）ニシテ其学業及経歴上ニ於テ学位ヲ受ケ得ラルヘキ学力アリト認ル条物ノ詮議ヲ以テ博士命ノ議ヲ付セラレ工学博士ノ学位ヲ授ケラレ候　　全紙履歴ヲ添候此段謹テ具申候也

　　　　　明治三十一年十二月廿日
　　　　　　　　校　名

文部大臣　宛

　同年9月に東京帝国大学工科大学教授兼北海道庁技師を任命され、主任教授として土木工学第三講座（橋梁工学）を担当することになり上京した。以後、毎年夏冬に小樽を訪れ工事を指揮し、1908（明治41）年、北防波堤は竣工する。

　東京帝国大学工科大学は1886（明治19）年3月の帝国大学令公布を受け、工部大学校と東京大学の工芸学部を合併して成立した。学長には古市公威が任ぜられ、1890（明治23）年に内務省土木局長となって以降は学長を兼務して1898（明治31）年に退官した。古市公威は内務省技監として函館や小樽の築港などを通して廣井の性格、技術、統率力などを直接観察する機会があった。学閥の紛争が最も激しかった当時において、廣井の教授就任は古市による異数の選任であるといわれている[2]。廣井は37歳になっていた。

5-1　明治の鉄道橋建設

　明治期の橋梁も当初は雇い外国人技術者によって建設された。我が国における橋梁技術者の出現は、工部大学校および東京大学が卒業生を社会に供給するようになるまで待たなければならなかった。したがって、明治10年から20年にかけて海外に雄飛し橋梁設計に携わった原口要や廣井勇は特筆に値する[3]。工部大学校、東京大学が技術者を供給するまでの間、日本人技術者を育成したのは大阪停車場に設立された工技生産養成所であった。出身者に三村周、古川晴一がいる。

　道路橋については1882（明治15）年に完成した錬鉄製トラス構造の高橋が原口要によって設計されているが、鉄道橋は1896（明治29）年に最後の建築師長であったポーナルがイギリスに帰国するまで、ほとんど外国人技術者とくにイギリス人技術者の設計・指導を仰ぐ状態にあった。ポーナルは1882（明治15）年に建築師長として招聘され、在職14年間に日本の鉄道橋梁建設のほとんどに関係した。

　幕末以来、鉄道建設をめぐる諸外国の競争は激しく、特に英米の確執は激し

かった。1882（明治15）年より東京大学土木科教師として来日したカナダ人ワデルは、新橋・横浜間の鉄道建設以来、本州の鉄道建設を独占していたイギリス人技術陣を相手に、1885（明治18）年の夏から7か月間、英字新聞紙上で論争を展開した。彼の主張は「アメリカの橋桁は理論と実験を基に設計されているのに対し、イギリス式の橋桁はただ実験のみに頼るばかりで、理論をないがしろにしている。耐風設備である横構がないのも寒心に堪えない。これまで日本の鉄道橋は専らイギリス式を採用してきたが、将来は断じてアメリカ式橋桁を採用すべきである」というものだった。それを受けて立ったのはポーナルであった。彼は「両国の橋桁設計法は、互いに国境を異にするのであるから、相違があるのは当然のことである。横構の設備有無の件は、無くても実際に日本で架設した橋桁は暴風雨に耐えて、立派に今日あるではないか」と応じたが、迫力のない反論であった。

　奥羽本線の建設工事開始や東海道本線の複線工事計画において機関車重量の増加などによって、それまでのイギリス式トラス橋では強度不足になったので、ポーナルが帰国した翌年にはアメリカ人のセオドア・クーパーとチャールス・シュナイダーに新トラスの設計を委託し、以後アメリカ式を採用するようになった⁽⁴⁾。

　セオドア・クーパーは1839年生まれ。学校ではブルックリン橋を完成させたワシントン・ローブリングと同級。イーズ橋（セントルイス橋）のカンチレバーの難工事をこなし橋梁技術者として知られるようになる。米国土木学会（ASCE）に寄稿した論文「鉄道橋における鋼材の使用について」（1880）およびその数年後に出版した『鉄道用の鉄橋（のち改版して鋼橋）および高架橋の設計基準』におけるK荷重の提案と設計図表でその名を歴史に刻む。1894年、クリーブラント大統領によってニューヨーク市のハドソン川架橋に関わる専門委員会の5人のエキスパートの一人に選出された。最初のケベック橋を設計した⁽⁵⁾。

　チャールス・シュナイダーは1843年生まれ。ナイアガラ川のナイアガラ滝付近を横断するナイアガラ・カンチレバー橋のチーフ・エンジニアで有名である。1905年、米国土木学会（ASCE）の代表に就任。ケベック橋崩落事故を受けて

156　第1部　廣井勇の生涯

技術報告書をまとめた。新しいケベック橋建設のためにカナダ政府が組織した技術委員会のメンバーとなった。

　二人は新しい活荷重に対応したトラス橋の標準設計を完成し、新線に採用していった。支間100、150、200フィートの上下路トラスおよび300フィートの下路トラスでクーパー型ピントラスを採用している。その多くはアメリカン・ブリッジ社で製作され、明治32年から末期にかけて輸入された。

　官営八幡製鉄所の160トンの熔銑炉に火が点じられ、銑鉄から鋼材までの一貫生産が開始されたのは1904（明治37）年である。トラスの製作技術が進歩し輸入トラスとほとんど遜色がなくなったのは明治の後半で、1910（明治43）年、東海道線掛川の100フィートのポニーワーレントラスが初めて国内メーカーに発注されたこの時期に、下関海峡架橋が設計された。

5-2　廣井の授業

　東京帝国大学における廣井の授業時間は、大抵午前9時から10時までであった。講義には印刷された図面が配布された。図面を見れば一目瞭然という理由からで、以後土木工学科で重用されるようになった。また廣井の著作を見れば明らかなように、様々な数式を示すだけではなく、数値を入れ実用に便利なようにした資料を配布した。

　廣井の授業は綿密で独特のものであったが、厳しさとともにユーモアも忘れなかった。しかし、たまたま遅刻者があると、廣井は真っ赤な怖い顔になり、その日の授業は全然聞き取れないものになってしまい、早々に講義を切り上げ教室を後にしてしまうのだった。しばらくして級の代表を呼び「教室は寄席ではない。学生は紳士であるから、もっと紳士らしい態度で聴講すべきであることを一同に伝えよ」と言い渡すのが常だった(6)。

　社会人になって読書や勉学から遠のいている者がいると「そんな心掛けで若い者がどうするか、工事現場の勤務くらいで本や雑誌を読めないというのは、文士が筆を持つ為に手がつかれたと云って、箸を持つのを嫌い食事もせずにいるようなものだ」と在米時代の苦学談や小樽築港当時の経験を語り厳しく戒め

励ました[7]。

　廣井は東京に移ってからも相変わらず多忙であった。1900（明治33）年には
震災予防調査委員並びに港湾調査会委員を命じられ、秋田県知事の委嘱による
雄物川河口改良調査および小倉市委嘱による小倉築港調査の監督を行い、1901
（明治34）年には台湾総督府の委嘱により基隆および淡水の両港を視察し、6月
には静岡県知事の委嘱により清水港を視察した。その間に『築港　巻之三』
『築港　巻之四』を自費出版している。小倉築港に関し廣井は次のように述べ
て残念がった。

5 - 3　小倉築港

　明治32年、小倉市は廣井勇に頼んで築港の調査設計を行わせた。同設計
は本港将来の発展を達観して柴川突堤の終端および赤坂崎より防波堤を起
こし、海峡の深水に到達させ、海面約100万坪〔約331万平方メートル〕を抱
きかかえ、内に沿岸約21万坪〔約69万平方メートル〕を埋築し関門第一の港
湾にしようとすることにあった。しかし築港の気運は未だ熟さず遂に起工
するに至らず止んだ。

　それ以来、小倉鉄道の開通、各種工業の勃興等により築港が有利である
ことを認めるに至ったが、市は微力で起業することができなかった。そこ
で大正10年になって、以前に明治40年中、浅野総一郎の出願に係る海面埋
立計画に相当な変更を加えさせ許可するところとなり、工費750万円を
もって大正14年11月に起工し、同18年に竣工の予定で実際施工中である。

　小倉港は地勢が適当で、この地にあって30年に修築を行っていたなら関
門の重要港となっていたものを、今日に至ってはどんな工事を行っても好
機は既に去ったようである。しかも実際に施工中の工事は海峡の法線に制
限されて規模が狭小であることを免れない。どうやってみても門司、若松
等とは拮抗することはできないだろう。

　もし幸いにして筑豊の100万トンをこの地より搬出するようなことにな
れば恐らくはそれが修築工事最大のききめであろうし、推測するところ起

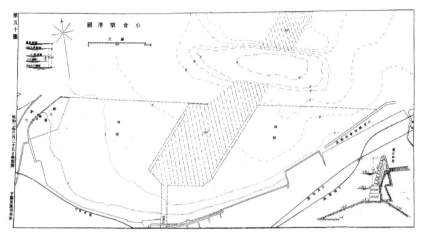

小倉港平面図（『日本築港史』所収）

業の目的もまたそれにほかならないだろう[8]。

5 - 4　橋梁示法書

1901（明治34）年から1903（明治36）年にかけて、'Specifications of Design of Railway Bridges and Viaduct'（鉄橋および高架橋設計示法書）、「橋梁示法書」、「構拱ニ於ケル応力ノ計算」など橋梁に関する論文6編を工学会誌に発表した。「橋梁示法書」において当時の日本の橋梁製作の現状を次のように述べている[9]。

　　従来、我が国において架設した橋梁は、多くは英米独の諸国において製作されたもので、我が国においては僅かにその組立をするにすぎず、たまたま内地の工場において建造するものでも用材の供給は海外に仰ぎ、したがって製品の厳密な試験を行うことができないだけではなく、製作に関する示法の確実な実行を確認できないことは免れないため、自然と製作者に放任し、製作者もまた示法書を重視しない傾向がある。しかし今や我が国において製鉄事業の開始によって橋梁用材なども幾分か自ら製作する端緒

第 5 章　東京帝国大学時代　　159

を開き、将来需要者は用材の品質および作工の方法に関しては工場におい
て容易に所定の示法を実行させることができるようになり、漸く示法書が
重視されるようになるだろう。

　未だ海外に橋梁の製作を頼っている現状であって、示法書の重要性も認識さ
れていなかった。廣井のいずれの論文も、当時の橋梁技術者に正確な知識を与
えることを目的に書かれたものである。

5－5　不静定応力の独創的な解法

　1905（明治38）年、ニューヨーク市ヴァン・ノストランド社より "The Statically
Indeterminate Stresses in Frames Commonly used for Bridges" を刊行した。主
に最小仕事の原理を用いて日常橋梁技術者が直面する不静定応力を簡潔、明快
に計算する方法を提示した著作である。

　19世紀後半、欧米諸国は競って鉄道網の整備を推進したが、それに伴って長
いスパンの橋梁建設が求められるようになった。鋼鉄の大量生産に促され長ス
パン（径間）の不静定構造の橋梁建設が可能になり、それを設計するための理
論が開発された。1880年以降は種々の仮定に基づいた 2 次応力の解析手法が数
多く発表されるようになったが、解析の実用性および精度に課題があった。廣
井の論文はそれに対する有効な解法である。その当時の米国の状況を廣井は次
のように述べ、弾性論の発達によって数理的に各種の問題を解けるようになっ
たが、普通の工事においては応用されていないこと、および 2 次応力の危険性
を指摘している。

　　理論の方面においては弾性論に基づき夾錯する各種の問題を解決すべき
　　方法が漸次考究され、従来僅かに推量により定めた応力も数理上確定する
　　ことができるようになった。その結果、新規の構造を案出するもの、およ
　　び旧来の結構局部の設計を改めたものがある。
　　しかしながら、普通の工事において未だ周密な応用を見るに至らないの

160　　第１部　廣井勇の生涯

は、米国における橋梁設計の一大欠点である。殊に結束の剛度に起因する
副応力［２次応力］の危険なことは一般に認めるのにかかわらず、計算が
容易でないことから依然その算出を怠る傾向がある。このような副応力は
実験の結果、初応力の１割から10割に達することがあって、近年我が国に
おける模範的鉄道橋につき測算を試みた場合においても２割以上に及び、
配材が適当でないものがあることを発見した(10)。

　この著書は廣井が東京帝国大学土木工学第三講座（橋梁学）の担当教授に就
任して６年、大学の講義に基づいて執筆されたもので、橋梁技術者の学識に重
要な貢献を果たすもの（English Literature 紙に掲載された書評）として高い評価を
得た。
　著書の構成は、 GENERAL PRINCIPLES（一般原理）に始まり、 TRUSSED
BEAMS（トラス桁）、 VIADUCT BENTS（陸橋構柱）、 CONTINUOS GIRDERS
（連続桁）、 ARCHES WITH TWO HINGES（両端ヒンジアーチ）、 ARCHES
WITHOUT HINGES（両端固定ヒンジ）、 SUSPENSION BRIDGES（吊橋）、
TRUSSES WITH REDUNDANT MEMBERS（不静定トラス）、 SECONDERRY
STRESSES DUE TO RIGIDITY OF JOINTS（節点の剛度による２次応力）である。
　各章においては、それらの構造および作用する荷重の基本形を定め、外力に
よって構造物の内部に生じるひずみエネルギーを求め、不静定応力を求めるた
めに最初から式を展開しなくても、該当する構造、荷重の種類および作用点等
があればそれを用いて以後の式の展開を行っている。実際の構造物には、該当
する条件がそろっていれば著書の式に必要な数値を代入し不静定応力を計算で
きるように工夫されている。
　すなわち、構造および作用荷重等の基本形の配列は系統的でシステム化され
ているために、計算に費やす時間と労力は最小限となる。さらに記述が簡潔で
分かりやすいのも類書にない特長のひとつである。
　米国において初めて最小仕事の原理が詳しく紹介されたのは1891年に発表さ
れた William Cain の論文であるといわれている(11)。

廣井博士の著書は英語で書かれた最初の教科書である。カスティリアーノが1879年にフランスで発行した著書が、英国の技術者によって初めて英語訳で発行されたのは1919年であり、1905年に刊行された廣井博士の著作が、簡潔で系統的に整理された実用的な内容によって英語圏に最小仕事の原理を普及させた功績は非常に大きいといわねばならない。この著作によって世界の橋梁学の権威と広く認められることになった。

この著書の特長は、専らカスティリアーノの最小仕事原理（principle of least work）によって不静定構造の解析を行っていることである。特に２次応力の解析においては、それまでに発表された種々の方法と比較し格段に労力と時間を短縮する方法を提案した。

> The author has made the exclusive use of the method of work as the simplest and the most direct way for arriving at the results.

すなわち、著者は専ら（内部または最小）仕事の原理を用いることが結果に到達する最も単純で最も直接的な方法であるというのである。そして合理的な方法で設計に費やす時間と労力を節約する効果がある（「Preface」）と主張する。

一般的に、最小仕事の原理を用いる解法は、直接的であるが時間と労力を要するために、モール、ミューラー・ブレスローら錚々たる工学者によって新しい解法が提案された。廣井はその問題点を解決するために「日常橋梁技術者が扱う不静定構造」に限定し、さらにそれを類型化し、外力についても同様に選択する方法を取った。すなわち、不静定構造および外力を実用に役立つよう選定・配列し解析したのである。

トラスの２次応力の解法は特に独創的である。三角形トラスを基本とし、部材の節点を完全剛結と仮定し各部材両端の曲げモーメントを未知数として解く方法で、カスティリアーノの第一定理を用いている。

トラスの２次応力の計算はさらに、その解法の精度を模型実験によって検証した論文 'On the Determination of Actual Stresses in a Metallic Bridge'（『東京帝

162 第1部 廣井勇の生涯

国大学紀要』第6冊第5号）にまとめられ、1913（大正2）年に発表された。以上
の一連の論文は米国で高い評価を受けた。

5－6 下関海峡架橋の設計—世界最長スパンのカンチレバー・トラス橋

欧米視察

1908（明治41）年5月、廣井は欧米各国の視察を命じられ、7月に米国に
渡った。かつて単身修行のために渡って辛酸をなめながら実力をつけていった
土地である。いろいろな感慨が浮かんだであろう。廣井は旧友を訪れ、研究を
語り合い米国を一巡した。この出張でカナダとの国境に向かい、未だ残骸が残
る最初のケベック橋の崩落現場を視察している。彼は次のように語った[12]。

　　　3年前、12月墜落したケベック橋は工学史始まって以来の珍事であり、
　　径間の長さにおいて将に世界第一たらんとした鉄道橋は一瞬の間に消失し、
　　現場に着いてそれを見ると、依然墜落当時のまま放置され、3万余トンの
　　鉄材は乱麻のごとく河床に横たわり惨憺たる光景を呈した。鉄道橋墜落の
　　原因は広く知られるように抗圧材の設計を誤ったことにほかならない。ケ
　　ベック橋の墜落は橋梁建設業界に一大驚慌を来し世界幾多の橋梁技術者を
　　心寒させた。

次いで欧州に渡りイタリアの震災地を視察し南フランスを巡って翌年3月ド
イツに着いた。廣井はベルリンに滞在して各地の土木工事を視察し、4月末、
ベルギー、オランダ、オーストリアの諸国を巡り、1909（明治42）年6月13日
シベリア経由で帰朝の途に就いた[13]。

この視察を通じ、廣井は米国の隆盛と欧州の黄昏を実感した。彼は視察から
帰った翌年、次のように講演した[14]。

　　　幸いにして過去20余年間における橋梁建設の歴史は大体において実地・

理論が並進し、その結果として我が国を除けば、各文明国は何れも施設の宏大さと計画の巧妙を誇るに値する橋梁を有するに至った。殊に米国にあっては、橋梁製作の仕事が長足の進歩を遂げている。

　そして米国の橋梁建設の特長として材料の進歩、工場の近代化、製作機械の精巧さと高能率化、橋梁製作のシステム化などを挙げている。

　　（鉄道橋の設計は、）総て鉄道会社自らその設計を行い、重大な工事にあってはなお専門顧問技師、いわゆるコンサルティングエンジニアを招聘して計画を進め、重量単位につき価格を協定して橋梁会社に製作を請け負わせるのが一般的である。橋梁専門技師は常に設計を研究し、会社は製作の方法を講じ、幸いにして両者の関係が円満であるのは昔から米国における橋梁建造の改良進歩の一大原因である。

と述べたうえで、

　　翻って欧州諸国における橋梁建造の趨勢を観察すると、進歩した理論の応用に汲々として設計の巧妙を争い、米国において普通建造する単桁のようなものは陳腐に類するものとして採用するのは極めて稀である。その結果として奇抜な結構を現出するに至ったが、そのため構造の簡単を欠き、応力、配材等の調査を困難にし、かつ不明に終わらせる傾向があり、外観のために橋梁の主眼である運輸交通の安全を犠牲にする所がある。
　　欧州における橋梁工場の状態を見ると依然として旧慣を脱せず、多少新規の器具を使用することの外、米国におけるような発展を呈するのは皆無と称しても過言ではない。結局欧州にあっては橋梁の製作を専業とする工場は極めて少なく副業とするものが多い。

とし、その理由は、

164 第1部 廣井勇の生涯

　　　米国における鉄道総延長が約24万マイルに達し、欧州諸国の全延長20万
　　マイルを抜き、ドイツのように鉄鋼工事が盛んな国においてさえ米国の４
　　大鉄工場のある年の生産合計３万２千トンに過ぎないためである。

と語っている。
　また廣井は当時使われだした白銅（ニッケル）鋼に着目し、

　　　従来炭鋼製結構の計算上、最大径間を2000フィートとしたのに比べ、白
　　銅鋼によれば優に2500フィートに増加することができる。要するに、今後
　　における鉄道橋の用材については白銅鋼の価格を低下させることとその抗
　　圧性に関する調査の結果を待って、将にそれが主となる時代に移ろうとす
　　るようだ。

と語った。廣井はその白銅鋼を用いて下関海峡架橋の設計を行うことになる。
　後藤新平は鉄道院総裁になると、鉄道の軌条幅をそれまでの３フィート６
インチから世界の標準軌条幅４フィート８インチ半に改築する計画を推進した。
東京・下関間を最初に改築し、その他の幹線に広げる方針で1909（明治42）年、
複数の専門家にその調査を命じた。それによって作成した案は翌1910年12月12
日に閣議決定され、予定経費４億5000万円、改築期間13年というもので、後藤
の考えでは世界の大動脈の一環をなすものであった[15]。
　1911（明治44）年４月、鉄道院において下関（関門）海峡を横断する橋梁およ
びトンネルの本工事に関する調査を始めることになり、下関海峡架橋の設計を
廣井に依嘱した。同年５月、廣井は門司に出張して架橋地点を海峡の最も狭い
早鞆瀬戸に決め、同年夏、測量を終えた。
　海に架ける長大橋建設の困難さは、世界の著名な橋梁技術者の蹉跌と橋梁崩
壊による犠牲者の物語を抜きには語れない。その物語はスコットランドの大き
な入り江に架けたテイ橋から始まる。

テイ橋の悲劇

　長大橋は鋼材の開発とともに発展した。1867年、シーメンスによる平炉鋼の量産が始まり、1874年、ジェームス・イーズ大佐が鋼材を部分的に取り入れたセントルイス橋（イーズ橋）を完成した。そして1889年、最初の大鋼構造物であるパリのエッフェル塔が完成して鋼構造の時代が到来することになる。

　1877年、70～75メートルの径間13個を含む84径間の錬鉄製トラス構造の鉄道橋が令名高いバウチの設計によって完成し、世界の驚異と謳われた。バウチはその功績でナイト爵を受け、さらに各488メートルの2径間を有する大吊橋をフォース架橋として設計中であった。1879年12月29日夜の激しい嵐の中で、たまたまテイ橋を渡っていた列車の乗客とともに橋は倒壊した。その原因は風荷重の取り方、材料の品質管理および現場の施工管理に問題があったためである。この時バウチはフォース湾に架ける吊橋を設計していたが、この事件で実現しなかった。

フォース橋

　1890年、フォース橋が完成した。521メートルの径間を2つ有する全長1631メートルのゲルバー・トラス橋である。ゲルバー・トラスとは、カンチレバー（片持ち梁）の張り出し部の先端を支点として、そこにトラス桁を載せた構造形式である。格点にヒンジを使って結合するため、その結合部の可動性を著しく損なうことなく、比較的厚さの薄い部材を補強できる。利点は、①その桁は簡単な力学計算が可能、②このヒンジによって結合された桁を用いると、たとえ支点が沈下したとしてもその影響を受けることが少ない、③開口部に完全な足場を作らなくても橋の建設が可能なこと、である[16]。

　設計者は当時40歳のベンジャミン・ベイカーである。彼は1840年、バス（Bath）の近郊に生まれ通常の工学教育をうけた後、サウスウェルスの鉄工所に就職、H・プライスの事務所で多くの実務経験を積んだのちロンドンに出てジョン・フォウラー事務所のメンバーになった。

　ジョン・フォウラーは1817年生まれ、鉄道橋の技師として活躍し1865年にイ

ギリス土木学会会長に選ばれた著名な技術者であった。フォウラーは若いベイカーを信頼し重要な仕事を担当させた。ベイカーはロンドンの地下鉄工事、エジプトでは鉄道建設、工場建設、灌漑などの仕事をこなし、アスワンダムのコンサルタントでもあった。

彼は、当時まだ新しい材料であった鋼鉄を5万1000トン以上使用し、また材料は常に冷間加工することなど施工方法を詳細に指示した。「細心の準備と熟慮そして断行」というのがベイカーの信条であった。4本の柱を組んだ3基のタワーの12の基礎にはニューマチックケーソンが用いられ、3基のタワーから張り出し架設が行われた(17)。最も心配であった風圧に対処するため、少数の大部材を用い外側のトラスに傾斜をつけて構造全体の安定性を増している。巨大な圧縮部材には円筒形を用い座屈に強い断面にしている。

ケベック橋の崩落と再挑戦

「フォース橋はあまりに安全を取りすぎて高価な鋼鉄の無駄遣いをしている」——当時米国において鉄道橋梁設計の第一人者であったセオドア・クーパーが批判を表明した。クーパーは年齢がすでに60を越えていたが、カナダ政府より架橋の許可を得たケベック・ブリッジカンパニーと称する貧弱な会社に招かれコンサルテイング・エンジニアとなった。

1900年、カナダ政府の求めに応じセント・ローレンス川を跨ぐ大カンチレバー（片持ち梁）トラスを設計したクーパーの胸には、フォース橋を超えたいという積年の思いが炎のように燃えていた。その支間長（径間の長さ）をフォース橋より100フィート長い1800フィート（549メートル）に変更した。しかし、クーパーは高齢で体力・気力が衰え現場に足を運ばず、さらに建設期限および予算にゆとりがないため実験的な設計研究をせず、あまつさえ設計の充分な確認を怠った。

1905年にアンカースパンの図面が大体できた時点で重量を精算していれば、仮定したものより30パーセント超過していることが判明し修正できたのであるが、翌年になって間違いを発見した時には取り返しがつかない事態になってい

た。その時点で橋梁は排斥すべきであるのに、クーパーは応力度の差は100分の10に過ぎないとして製作を続行させた。しかし墜落の原因は他にあった。

　組立てが進行し、アンカースパンの下弦材はコンタクトジョイントにより接合を進めていたが、密接しない1箇所とミッドウェブが直線にならないものがあり、8月末にそのミッドウェブが約6分ほど屈曲した。その原因について論争している間に、その屈曲が2インチ以上に増加したので、初めて工事の危険を感じクーパーに報告した。彼は工事の中止と修理を命じたがすでに遅かった。1907年8月29日、片持ち工法で長く伸びた主構は下弦材の座屈によって突然崩壊した。作業をしていた85人のうち74人の命と2万トンの鋼材はともに海の藻屑と消えた。ケベック橋のアンカースパンの下弦材が破壊した原因は、綾構（ラチシング）が不十分であったことである。

　廣井は「綾構が弱かったのは部材の製作中その剛度が小さかったことから認められることである。（中略）一般に抗圧材の綾構は普通の場合には設計上あまり重視しないものなので、その習慣により別段計算もせず、いい加減な設計をした結果この失態を演じた」と指摘し、「フォース橋では抗圧部材は円筒形で、あたかも汽罐の中に肋骨を付けたようなもので、当時抗圧部材の強度に関する知識は極めて浅かったので、円筒形を用いたのは実に設計者であるベイカー及びフォウラー両氏の卓見に敬服せざるを得ない」と述べている[18]。

　この事件を契機としてルトヴィッヒ・プラントルが組立部材の座屈問題に没頭したほか、フォン・カルマン、エンゲサー、ミュラー・ブレスロウ、チモシェンコほか多数の応用力学者が綾材・添材の設計、せん断力の影響などの座屈研究を行った[19]。

　「世界最長径間の橋」が崩壊した衝撃は瞬く間に世界を駆け巡った。カナダ政府は直ちに事故調査委員会を設置して事故原因の究明に当たり、翌年2月アメリカ土木学会会長チャールス・C・シュナイダーによる技術報告書「ケベック橋の設計について」を加えた報告書をまとめた。

　カナダ政府は1911年、再び架橋に取り組んだ。新しい橋のため技術委員会を組織し工事を監督させた。世界的権威ラルフ・モジェスキーを主査とする諮問

委員会の監督のもとで、セントローレンス橋梁株式会社がすべての設計・施工を受け持ち推進した。

　ラルフ・モジェスキーは1861年ポーランド生まれ。母の再婚で米国に移住しその後パリの the School of Bridges and Roads を首席で卒業し米国に戻る。「米国橋梁建設の父」といわれるジョージ・Ｓ・モリソンのもとで働いたのち独立。橋梁と鉄道の世界的権威。米国の最も偉大な橋梁建設者といわれる。ベンジャミンフランクリンブリッジ、サンフランシスコ―オークランドベイブリッジなど数十の橋を建設した。

　新しい設計では幅を88フィートとし、動荷重や風圧等の増加により、旧橋に比べ荷重は約２倍、フォース橋の約３倍に達した。

　廣井は「結構は Ｋ式と称し、その例は稀であるが種々の特長がある形式である。即ち(1)斜材が短いこと。(2)せん断力が２つの部材に分かれるので斜材が小さくて済むこと。(3)組立は１分格ごとに独立して終えることができるので作業が安全になること。この点は普通カンチレバー式橋梁の組立が危険であると職工が嫌うのを和らげる利益がある。(4)副応力（２次応力）が少ないこと」とＫトラスの特長を述べ、ゲルバートラスを採用したことについて、「新橋で改良されたのは組立の方法で、橋の中央まで主桁を伸ばすと多大な架設応力が発生するので、長期間不用の材を橋梁に存置する不利は甚だしい。サスペンションアームはカンチレバーアームの組立終了を待たず着手できるので落成を著しく早めることができる」と述べ、さらに新設計の主な特長を挙げている。

(1)アンカースパンおよびカンチレバーアーム上下の弦を直線にしたこと。
　　そのため多少外見を損ずるきらいはあるが、製作を容易にし継手を少なくする利点がある。
(2)部材の接合を全部リベットに頼り、衝頭に頼らなかったこと。もとより衝頭はできる限り精密にしたが、ただそれのみを信頼しなかったこと。
(3)ピンホールを弦材の外においたので分格点の構造を簡単にできたこと。
(4)ピンホールを長円形にして組立を容易にしたこと。

(5)ラチシングが直応力の100分の2に当たるせん断力に耐えるように設計したこと。これは約10インチの離心を仮定したもので、旧橋の3インチに比すれば多大の改良ということができる。

(6)カンチレバーアームおよびサスペンションスパンの大部分はニッケル鋼を用い、全体の重量を減じたこと。サスペンションスパンを1ポンド減じると、その結果として他の部分を約3ポンド減じる理屈から、全体において重量を4ポンド減少するわけである。

そして「部材は、特設した機械により最も緻密に仕上げたもので、工場設備が普通でないことは作工から推量できる」と述べている[20]。

橋の総重量は6万4700トン、現在においても世界最長の支間長を有するカンチレバー・トラス橋である。このように廣井はフォース橋および新旧ケベック橋に就いて十分研究しており、他の長大橋も詳細に調査して下関海峡架橋に臨んでいる。

下関海峡架橋の設計

廣井の設計した下関海峡架橋は、全長2980フィート（908メートル）、支間長1860フィート（567メートル）で、広軌鉄道複線、電車路線複線および12フィート（3.7メートル）の通路2条を配置し約80フィート（24メートル）の幅を有する。経済および美観上の見地から橋の形式を決定した。

廣井の提出した「下関海峡横断鉄橋設計報告」は、総説、架橋地点の地勢、設計の要点、上構の設計の仕法（一般荷重、撃衝、組立荷重、風圧、用材、単位応力度、局部）、荷重、鋼材、単位応力度、取付線、経費概算から構成される26ページの報告書である。特に撃衝および応圧部材については海外の資料も参考に、前者は観測結果に基づき、後者は炭素鋼柱およびニッケル鋼柱の強度試験より単位応力度を決定している。

アンカーアーム全部、カンチレバーアームのすべての下弦材など、重量を軽減する部分および厚さを減少しなければならない部分にはニッケル鋼を用いて

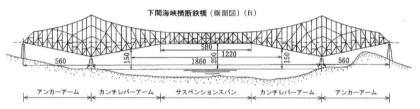

下関海峡横断鉄橋（日本橋梁建設協会編『日本の橋―多彩な鋼橋の百年余史（増訂版）』に加筆）

いる。トラスに使用する鋼の総重量は約5万5700トンである。フォース橋やケベック橋など1880年以降に建設した主要な橋を十分に研究したことが窺える。

　実現すれば世界最長のスパンを有するカンチレバー・トラス橋であったが、戦時に格好の目標物になることが十分予想されることから、経済性よりも防衛的見地を重視すべきであると主張する軍部の意見で実施には至らず、トンネル案が採用された。廣井も橋梁案に賛意を示さなかったと伝えられるが、米国で橋梁建設の修業を経て、欧米の視察を終え各国の状況をつぶさに見、肌で感じて帰国した廣井の視野は当時の日本人と同じスケールや感覚であったとは思われない。

5-7　港湾調査会

　1900（明治33）年6月、廣井は港湾調査委員に任命された。38歳になっていた。港湾調査委員会は内務大臣の監督に属し、「港湾の選定および其制度に関する調査を為し其他港湾に関する重要事項につき主務大臣の諮詢に応じ意見を開申す」（港湾調査会規則第1条）るものであったが、1903（明治36）年3月に廃止された。

　1906（明治39）年4月、内務大臣原敬は「港湾ニ関スル制度調査ノ件」を「実際の必要上、港湾に関する方針を一定せざる可からざるの時機に逢著せりと信ず。依て此際港湾の管理施設等に関し、一定の方針を定め制度の整一を計り、兼て主要港湾に於ける計画を立てざるべからず」として西園寺首相に請議した。同年5月、港湾調査会が内務省内に設立され、体系的な政府の方針が審議された。

港湾調査会により全国770余の港湾調査が行われた。この港湾調査会は翌07年、「港湾調査会官制」により内務大臣が会長となる政府公式の機関となり、廣井も港湾調査会委員となった。内務省から床次竹二郎、沖野忠雄、近藤虎五郎、帝国鉄道庁から平井晴二郎、大蔵省、逓信省、農商務省、陸軍から各1名、海軍から加藤友三郎ら4名、臨時委員として原田貞介、日本郵船および大阪商船から各1名、幹事は小橋一太、市瀬恭次郎であった。

同年10月、港湾調査会は重要港湾の選定と港湾経営に関する方針を最終決定した。「重要港湾」として14港を定め、(1)国に於いて経営し関係地方として共助せしむべき港湾として4港（横浜港、神戸港、関門海峡、敦賀港）、(2)関係地方に於いて経営し国庫から担当補助すべき港湾として10港（大阪港、東京港、長崎港、青森港、秋田海岸、新潟港、境港、鹿児島港、伊勢湾、仙台湾）に分類した。その残りの全国の港湾は(3)関係地方の独力経営に委すべき港湾、であった[21]。廣井は引き続き委員として重きをなした。

5-8 コンクリートの長期耐久性試験

1904（明治37）年には廣井のライフワークのひとつである耐海水性コンクリートに関する論文'Preparation and Use of Concrete Blocks for Harbour Works'を米国土木学会を通じて国際技術会議に発表した。その論文は函館港改良工事および小樽築港において実施したモルタル試験およびコンクリートブロックの製造方法について述べたものである。

コンクリートの耐海水性を向上させるのに火山灰は有用であるが、

英国式ブリケット（上）と独逸式ブリケット（下）
（「廣井勇の世界」所収）

抗張力試験機（小樽港湾事務所所蔵）

適切な製造方法を厳守すれば市販のセメントを用いて耐海水性を有するコンクリートを製造できると結論づけており、耐海水性コンクリートに市販のセメントは適さず、火山灰をはじめケイ酸を多量に含有する物をセメントに混入する必要があるとするミハエリスの学説に明快な結論を下した論文である。

それをベースに長期耐久性試験を実施し、『東京帝国大学工科大学紀要』に「セメント用法実験報告」(1913)、「せめんと用法実験」(1919)、'On long-time Tests of Portland Cement, Hydraulic Lime, Volcanic Ashes' (1920)、米国土木学会に 'On long time Tests of Portland Cement' (1913) の各論文を発表した。

コンクリートの長期耐久性は構造物の寿命および健全度を予測する上で必須の物性であり、上記の一連の実験はモルタルの配合設計と外的環境（空気、淡水、海水）の関係を、モルタルの抗張力強度の長期変化によって捉えようとするもので世界的にも希少な研究である。耐海水性コンクリートに係わる世界の主要論文を収めた米国土木学会の 'Discussion on Disintegration of Cement in Sea water' (1924) には、廣井の際立った研究成果が引用されている。

5 - 9　波力および波エネルギーの研究

1911（明治44）年、千葉県大東岬において波力の計測および波エネルギーの実験を開始した。前者は既述したように、正確な波力を推定するため独自に開発した波力計を用いて計測が行われ、1919年に 'On a Method of Estimating the Force of Waves' と題し、『東京帝国大学工科大学紀要』に発表された。廣井は波力の算定について現状を次のように述べている。

波浪の力に関する知識は港湾工学上関係するところがはなはだ大きいにもかかわらず、未だ頗る幼稚な状態にあり、防波堤その他波の進行を遮ることを唯一の目的とする工作物の設計をするにあたっても厳密な計算を行わず先例等によることが多い。ステベンソンが彼の著作に記述した観測を行って以来、大洋の波浪の作用を研究したものは著者の記憶するところでは比較的少数である。（中略）

防波堤その他この種の工作物を設計するには、まずそれを襲おうとする最大波浪の力を知らなければならない。そのような波浪の高さ、長さ等は長期間の観測によってのみ得られるものであるが、多くの場合それを欠いている。したがって、わずかに実験公式を用いて対岸距離（フェッチ）、水深、地形より推定するか、信頼すべき資料を有する類似の地点との比較より推定するほかない。

水面の波動運動を説明する理論は微小振幅波理論と有限振幅波理論に大別される。水深に比べ波高が十分小さい場合には、線形方程式を仮定する微小振幅波理論が適用できるとされる。しかし風波が発達したうねりでは正弦波と異なり、波の峰がとがり、谷が平坦な波形になることから有限振幅波を適用しなければならない。有限振幅波の解析法をさらに浅海域まで拡張して有限振幅波理論が体系化された。

廣井は有限振幅波のひとつであるトロコイド波の厳密解を展開して波力式を導いた。その場合、砕波が直立面に作用する力を、射水が直立面に衝突する圧力と同定する。波力は海面付近で最大となり水深が増すにつれ急速に減少するが、その全波力を、作用する面に均等に分布する力に置き換えた波力式である。したがって、廣井式によって算出した数値を波力が作用する面積と掛け合わせると、実際に直立面に作用する全波力と等しくなる。

その波力式は廣井が小樽築港において設計に用いて以来、全国において利用され十分な実績を有していた。廣井は波力式の精度を上げるため正確な波力分布を求めようと、小樽港の南北の両防波堤に独自に開発した波力計を設置し長

年にわたって記録を取り研究を進めてきたが所定の成果を得ることができなかった。そこで、現時点において設計に供することができる実用的波力式は当該式しかないとして発表した。

廣井式は防波堤の直立面に作用する砕波の波力式として我が国において長く用いられた。少なくとも1967（昭和42）年4月に運輸省港湾局（現、国土交通省港湾局）が組織した「調査設計標準委員会」より出された「港湾構造物設計基準」においては、当該式を標準と定めている。

後者は海洋から絶えず打ち寄せる波の力を有用なエネルギーに変えようとする実験である。今日の波力発電に繋る先駆的研究であり、我が国においてこの種の研究の嚆矢ではないかと思う。

論文の緒論で研究の目的を次のように述べている[22]。

　　風で起こされる波は絶えず海岸に押し寄せている。その運動や破壊作用について物理学者や技術者により研究が進められているが、波の持つエネルギーに関心を持つ人は少ない。（中略）極めて静穏な天候の日でも波は

大東岬での実験サイト（「海洋エネルギー利用技術」所収）

海岸に打ち寄せ、その持つエネルギーは海岸線1フィート当たり3分の2馬力以上のエネルギーを有している。1,500マイル（2,414キロメートル）以上の海岸線を有する太平洋岸でも少なくても500万馬力（373万キロワット）以上のエネルギーがただ海岸の破壊作用にのみ使われている。今後の工業化のさらなる進展を考えると、石炭・石油をさらに莫大に採掘しなければならず、水力も無駄のない利用が促されていることを考えると、将来新たな動力源が必要になると認識するに至った。

その成果は、前者の論文と同じ年に 'An Experimental Determination and Utilization of Wave Power' と題し、『東京帝国大学工科大学紀要』に発表された。

廣井は世界的にもかなり早くから自然エネルギーの活用に着目していた。1925（大正14）年には「朝鮮の西海岸に於ける潮汐の利用」を発表している。

5-10　調査・監督等の活動

廣井は東京帝国大学教授の傍ら、鉄道院、韓国政府、高知、青森、秋田の各県などの委嘱を受け港湾の調査・設計の監督、あるいは北海道渡島水力電気工事、鬼怒川水力電気工事などの顧問となり指導に当たった。そのハードな活動を廣井の著作『日本築港史』に基づき追ってみる。

高知県の港湾視察

1904（明治37）年から1909（明治42）年まで北海道渡島水力電気工事の顧問となっていたが、1906（明治39）年12月より1908（明治41）年1月まで高知県知事の委嘱により同県下の港湾を視察した。その折、廣井は野中兼山の築港について研究し、特に水域面積の小さな漁港の静穏を確保する防波堤の配置や漂砂についての知見を得ている。

廣井は著書『日本築港史』において、野中兼山の事跡について次のように述べている[23]。

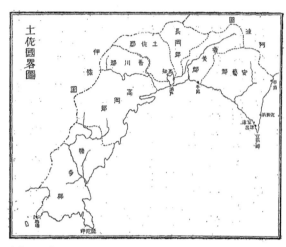

土佐の国略図（『日本築港史』所収）

野中兼山良継は土佐藩の家老、山内勘解由の嫡男であり、父勘解由が訳あって土佐を退去し流浪中に元和元年播州姫路に生まれ、のち姻戚である野中玄蕃の養子となった。玄蕃は土佐侯の執政で藩政に参画し、その権勢は同列の家老の上にあった。このような権門の出となった良継は寛永13年、父玄蕃が亡くなって家を継ぎ、22歳にして執政となり、在職27年の間、政治、経済、各種の殖産事業に全精力を傾けたが、遂に家老の弾劾を受け、寛文3年7月職を退き、同年12月没した。行年49歳だったという。

太平洋沿岸にあっては仙台、東京、駿河、伊勢の4湾を除くほかは、本土の沿岸にはもともと往来が頻繁な港津はなく、宮古、荻の浜、女川等のような天然港があるといっても、後方地に交通の便を欠き商港にまで至らない。また前記4湾内の諸港においても施設として見るに値するものもなく、わずかに千葉県外川において築造の時代がはっきりしない一つの小船入場があるにすぎないようである。

ただ土佐国の沿岸においては、規模が小さいと言っても大海に向かって開かれた地において施設した築港工事があり、今なお存在する。これこそ有名な野中兼山の功績であり、その築設は今を去ること270余年の昔である。

そもそも土佐国の地は、北は連山によって伊予阿波と接し、陸上の連絡は有るようでほとんど無い状態で、運輸交通はもっぱら海路によらなけれ

ばならないのにもかかわらず、須崎港を除くほかは天然の良湾は極めて少なく、特に浦戸以東においてはほとんど無く東に向かう船舶が最も苦痛とする所であった。思うに幕府が鎖国政策を採り大船の建造を禁じる

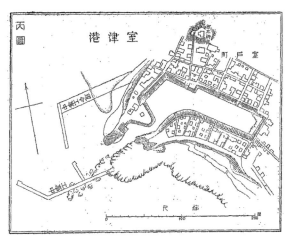

室津港平面図（『日本築港史』所収）

と同時に船底を平らにさせた当時にあっては、外海の航運は非常に危険で、ひとたび天候が険悪になるのを予知することがあっても避難する港湾がないので、暴風と怒濤のため転覆して沈むことを免れることが出来ないからであった。

　兼山が施した築港工事は土佐国の海岸の数ヶ所にあるが、その主なものは浦戸以東にあって、最も古いものは年月がはっきりしないが、安芸郡佐喜浜にあったようである。その次が手結港の改築で、その竣工は明暦元年（1655年）である。しかし最も顕著なものは津呂、室戸の両港であり、前者は寛文元年（1661年）に完成し、後者はその翌年に起工したが、竣工は兼山の死後16年であった。

　室津港（旧名室戸）　津呂港の規模は面積がわずかに2500坪〔8265平方メートル〕にすぎないので多数の船舶を収容することができない。しかも周囲の土地が高く拡張が容易ではない。その上、風浪に際しては船舶の出入、繋泊共に困難なので西方約1里〔4キロメートル〕をへだててさらに一港を築造した。これがすなわち室津港である。

本港修築の設計は兼山自ら行い、津呂港完成の翌月（寛文元年4月）起工し、市来権兵衛に担当させ、延宝7年〔1679年〕、すなわち兼山の没後16年に完成した。

室津港は丙図に示すように面積は約5000坪〔1万6530平方メートル〕に達し、さらに内外に区分され港口には左右に突堤を築き、まずそれによって波動を減衰し、港口を通過するとすぐに前港において波動を低減し、本港に入るのに先立って幅をすぼめて狭くし、また内と外の港心の方向を異にして波向を転換させ、それによって港内を静穏にしようと期待するところ、その他港口の位置を定めるにあたって港内の水深の維持と船舶出入の便を考えあわせる等、その用意が周到なことは津呂港の設計と比べると一段の進歩を認めるものである。

室津港も津呂港のように陸地を削入したものであるが、周囲の土地が高くないので土木工事が多大でなかったことと昇降に便利である利点があった。

港内の水深は初め干潮面以下8尺〔約2.4メートル〕であったようである。それが今日なお4尺内外あり、しかも50年来、浚渫したことがなくてこの水深があるのは地勢がそうさせるに外ならない。

本港各部の構造に至っては津呂港と同様に特段見るに値するものは極めて少ない。思うに、両者を修築する当時にあっては起重機および潜水器のたぐいがなく全て人力によって岩盤を砕き、また転石をひろい集めて積み重ねたにすぎない。しかしながら波動に対し、用材の軽重および配置を十分に適応させることによって永く波力に対抗して完全にしたことは注目すべき点である。

仁川港の埋築調査[24]

1906（明治39）年6月、韓国政府の委嘱により廣井は仁川港の埋築に関する調査を監督した。

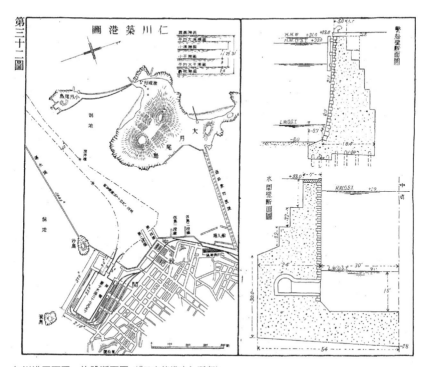

仁川港平面図・施設断面図 (『日本築港史』所収)

　仁川港泊船渠は東洋における唯一の複門式閘船渠であり、その創意は珍らしい未知のことに強く気持ちがひかれたことによるのではないかと疑う者がないわけではないが、本港は世界有数の潮汐が著しく大きな地であるので、初めから当然の施設である。ただ水閘の工事が立派で大きいのに比べ得るのは、わずかに延長64間〔約116メートル〕の繋船岸にすぎないが、それもまた今後の貿易の発展に伴い比較的小額の工費をもって容易に拡張できる利点がある。

　施設の細目については大体適当であるが、月尾島を連絡する北防波堤および沙島前後の長堤は、その高さを満潮面上にしたことは入潮を阻み退潮の利用を完全にしない疑いがあって、その利害はさらに考えを究める余地

180　第1部　廣井勇の生涯

がある。

室蘭港の埠頭設計監督

1907（明治40）年5月より翌年6月まで、日本製鋼所の委嘱により室蘭港における埠頭の設計を監督した。

『日本築港史』は室蘭港について以下のように付言している[25]。

　　室蘭港はその面積においては実に世界有数の港湾であり、一地方としては広大過ぎるので大いに港内に埋築を許し工業を誘致し、港湾都市繁栄の策を実行する余地があるけれども、その案配が適当でない場合には枢要の地区を私有にしてしまい、港湾の運用に妨害となることを免れないので深く考慮を必要とする。

　　港口の幅200間は港内の静穏を期待する上では過大であるけれども、また該地方は季節により風雪、濃霧が頻々として起こり入港を困難にする点についても考えなければならない。

　　本港は勢力範囲が広く、かつ太平洋に面し内外の諸港に対し航路が短かく直線的で将来北海道第一の商港になる要素がある。

青森築港の調査監督

1907（明治40）年5月より1909（明治42）年3月まで青森県知事の委嘱により青森築港に関する調査を監督したが、廣井の設計によらず知事が独断で設計したため遺憾な結果となった。『日本築港史』は次のように述べている[26]。

　　明治37、38年日露戦役の結果、本港の貿易は急に増加し、39年、制限貿易港（大正11年制限を撤廃して開港とした）に指定され、築港の必要はますます切実となり、40年、知事西沢正太郎は工学博士廣井勇に委嘱して修築の設計をさせ詳細な報告を得たが、当時その規模が過大であるとして、実行に努めないで中止となった（同設計は図に点線で示すように防波堤で外構を造

ることにあった)。

　しかし築港はなおざりにすることができないので、規模を縮小して大正３年、工費は予算の半額の国庫補助を受け県費を加え、総額150万円をもって６ヶ年の継続事業として起工の認可を得た。

　その設計は知事武田千代三郎自らが行い、同案が港湾調査会に提出されると規模が狭小すぎ、このような計画は重要港に適さないことを論難する者があったが、遂に成立して実行され後悔を今日に残すことになった。

　青森港は本土より北海道および樺太〔サハリン〕に渡航する発着地である。また陸奥1600余方里〔約２万4700平方キロ〕の後方地に対し輸出入の要衝にあたり、外は沿海州および北アメリカの西岸に最も近く海陸運輸の便が極めて良く、それ以来その貿易は長足の発達をとげ、最近（大正14年）の調査によれば１ヶ年の入港商船は6300隻、428万登簿トンを数え、輸出

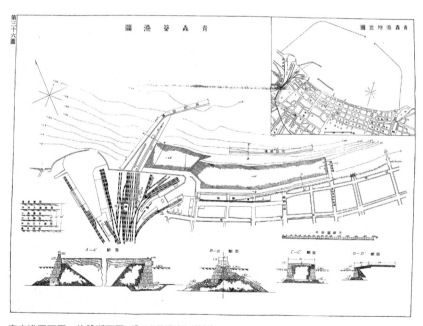

青森港平面図・施設断面図（『日本築港史』所収）

入貨物の量は140万余トンに達し将来ますます増加しようというなりゆきにある。

そのようなわけで、本港を完全に修築しその機能を発達させることは、単に北地の開発を期待するのみにとどまらず、本邦対外貿易の進捗に役立つところが多大であろう。

しかし現状にあっては大船に対する唯一の設備は鉄道省が専用するもので、一般荷役の不便は昔の状態と異ならない。本年1月の暴風に際しては、連絡船などは長時間の仮泊を余儀なくされ、海陸の交通は全く杜絶した状態であった。その他は推して知るべく、本土北端唯一の重要港としては現在の施設は不十分なところが多く、修築工事の拡張を始める必要は今や眼前に迫っていると言うべきである。

船川築港の調査監督[27]

1907（明治40）年8月から翌年6月まで、秋田県知事の委嘱により船川築港に関する調査を監督した。『日本築港史』によると[27]、

船川港は秋田県男鹿半島にあって昔、人家がまばらな一寒漁村であったが、日本海における航運が発展するようになると風浪に際しここに避難するものが多く、また本県の要港である土崎と相対し艀により両港間の輸送が行われることから明治10年の初め、既に市街を形成し当時早くも築港を唱導する者があって港湾の実測を行ったことがあった。

明治30年、土木局長古市公威が本港を視察し、続いて32年、技師近藤虎五郎もまた来港し本港修築の必要を報告した。しかし当時、気運が未だ熟せず政府が審議するところとならず、のびのびとなり空しく歳月が流れた。

40年、県知事下岡忠治は大いに本港修築の必要を認め、技師牧彦七に詳細な調査を行わせ、工学博士廣井勇に頼み修築の設計を立案させた。

船川港は陸上の平地が狭隘で、しかも用水に乏しく容易に大市街を成立させることができる所ではない。また本港は鉄道の本線と7里〔約28キロ

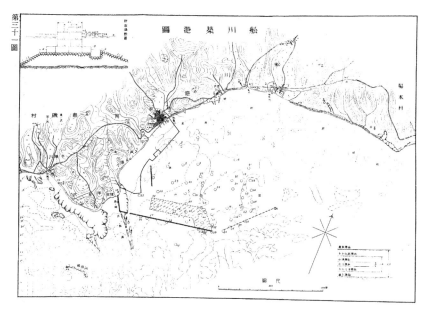

船川港平面図（『日本築港史』所収）

メートル〕離れ支線により連絡し、後方地に対し輸送がまわりくどいことを免れない。元来、修築の目的は土崎港の外港にすることにほかならないので、将来、土崎築港が成ればその功用は今日のようではないだろうが、本港は日本海の航路に近く寄航に便利であるので港勢が衰退するようなことはないだろう。そういうわけで、その修築にこれ以上多大な工費を投じる必要はないが、既定計画は実行し、特に島堤は施工し港内のおおい守りを完全にすべきである。

鬼怒川水力電気工事[28]

　1910（明治43）年から1914（大正3）年まで鬼怒川水力電気工事顧問になった。当該工事は当時の一大難工事であったので、鬼怒川水力電気工事の利光社長は東京帝国大学にその指導を依頼し、大学側は廣井博士を適任として推薦した。
　廣井はその事業が個人の営利的なものではなく国家的大事業であるという考

184   第1部　廣井勇の生涯

えから受諾し完成させた。廣井は鬼怒川水力電気工事計画について、

　　鬼怒川水力電気第一期工事既成の設計は、鬼怒川の本流を黒部村付近に
　於て堰き止め、5億300立尺の有効水量を滞貯して、同所に於ける最少流
　量毎秒260立尺に40立尺を補い、以て平均300立尺の流量を得、延長4900余
　間の水路を経て藤原村字石渡戸付近に於て785尺を落下せしめ、以て2万
　6000余馬力を発生せしめんとするにありて、之を現地の状態に就き査察す
　るに、貯水池の位置、水路の本線、調整池及発電所の配置等何れも其の撰
　定大体宜しきを得たるものと認むるものなり、唯だ流量及工費に関し変更
　を要するものなり。（中略）流量毎秒300立尺を得るには、貯水約7億立尺
　を要し、且つ同期間に於ける蒸発及滲漏を2千万立尺と見積もるときは総
　貯水量約7億2千万立尺に達し、既成設計の堰堤の高さに更に20尺を加う
　るの必要ありとす。

と結論している。

　上記の工事完成に際し、利光社長はその労を謝すため金一封をもって廣井を
訪ねたが、「鬼怒川水力電気のような事業は、個人の営利的なものではなく実
に国家的大事業である。このような事業に対しては決して謝礼には及ばない。
もし費用に余裕があれば、その金をもって工事を一層完全にされたい」と言っ
て受け取らなかった。

　廣井は、浅野総一郎が起業して今日の京浜工業地帯に繋がる鶴見築港に関与
した例に代表されるように、私企業の事業であっても国家的に重要と思われる
ものには協力を惜しまなかった。

　1910（明治43）年12月、南満州鉄道会社の委嘱により、大連、旅順、営口等
の諸港を視察した。

鶴見築港[29]

　小樽築港を機縁として浅野総一郎は廣井の指導を仰いでおり、鶴見港の設計

にも関わった。現在、川崎港の一部を構成しているが、鶴見港は横浜港に隣接する一大工業港であった。

1912（大正元）年、浅野総一郎が組織した鶴見埋築会社により、1913（大正2）年、鶴見川口より川崎町地先に至る沿岸延長約450メートル、面積約496万平方メートルの埋築工事が行われ、造船、石油、製粉、電力、電灯、木工、ガラス、諸機械等の事業用地が造成された。ここに、戦後の高度成長を支えた臨海工業地帯の原点がある。

廣井は『日本築港史』において次のように述べている。

　　工業港は由来は欧州に起こり、特にドイツ国内において盛んに施設し、殊にライン河畔にあるものが非常に多く、その目的は水運により低廉な原料を移入して加工し後方地に向かって搬出し、また一方工業が興ると上昇する土地の価格により工事費を償却するもので、施設する地の選定が適当であれば目標通りの効果が上がるのはほとんど疑いないものである。

　　我が国にあってはこの種の起業は稀であって、鶴見築港のように規模が大きいものは最初である。

　　欧州の工業港は、一般に河畔を掘込んで船渠を設けることを常とし、土地の原価に工事費を加えるのに比べ、鶴見港などは全て海面の埋立により所要の土地の面積を得るものなので、埋築費を主とし、しかも施工が簡単であり利得は非常に多い。

　　鶴見築港の一大成功は、位置が京浜の間にあって自ずから工業地としての要素を有し、それに加えて工事が容易なことにある。この両条件はおよそ工業港施設の地に欠くべからざるものである。

1915（大正4）年5月から翌年10月まで東京府知事の委嘱により六郷と千住の両公道橋を設計した。当時、鉄道橋以外、径間の長い公道橋はなかった時代であった。2個の井筒式橋脚に架けたS字型の3連橋であるが、財源がないために実施に至らなかった。

門司港および若松港の載炭設備調査

1917（大正6）年7月より8月まで鉄道院の嘱託として門司および若松両港における載炭設備に関し調査した。

『日本築港史』は両港について以下のように付言し、門司港については石炭積込みの機械化、施設のシステム化を強く訴え、若松港については国にとって重要な港湾であるにもかかわらず1企業の経営に任せている国の政策を批判している[30]。

　　門司港は内海航路に接近し、船用炭の積込みのため寄航に至便の地なので、内外船舶で本港に自用炭の供給を仰ぐものが非常に多く、近年その量が多少減少の傾向があるといっても従来1ヶ年100万トンを下らない。しかし、それに対する何の施設もなく、その積込みは大体人力によっていて旧い習慣を脱しないのは、今日一般機械力を応用するという時流にあわず、時間の浪費、はたまた人道上の体面から考え、炭業者が良法を講じないのを残念に思う。

　　繋船壁工事はすでに完成に近く、進捗には見るべきものがあるが、陸上施設がそれに伴わないのは関連工事であって、経営者を異にすることは不利である感じがないわけではない。

　　若松築港工事は、営利事業として一大成功であることを失わない[31]。しかも、比較的小額の工費によって多大の成績をあげたのは、主として地勢が適していたことと経営が適当であったことによるものである。特に最も気づかった海峡の潮流は多量の土砂を輸送しないのみならず、海底にははなはだしい移動を生ずることなく、外海に対しては六連その他の群島により半分はおおい守られ、軽易な工事であっても維持が容易であるという利点がある。

　　もともと若松港は私営の税港であり、突堤の延長が全長の3分の1以上で航路および港内の水深が干潮面以下8尺〔約2.4メートル〕以上に達した時より港銭の半額を、また突堤が300間〔約545メートル〕以上、水深10

尺〔約3メートル〕以上に及んで全額を徴収し、満31ヶ年に至って半額に
低減し、60ヶ年を満期とする特権を付与され、以来積載量に対し大小の船
舶に課料したので、港湾修築以前から出入した小船は、それに対し抗告し
た。その結果であろうか、31年11月港銭率を改正し今日に至った。その港
銭率は貨物1トンに対し3から10銭であり、大正12年の報告によれば1ヶ
年約39万円である。

　本港のような重要な港津において永く一会社に港税を徴収させ、工業の
発達を阻害するようなことは政策が適当であるとすることはできない。

　本港は主として出炭港として益々その効用を発揮すると同時に、製鉄所
に対してその門戸であるという理由から、今後航路および港内を増浚して、
現時門司港に碇泊して艀によって連絡する大船を出入させる必要がある。

5-11　将来の港湾

1914（大正3）年11月、土木学会が創立された。工部大学の卒業生が集まっ
て1879（明治12）年11月に創設した工学会では、社会の進展に伴って各専門の
学会が分離・創設され、土木工学のみが取り残された形となっており学会の設
立が待たれていた。廣井は中山秀三郎とともに発起人として尽力した。初代会
長は古市公威、廣井は第6代会長に推された。

　土木学会第6回総会における会長講演において、廣井の講演が代読された。
廣井は樺太庁長官永井金次郎の委嘱で、樺太島における築港地を選定するため
に港湾調査で出張していた。

　講演内容は我が国の港湾の将来について概略次のように述べ、我が国を代表
する大港湾としての神戸港にアジアの代表港としての希望を託している(32)。

　　河港は緩流で水深が深くかつ氾濫が希な河川において、潮汐を利用し河
　口より船舶を内地に遠く遡らせ泊船渠に入れる施設であり、その数は多く
　はない。加えて大形の商港としては今や古くなって壊れ使えなくなろうと
　するものが少なくない。したがって将来造るべきは海港である。陸上輸送

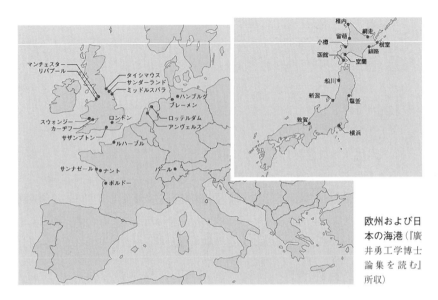

欧州および日本の海港（『廣井勇工学博士論集を読む』所収）

の汽車と船舶の運賃差および同じ島国であるイギリスにおける港湾所在地の距離に鑑み、近海港は将来、地方産業の発達に伴い増設すべきで、その所在地の間隔は漸次短縮されるであろう。

　遠洋港については通常一国に1、2港から3、4港しかない大港湾であり、我が国では横浜、神戸、支那では上海、イギリスにはリバプール、サザンプトン、フランスにはマルセーユ、ル・ハーブル、アメリカにはニューヨーク、サンフランシスコである。このような港湾では最大船舶を収容できる上に諸般の設備を完備して海外貿易の主要な機関である任務を全うしなければならない。

　大船の容量はますます増大する傾向にあり、造船家・築港技師の所見では近い将来において吃水は12.2メートルに達することで一致している。

　遠洋港の築造および設備において今後考慮すべきものは多いが、特に開船渠の築造、沿岸道路の制限、貨物移送方法の改良が重要である。パナマ運河は12.2メートル、スエズ運河は9.5メートルまで増深した。

　今や東洋における貿易は著大な発達を呈し、アジア大陸を後方地として

洋外の諸国に対し、将来、貨物の集散を専らにすべき港湾は果たしてどこかというのは極めて興味のある問題にして全世界が注目するところである。神戸はその位置および地勢ともに本邦および大陸に対し適切であり、過去における発展は将来を占うのに十分である。国家財政の許す限りにおいて速やかに拡張を図り、設備を完全にして東洋第一の港湾たらんことを切望する。

　廣井の築港に係わる港湾の将来ヴィジョンは港湾経営の近代化と直接結びついている。それによって国を富ませ国民の生活を豊かにすることを目標とした港湾論である。

　世界経済は刻々変化するため、輸送する船舶の動向やそれに対応しようとする各港の経営戦略に注目しながら、港湾の修築と陸上施設の整備を進めていく必要がある。

　昭和初頭、我が国の重要港は1種と2種に分かれていた。1種が横浜、神戸、敦賀、関門の各港であり、修築は主務省の直轄により原則国費で実施された。2種は青森、塩釜、清水、大阪、四日市、名古屋、船川、新潟、境、長崎、鹿児島、那覇の各港であり、修築は地方庁が担当することが原則で、工費は地方費で支弁し国庫より半額が補助された。北海道および植民地の港湾は別で、所轄する行政庁が管理し、その費用は国庫の負担とされていた。

　廣井は国内の港湾の管理、経営等について次のように述べている。

　　要するに、商港は国有とし特に設ける特別の機関により管理、経営させて運用を便利にし、かつ出来るだけ課料を低減すべきである。因習が長く続き一朝にして改善が困難なものは徐々に行い、特に一国の門戸である重要港には国力の許す限り改良を行い設備を完全に整備し、貿易を誘致するよう努めるのは一般の方向である[33]。

　上述の文章の後半部分について廣井が繰り返し主張していることがふたつあ

190 第1部 廣井勇の生涯

る。ひとつは港湾経営の近代化、具体的には陸上設備の妨げとなる因習につい
てである。係船岸の効用を完全にするには貨物の積卸しおよび運搬などに必要
な陸上設備を完備しなければならない。欧米の商港においては命脈に関わるこ
とが多いので先を競ってその完備に熱心であるのにひきかえ、我が国では横浜
に続き神戸、大阪、基隆、釜山等において整備したが、荷役における長年の習
慣を一朝にして改変することが難しく、未だに新規の設備を活用できないでい
る。それは熟練した仲仕（Stevedore）が反対するためであり、旧習を破れなけ
れば無用の長物になることを述べている。

　もうひとつは集中投資についてである。フランス政府と人民が港湾修築の事
業を重視し費用を投じることを惜しまなかったが、ドイツのハンブルク、ベル
ギーのアントワープにおけるように全力を主要港に集中する政策をとらず、沿
岸諸港に分配して、ひとつの設備も完成できなかったために、全世界に航運事
業が著しく発達したにもかかわらず、フランスの諸港を利用する船舶の増加が
微々たるものであった事例を引いて注意を喚起している。

　廣井が土木学会会長として表明した「将来の港湾」においても同様の趣旨が
欧米の例も引きながら詳しく述べられており、一国の門戸である重要港湾とし
ての横浜および神戸、とりわけ東洋の代表港湾を目指して神戸港が成長するこ
とを期待して結んでいる。

　注
（1）北海道大学付属図書館所蔵写し。
（2）土木学会土木図書館委員会・土木史研究委員会『古市公威とその時代』土木
　　学会、2004年11月、104頁。
（3）日本橋梁建設協会『日本の橋―多彩な鋼橋の百余年史』朝倉書店、1994年6
　　月、40頁。
（4）同上、38―39頁。
（5）田中宏「ケベック橋事故始末記」『橋梁と基礎』2000―10、40―41頁。
（6）故廣井工学博士記念事業会『工学博士　廣井勇伝』工事画報社、1940年7月、

59―60頁。

（7）同上、62―63頁。

（8）廣井勇『日本築港史』丸善、1927年、370―373頁。

（9）廣井勇「橋梁示法書」『工学会誌』第19輯217巻、1901年

（10）廣井勇「欧米の鉄道橋に就て」『帝国鉄道会会報』第11巻第2号、1910年、94頁。

（11）RICHARD M. CASELLA: National Historic Context and Significance of the General Sullivan Bridge Dover, New Hampshire, Preservation Company Kensington, New Hampshire and New Hampshire Department of Transportation Concord, New Hampshire, 2005.

（12）廣井前掲「欧米の鉄道橋に就て」95頁。

（13）故廣井工学博士記念事業会前掲書、67―68頁。

（14）廣井前掲「欧米の鉄道橋に就て」91―97頁。

（15）御厨貴編『後藤新平大全』藤原書店、2007年6月、53頁。

（16）ベルト・ハインリッヒ編著『橋の文化史』鹿島出版会、1991年、268頁。

（17）田島二郎「BAKER, Benjamin」『土木学会誌』。

（18）廣井勇「クエベック橋の墜落について」『造船協会雑纂』第14号、1918年4月。

（19）田中前掲、45頁。

（20）廣井前掲「クエベック橋の墜落について」。

（21）土木学会土木図書館委員会・土木史研究委員会『古市公威とその時代』土木学会、2004年11月、129―130頁。

（22）廣井勇工学研究会編『廣井勇工学博士　論集を読む』寒地港湾技術研究センター、2014年、144頁。

（23）廣井前掲『日本築港史』6―8、13―15頁。

（24）同上、293頁。

（25）同上、335―336頁。

（26）同上、308―312頁。

（27）同上、285―289頁。

192　第1部　廣井勇の生涯

（28）故廣井工学博士記念事業会前掲書、69—70頁。

（29）廣井前掲『日本築港史』300—301頁。

（30）同上、322—323頁。

（31）同上、111—112頁。

（32）廣井勇「将来の港湾」『土木学会誌』第6巻第1号。

（33）廣井勇『築港　後編』第5版、1937年3月、479—480頁。

第6章　東京帝国大学退官後

6－1　東京帝国大学退官

　東京帝国大学の教授会において教授停年制の制定について諮られた時、廣井は激烈な反対を唱えた。「生きている限りは仕事をする、仕事ができなくなったとき、その時が自分の死ぬ時である」という信念を持っていたが、それは自分の出所進退は自ら決するものであり、その覚悟を持って日々精進しなければならないという自覚を、特に人を教え導く教授は持つべきであるという主張であったとみて大過ないだろう。小樽築港における危機の際に顕した決意、またケベック橋の墜落原因について造船協会で講演した際に、設計者のクーパーを「日本人なら腹切りでもして己が不明を天下に謝する所であるが、今尚ニューヨーク市の某所に老を養っている」と厳しく指弾した廣井である。

　しかし多数決で停年制が教授会を通ると、その支配を受けることを潔しとせず、停年まで3年を残して辞表を提出した。辞表には健康を損ねたとして医者の診断書を添えてあったが、それが却下されると再び診断書を添えて辞表を提出した。東京帝大卒でない者が教授の席にいるという学閥レベルの話に廣井が嫌気がさしたということではないだろう。世界的スケールで事柄を考え、日本を品格ある豊かな国にすること、それこそがシビルエンジニア廣井勇が目指したものであったからである。辞表は廣井の矜持とみてよいのではないかと筆者は考える。

　1919（大正8）年6月14日、東京帝国大学を退官した。翌年、勅旨をもって東京帝国大学名誉教授の名称を授ける。

　廣井の生活は退官後も、大学に行かないほかは、いつもと変わらぬ規則正しいものであり読書に余念がなかった。来訪者も多く廣井も快く応接した。

　しかし大学退官の後も公的生活から退くことはなかった。1920（大正9）年11月には文部省が設置した学術研究会議の評議員に任命された。学術研究会議

は科学関係の学者を中心とする会で、毎年1回欧米において国際的総会が開催され、日本も代表会員を出席させることになっていた。また各国専門の論文抜粋を編纂しており、廣井は我が国土木工学関係の論文から抜粋して英文とすることに努力を払った[1]。

6-2　上海港改良技術会議

　1921（大正10）年、廣井は支那上海港改良技術会議に日本代表委員として出席した。上海港は当時、人口70万人の国際都市上海を背後に控え、中国第一の大河である揚子江に河口近くで合流する黄浦江にあった。上海港は全支那の外国貿易の約半分を占める世界屈指の国際貿易港であり世界各国の船が寄港していた。黄浦江の改修については、潮流の速度を均等にして土砂の堆積を少なくし浅所を浚渫することであり難しいことではなかった。難題は揚子江口に広がる浅瀬であった。揚子江は河口で2支流に分かれ、北側の支流（北水道）は変化が激しくかつ水深が一定せず屈曲が多く航路に適さなかったので、やや一直線で変化が比較的少ない南側の支流（南水道）が航路となっていた。しかし南水道の外端にフェアリーフラットと称する巨大な砂州があり、その水深は小満潮において約8.2メートル、大満潮において約10メートルあり、通常、毎日2回、約3時間にわたり約7.9メートルの水深があるので、現時点で甚だしい不便は感じないが、世界大商港のひとつとして喫水が9.1メートルから12メートルの大船を出入りさせるには、一大改修を行うか新たに港口を設けなければならなかった。これが上海港の将来の大問題であった。従来浚渫工事を行った主な砂州は、深さが干潮面以下9.1メートルにおいて長さが3.2キロメートル内外、最大でも9.7キロメートルであるのに対し、フェアリーフラットは58キロメートルもあり傾斜が緩やかであるため深水路を設けるのは極めて困難であった[2]。その方策を検討するために国家的利害関係を有する日本、イギリス、アメリカ、フランス、オランダ、スウェーデン、支那の各国は築港の権威者を会議に派遣した。イギリスはかつてロンドン港の技師長であったパーマー、アメリカ合衆国は陸軍技監であったブラック中将、フランスは先のスエズ運河技師長ペリ

第 6 章　東京帝国大学退官後　　195

エー、オランダはオット・ド・フリー、スウェーデンはヘルネル、支那は濬浦局のスウェーデン人主任技師であった[3]。

会議は 6 週間にわたり上海港の現状を視察し、かねて準備してあった各種調査の報告書に基づいて討議を重ねた。黄浦江の改修については意見が一致した。し

上海港技術改良会議のメンバーとサイン
廣井は左から 2 番目。サインはない。(『工学博士　廣井勇伝』所収)

かし世界でも稀な巨大な砂州の処置に対し、イギリス代表パーマーが実現性の極めて薄い浚渫案を提案し、他の参加国の代表が無責任にもそれを支持した。

廣井博士は約 7 日間にわたる慎重な調査を実施し、それに基づき浚渫案の根本的誤りを指摘する論文を本会議に提出した。

　　While I agree with the rest of the Committee in considering dredging to be the only method of obtaining an increased depth on the Fairy Flats that gives any prospect of success at comparatively moderate costs, I differ in being of opinion that the data available at present are not sufficient to justify me in making the dredging a definitive scheme of improvement. I recommend the carrying out an experimental dredging before taking up the actual dredging work, in order to ascertain the feasibility of the latter, and under favorable circumstances, the amount of work needed for the maintenance of a deep water channel on the Bar. The experiment may consist in forming trenches at the Fairy Flats about 300feet in width, more than 6 feet in depth, and about a mile in length, at the upper and lower ends of the Bar. A systematic observation of the time and manner in which the filling of the trenches takes place may give the required data.

　私は浚渫が比較的まあまあの費用で成功の見通しのある、フェアリーフラットを増深させる唯一の方法であるという委員会の皆さんの考えには賛成ですが、現在入手しているデータではそれが改修の正しい案であると判

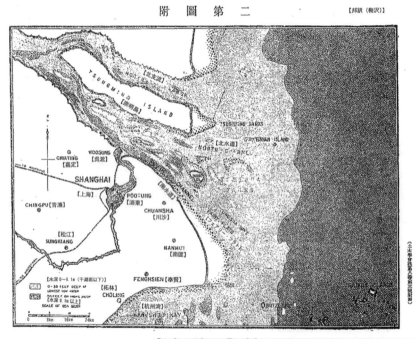

揚子江河口の様子
揚子江から上海までの曲がりくねった水路が黄浦江。揚子江は北水道と南水道に枝分かれし、中央やや下にフェアリーフラットが横たわっている。(廣井勇「上海港」『土木学会誌』第 8 巻第 3 号付図に加筆)

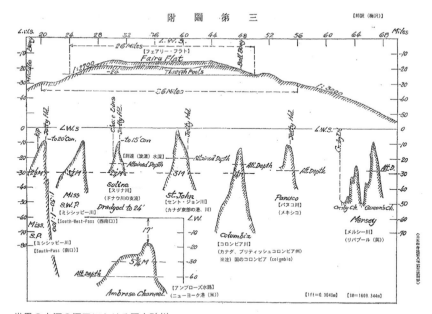

世界の大河の河口における巨大砂州
フェアリーフラットの巨大さが分かる。(廣井勇「上海港」『土木学会誌』第8巻第3号に加筆)

断するには十分ではないという点で異なります。私は実際に浚渫工事に着手する前に、試験浚渫を実施することを提案します。それは浚渫が実現可能であるかを確認し、良好な環境の下で、砂州上の深い航路の維持に必要な工事量を確かめるためです。その実験はフェアリーフラットの砂州の上端および下端に、幅が約300フィート、深さが6フィート以上で長さ約1マイルの溝を掘ることにあります。その溝が埋まる時間と埋まり方によって、必要なデータを得ることができるでしょう。

確かにフェアリーフラットを航行するとすれば、砂州上の航路を浚渫して大型船が常時航行できる水深を確保し維持するしか方法はないが、その工費は莫大で現実的ではない。それを解っていながら無責任にも浚渫案を、欧米の築港の権威といわれる者たちが提案し支持することに、廣井は黙して従うことはで

198 第1部 廣井勇の生涯

きなかった。ひとり猛然と、7日間の調査データに基づいて試験浚渫の具体案を示し、その経過をモニタリングして可否を決定すべきであると反論した。廣井の工学者としての秀でた能力と責任感は浚渫案を保留にし、両案を議事録に併記させる結果となった。

　廣井はさらに次のように述べて、上海港の有する世界第一の商港たる将来性を予言している[4]。

　翻って上海港の将来を考察するとその発展の資格においては全世界の港湾でそれに比肩するものはないだろう。上海の後背地は10省にわたり、その人口は1億8千万人（世界人口の10分の1に当たる）。それらの人々が漸次生活の程度を向上し積極的な方針で利用資源を開発し、そのための道路を開通し鉄道を敷設すれば、上海港はそれら物資の集散地となるだろう。その繁栄の状態を予想するのは難しくない。

6-3　港湾協会設立[5]

　1922（大正11）年、港湾協会が設立された。港湾協会の創設案は内務省土木局および港湾関係者によって立てられ、内務大臣水野錬太郎が会長に就任した。港湾協会の目的は「港湾政策を攻究し、港湾の修築、水陸連絡設備の完成並びに港湾利用法の改善を促進すると共に、港湾関係者の連絡懇親を図るものとす」とされ、廣井は発起人として尽力し、設立後は理事となって各地方より港湾の計画や調査の依頼がある時は協会内の権威者が合議の上、設計した。したがって実施に当たって内務省の了解も得やすく、地方の福利増進や工学技術の発展にも貢献するところが少なくなかった。

6-4　関東大震災

　1923（大正12）年9月1日午前11時58分、関東大震災が発生した。当日は台風を予感させるような強風が吹いていた。地震に加え火災が発生したため東京、横浜を中心に大惨状を呈した。東京市の焼失面積は市街地の44パーセントを超

えた。廣井は東京牛込の自宅にいて無事であり家族にも被害がなかったので下町へ向かい道路、橋梁、鉄道、建物などの被害の状況を見て回った。世情は騒然とし流言蜚語が飛び交い、遷都のうわさが流れ人心は動揺した。9月12日、帝都復興の詔書が摂政の宮の御名御璽で発せられ、世情の動揺は収まった。

9月6日、内務大臣後藤新平は「帝都復興の議」を閣議に提出した。「帝都復興の議」は次のように復興の基本理念を述べる[6]。

　　東京は帝国の首都にして、国家政治の中心、国民文化の淵源たり。したがって、この復興はいたずらに一都市の形態回復の問題に非ずして、実に帝国の発展、国民生活改善の根基を形成するにあり。

　　されば、今次の震災は帝都を化して焦土となし、その惨害言うに忍びざるものありといえども、理想的帝都建設のための絶好の機会なり。この機会に際し、よろしく一大英断をもって帝都建設の大策を確立し、これが実現を期せざるべからず。躊躇逡巡、この機会を逸せんか、国家永遠の悔を遺すにいたるべし。よってここに臨時帝都復興調査会を設け、帝都復興の最高政策を審議決定せんとす。

9月28日に帝都復興院が設立され後藤新平が総裁に就任し、廣井は評議員に任命された。震災時、鉄道が麻痺状態となったため、首都への物資輸送は船舶によって行われたが、品川からは艀に頼り、その不便さが強く認識された。このため復興院が作成した復興計画案では、隅田川河口における内港整備とともに、帝都の外港たる横浜港を連絡する京浜運河の開削が帝都復興事業の一環として提案された。廣井の東京港および京浜運河に関する意見が大いに参考にされた。しかし復旧事業ではないとして認められず、関係当局の処置に任されることになった。内務省の港湾調査会で京浜運河開削を決定したのは1924（大正13）年5月であった[7]。

しかし、帝都復興院は間もなく廃止され復興局となり、評議会も廃止された。復興局となってからも廣井は意見を求められた時は熱心に指導した。土木・都

市計画の技術者が育ち復興に活躍した。廣井は彼らを激励して回った。

廣井は土木学会震害調査委員会の委員長に推挙され、あらゆる構造物の調査と将来の対策の研究を統括した。土木工学のすべてに通じ、学会が最も信頼を寄せる人物としての委員長推挙とみて間違いない。その報告書 'Prevention of Damages to Engineering Structures caused by Great Earthquakes' は「震災による土木構造物の被害の顕著な特徴を記述するとともに、同様な災害が発生した場合にその被害を最小にする設計・施工法の修正案を提示することを目的」（Synopsis）に書かれたものであり、廣井の死後、1929（昭和4）年10月に開催された万国工業会議（World Engineering Congress）において発表された。

廣井は米国土木学会の会員であった。米国土木学会は世界的に権威のある学会であり、日本の技術者で廣井の紹介で入会したものも少なくない。同学会は廣井を震災調査委員とし関東大震災の調査委員会の委員長に任命した。廣井は有益な報告書を数多く送った。その後、米国に排日問題が起こった時、廣井はその行為が非人道的であるとして米国土木学会を退会した[8]。

6-5　日本式築港の集大成

1926（大正15）年、日本における港湾の政策、建設、経営、関東大震災後の横浜港の復旧を述べた論文 'Japanese Method of Port Administration and Latest Practice in Construction and Cargo Handling at the Ports of Japan' を米国港湾管理者協会第15回年次総会に発表した。

1927（昭和2）年、廣井は我が国における往代から近代までの港湾建設の歴史を編纂し『日本築港史』として刊行した。この著作は各港湾の建設の経緯に加え廣井の忌憚のない批評が述べられており、我が国の港湾政策および計画を決定する港湾調査会の当初から委員として参画し、近代港湾建設の技術的基礎を確立し、全国の港湾の経緯を知る廣井にして初めて可能な成果で、廣井の総決算のひとつと見なし得る。その観点からみて、上述したアメリカ港湾管理者協会に提出した論文の 'Japanese Method' というタイトルは、日本に近代港湾を建設してきた廣井の自負心の発露とみえなくもない。

6－6　信仰と生活

　1923（大正12）年、母が88歳で死去した。母寅子は高知藩士那須橋蔵の娘として1835（天保6）年9月9日に生まれた。那須氏は土佐勤王党で有名な那須信吾、田中光顕、片岡利和と姻戚関係にあった。18歳の時、廣井家に嫁ぎ19歳で長女春を、26歳で長男数馬をもうけた。

　廣井博士は母を亡くして初めて霊魂不滅の確信を得て30年来の信仰の悩みから解き放たれた。彼は母の墓前に立って「母は死んだが、しかし母が虚無になったとは何としても思われない。母はなお存在していると思う」[9]と新渡戸稲造に語ったという。

　幼くして父を失い貧困の中で世間の風に早くから触れる機会があったけれども、人一倍感受性の強い鋭敏な廣井を逞しく成長させてきた原動力は、生来の正義感と剛毅と負けず嫌いの性格に加え、母の愛情であったことは言を俟たない。新渡戸稲造は廣井の母思いについて次のように回述した。

　　　明治18年に私の母が亡くなった時に、同窓の廣井君は「新渡戸が気が異わねばよいが、ヤケを起こさなければ良いが。私が盛岡（著者注：新渡戸の郷里）まで迎へに行こう」と言った。札幌から盛岡まで十日もかかり、費用もかなりかかるが、廣井君の母に対する情愛がいかに深いものであったかを知ることができる[10]。

　札幌農学校時代、廣井は新渡戸とともに人を心寒させるほどの非常な懐疑論者といわれた[11]。「人はなぜ存在するのか」「生きる目的は何か」、廣井には生に対する尽きない懐疑があった。キリストを信仰するようになってからも次節に述べるように宗教の根源に関わる疑問は廣井の脳裏を離れなかったであろう。「神は霊である。だから、神に礼拝する者は、霊と真理をもって礼拝しなければならない」（ヨハネによる福音書第4章24節）と聖書が教えているように、霊魂の存在が信仰の前提になるからである。

内村鑑三との論争

　内村は1885（明治18）年10月にアマーストから廣井に宛てた手紙の中で、功利的思想が常識となり自己実現と称し職業、富、名誉などを求める世界に住む我々にとって痛烈な批判となる次のような考えを述べている(12)[現代語訳]。

　　仮にわれわれが全世界の知識を得たとしても、もしこれを用いるべき確乎たる目的が無ければ結局何の利益もない。もし知識練磨の快楽が唯一の目的であるとすれば、憐れむべし真理の追求も一個の狐狩りと異なるところはない。当然、われわれが物財の蓄積に満足を見出すことができなければ、知識を集め積み上げることによって何等の満足をも期待することはできない。ただキリスト、初めにして終わりなる、アルファにしてオメガなる、今住し永久に在るキリストがあってのみ、この世の物は吾等を幸福とすることができる。

　さらに内村鑑三は、手紙で廣井勇と神学について激しく論争したことがある。内村は聖書を通して現世を理解する視点について廣井の注意を喚起する(13)[現代語訳]。

　　私は君が宗教上の正直な確信を書いて送られたることを多謝す。これは実にキリスト教の中心問題であって、（中略）君の近来の思想の傾向は、あの18世紀のくらい神学思想に対する反感の結果ではないのか。君の見解は、吾等が心をつくして神の憤りを和らげようとするのに換えて、一つの律法の要請を充たそうとするものである。吾等がキリストの血によって義とされたといえば、君はこれを無智な信仰と言おうとする。しかし友よ、そうではない。君は旧い福音的見解を棄てることに努めているようだが、私はまた、人は行いによって義とされるというユニテリアン的立説を到底理解することが出来ない。私がキリストを神であるといっても、もとより天の父を神なりということと同一の意味においてではない。しかしこの一

事を私は堅く信ずる、イエス　キリストは生ける神の子であることを、
——神の子、いうまでもなく吾等人類が神の子なりというのとは異なる意
味である。すなわちそれよりも一層神聖な関係において、また更に俗なる
用語をもって言うことが出来るとすれば、実に生物学的意味における父子
の関係を信ずる。(略)

(1886年6月□日　廣井勇宛)

　廣井の手紙は残っていないので正確なことは分からないが、内村の手紙から
判断してキリストは神ではなく神が人間に求める究極の精神と行動を示した人
間であること、したがって全人類の贖罪のために十字架にかけられたとは信じ
られないこと、また人は信仰ではなく行いによって義とされることを主張した
ようである。内村は、人間は律法が定めるすべての行いを全うできないのだか
ら純真な心を持ってキリストの愛と許しにすがること、理性によって神学を学
ぶのではなく神とその子であるキリストにすべてを委ねるように廣井に呼びか
ける。そして廣井の孤独を慰め、熱心に誠実に求めるならいつか必ずその時が
到来すると励ましている。理性が主張する自己愛を捨て、神に委ねなければ信
仰による安心立命を得ることはできない。
　内村は著書『余は如何にして基督教徒となりし乎』において廣井を次のよう
に評している(14)。

　チャールス(廣井のクリスチャンネーム)は複合的性格であった。彼は機
敏な常識においてはわずかにフレデリック(高木玉太郎)に劣るだけであっ
たが、しかし基督教に対する知的態度においてはいっそうパウロ(新渡戸
稲造)に似ていた。彼は多くの熱心な青年のように神と宇宙とを彼の知識
にかけて理解し、自分自身の努力によって神の永遠の律法に文字通り自分
自身を一致せしめようと試みたが、それが失敗して彼は基督教の全く異
なった一面に傾き『善きわざの福音』を信ずる彼の信仰に落ち着いた。彼
は学識ある技術者となるようになった。そして実質的な形をもってする同

情は、教会の内部たると外部たると何か実際的の善事が意図されていると
き、つねに信頼することができる。

廣井は内村からの手紙を生涯大切に保管していたことから、その友情ととも
に真底から感じるものがあったに相違ない。日常の生活において信仰を磨き深
めることに努めることで、自然に疑問が氷解する機会の到来を待ったのである。
廣井は晩年次のように語った[15]。

　　晴夜天空の星のまたたきを眺めて居ると、其悠久さと、其偉大さと、其
　壮美さとに実際打たれる、神は悉く之を統べ給ふのである。其幾億光年
　に比べては人生は実に朝露にも例へられない、宇宙の無限に比べては此地
　球の如きは粟粒にも足らない、其中の人間などが、神の経綸の中に数へら
　れるなどとは考へることも出来ない……けれども此の人間に神に通ずる所
　のものが在るのだ、夫故に人生が尊くあるのだ……政治も、権力も、名誉
　も、学問も、何の値もないものだ。

廣井は夜空を仰ぐたびに、悠久の昔より整然と秩序正しく運行を続ける壮大
な宇宙の美しさに感動し、その神秘にうたれた。その悠久の時間と空間に比べ
地球のなんと小さいことか。そこに住む人間の一生など、一瞬の瞬きにも満た
ない。「粟粒ほどにも足りない地球に住む人間などが、人智の遠く及ばない神
の経綸、御業の中に数えられるなどと考えることもできない」と廣井は痛切に
思う。その数にも入らない人間は地位、名誉、学問、富を追い掛け、自己を誇
りあるいは失望して儚く短い一生を終える。そのような人間と人生にどんな価
値と意味があるというのだろう。「けれどもこの人間には神に通じるものがあ
るから人生は貴いのだ」と廣井は日々の祈禱を通し実感していた。
　その言葉は自我（利己心）を去り、真剣に祈り結果を気にせず最善を尽くし
てきた廣井の偽らざる心境であった。人智の遠く及ばない神の経綸、御業の中
で人間がなすべき最も重要な行為とは「心を尽くし、精神を尽くし、力を尽く

し、思いを尽くしてあなたの神である主を愛しなさい。また隣人を自分のように愛しなさい」（ルカによる福音書10章27節）というキリストの教えを日々の生活において実行していくことである。それには、良心を澄ませ、偏らない理性を持ち、柔軟な判断力と強固な意志力を保持していなければならない。それを保持しキリスト精神を実行できるのは、「人間には神に通じるものがある」と確信できるからであり、それは祈禱によるほかはない。

　人間の行動は心より生じる。祈禱とは人間の心を神の大いなる心に同調させようとする行為であり、それによって人間に宇宙根源から生命エネルギーと英知が注がれる。したがって祈禱は、宇宙根源の創造精神を人間の全身に満たし心身を調整し、真人生を歩ませる枢要な行為といえる。廣井は次のように繰り返し家人に語った。

　「人間にとって祈禱は最も主要なことである。実際人間には、祈禱よりほかに施すべきすべはないのである。自分の如き者は素質に於いて、決して天才という質ではない。他人が三日にて成就することも自分には一ヶ月もかかるのである。其の点からしても、只祈りと努力があるばかりである。どうぞ自分の為に祈ってくれるように、祈りにました援助はない」。

　そして「小さな自分のなんら誇るべきものはないが、それでも必死に努力する」というのが常であった。廣井は「人は信仰ありと言って行為がなければ何の益があるだろう」という実行の人であった(16)。

　廣井の人を見る目は、その能力よりも私心なく最善を尽くしているか否かに注がれていた。

　　人間は一人が一つの仕事を遂行すればよい。どんな小さな仕事でも自分で考えてやることは人生の立派な仕事である。各々がひとつの専門に成功することは、それが国家のためにも立派なことだ。数千万の人間が皆ひとつの技能に達成したなら、国家のためにこんな大きな利益はない(17)。

信仰と工学(18)

廣井はさらに工学の意義について次のように語った。

　　若し工学が唯に人生を繁雑にするのみのものならば何の意味もない事である。是によって数日を要する所を数時間の距離に短縮し、一日の労役を一時間に止め、人をして静かに人生を思惟せしめ、反省せしめ、神に帰るの余裕を与えないものであるならば、吾等の工学には全く意味を見出すことが出来ない。

　工学に対し、人生に対して大変厳しい言葉であるけれども、ここに廣井の工学の原点がある。「わたしはアルファでありオメガである」（ヨハネの黙示録22章13節）また 'I AM THAT I AM'［われは在りて在るもの］（出エジプト記3章14節）と聖書にあるように時間と空間が創造される以前には神しか存在しなかった。神に帰るとは故郷に帰ることであり、それは前述したように、祈禱によって万物の創造主の心に触れ、宇宙根源の創造精神に満たされることによって可能となる。それによって、キリスト意識を高めキリストとともに歩みなさいと聖書は教える。廣井の工学は、それを達成するために、自らを省み真人生を歩む余裕を人々に与えるための工学であった。「技術者の千年にわたる誉れとはずかしめ」はその精神を踏まえて発せられた言葉であった。廣井は次のように語ったことがある。

　　技術者でいろんな手づるを求めたり妙なところをくぐって職を求め、何々課長になったとか局長になったとか言われている人もあるようだが、そんな人はさぞ寝心地が悪いことであろう。工学者たる者は自分の真の実力を以て、世の中の有象無象に惑わされず、文明の基礎づけに努力していれば好いのだ。だから又工学者たる者は達観の利くものでなければならん。

家庭生活

　廣井は衣服や食物などはほとんど意に介さなかった。札幌農学校教授時代は妻が裁縫した洋服を着用していた。贅沢なものを極端に嫌い、洋服は案外不経済であると和服を着るようになったが木綿 絣 を好み絹を嫌った。

　上海港改良技術会議に出席する際には、国家の名誉にかかわるからと言って洋服屋を呼んで服を新調した。その時「襟に余計な孔をあけないでくれ給え。裏返しのとき都合が悪いから」と言ったので店員が驚いたという。廣井は洋服を裏返して２度着るようにしていたのである[19]。

　生活は規則正しく必ず５時起床、夜９時には門を閉め10時には就寝した。

　家庭生活の大部分は読書が占め、日本のものは１、２の専門誌くらいで大部分は欧米の書籍であった。晩年には欧米の小説、文学、哲学、宗教の書も読んだが、日本文学には興味を示さなかった。

　クリスマスには家族、親戚などが集まりシャンペンを抜いて愉快に談笑したが、普段はたまに階下に降りて来て家族の和に入ることもあったが、生涯を通じ重要な事業に携わっていたため、思いのままに団欒を楽しむことは許されなかった。

　家族は毎夜９時に祈禱の集まりを行い日曜日には教会に通ったが、廣井は参加しなかった。

　廣井は２男４女の子宝に恵まれた。次男厳は身障者で1918（大正７）年、12歳で逝去した。廣井は宮部金吾に宛て書簡を出している[20]。

　　拝啓　過日不幸の節は御懇意なる御弔問を 忝 く候段、深謝の至に御座候。
　厳の生涯は短く且つ同人の為には夢の如くにして一見無意味なる一生の如
　く之有候得共、拙家に対しては実に甚大なる感化を与え、一家各の余命を
　して益々神に近つかしむることを得せしめたるものに之有候。
　　一言御挨拶申述度、神恩貴家の上に益々豊ならんことを祈候。
　　　９月29日

　　　　　　　　　　　　　　　　　　　　　　　　　　　　　　　勇

宮部兄

　与えられた運命を理解し人生を実りあるものにしていった廣井の言葉である。

　長男剛は豪胆でその行動は常軌を逸していたらしい。学校を退学し渡米して日系移民社会の中で懸命に労働し、青年実業家として成功し一家を成していた。

　1925（大正14）年、剛夫人が息子勇剛を伴って帰省し、その後剛も帰宅した。廣井の胸に去来したものは何であったろうか。長男が誕生した時には宮部金吾に吹聴に行ったほど喜んだ廣井である。宮部は剛の名付け親になった。孫の名前の由来も勇と剛から成り、明らかであろう。廣井のたっての頼みにより剛夫婦は勇剛を老夫婦に託し米国に戻った。廣井は朝夕、勇剛の手を引いて散歩することを楽しみとしていた。

　廣井は実に細やかに弱い人、貧しい人、困っている人々に救いの手を差し伸べた。彼は弱い人を憫む心は強かったが、人が弱音を吐くことは大嫌いであり、そのような場合には、あくまでも激励した。

　少年時代から苦学した経験より、同じ境遇の青少年に深い同情を寄せ、札幌農学校教授時代から自宅に書生を置き自由に勉強させた。何かの都合で廣井家の書生をやめたものが金を借りに来た折には、綱子婦人を通じ「人間の立志を挫くのは借金であるから、この金で必ず身を立てなさい」と諭して帰すのが常であった。

　家庭生活に厳格な廣井は、長女が14歳に達した時、書生の世話をやめた(21)。

　廣井の家は牛込区仲之町17番地にあった。「富士の見える所に住みたいものだ」という廣井の希望に沿った選択であった。東京に移ってから本郷を振り出しに数回転居した後、閑静な高台にある約300坪の土地と約60坪の日本家屋を購入して、2階建ての洋館を増築しその2階の8畳洋間と6畳和室を居室にしていた。居室は極めて簡素で、洋間には茣蓙が敷かれていた(22)。

　米国で事業を経営する長男剛が久しぶりに帰宅した折、廣井の寝台があまりに粗末なのに驚き、米国あたりから取り寄せようとしたことがあった。「キリストは枕するところさえあられなかった。こんな寝台でももったいないくらい

である」と言って廣井は拒んだ[23]。廣井がキリスト意識に照らして考え行動していた証である。

あるとき廣井は内村や新渡戸に「自分は死んでも天国にははいれないかも知れないが、天国の門番位にはなれるつもりである。自分が天国の門番になっていると君等もやがてやって来るだろうが、君等は天国へは入れないよ。入れないで追い返してやる」[24]と談笑したというが、自らに誠実に、したがって神にも他人にも誠実に歩んできた人にして初めて語ることができる言葉である。

1920（大正9）年正月、市ヶ谷で伝道義会を経営していた外村義郎は2度ほど廣井の訪問を受けたが不在で面会できなかったので、改めて廣井を訪ねた。廣井は笑顔をたたえながら「いや別に大した用事でもなかったのですが、実は今度大学の方を退くことにしました。私は事業家ではないから、一攫千金を得たわけではないが、比較的永く大学に奉職していたので、その間に受けた俸給を倹約して貯金した金が若干あるのです。それを何かよい事業に用いたいと思って家内とも相談したところ、それでは宅の2階の窓から見える、あの外村さんの経営されている施療院をお助けするのが一番よろしいでしょうとのことだったので、実はその御相談のためにお訪ねしたのです。甚だ僅かばかりですが、医院の事業に寄付して出来るだけ長く続けていきたいと思うが、受けていただけますか」と言った。

外村義郎の兄は医学士で熱心なキリスト教徒であった。四谷の貧民の生活を哀れみ、自ら教会を起こし施療を行ったが、過労に倒れ不帰の人となった。外村義郎はその遺志を継ごうとしていたが、資金に窮していた時であったから廣井の申し出を喜んで受けた。

廣井は毎年、患者1000人分の経費にあたる500円を寄付していた。それに勢いを得た外村義郎は、同志と図り別に会員より若干の資金を拠出して伝道義会の施療事業は復活した[25]。

若き日に「今より伝道を断念して工学に入る」と内村に告白し、周到な準備と決断を持って逆境を乗り越え煩悩や誘惑との戦いに勝利し、母の死によって霊魂の不滅を確信した廣井は、人生の意味と価値を深く了解し、キリスト意識

に基づき愛の道を歩み続けた。

6-7 永 訣

廣井は早くから工学に関する常用術語の統一の重要性を認識して、東京帝国大学工学部土木学科の職員とともに英和工学字典を編纂し、1908（明治41）年に初版を出版した。土木工学に携わる者にとっては必携の辞典であった。それ以来、最新の術語を補遺し、1916（大正5）年に改訂8版を発行した。関東大震災の火災でその原版は灰燼に帰したが、廣井は再びその改訂に取り掛かり、毎週会合を開いて編纂を続けた。

1928（昭和3）年春、廣井は心臓の苦痛を感じ大学病院で診察を受けたが手当てをするほどではなかった。夏になり新潟県土木課長の懇請で新潟県下の港湾を視察し佐渡に渡ったが、よほど無理な旅行であったらしい。9月26日診断を受けた時には病状がかなり進んでおり、近親者に警戒するように伝達があった。10月1日、東京帝国大学土木教室で開催された英和工学辞典編纂会議に出席し帰宅した博士は、午後10時に床に就いて間もなく苦痛を訴えて僅か15分後、狭心症のため卒然と神のもとに召された。知らせを聞いて内村鑑三は札幌にいる宮部金吾に電報を打った。

「ヒロヰ　サクヤ　シンダ　ウチムラ」

宮部の空虚な心に硬いかすかな響きがこだました。

なおも悲しい胸のうちを内村は訴えた[26]。

愛する金吾君、先程電報を以って御知らせ致せし通り廣井勇君は昨夜十一時僅かに十五分の軽い苦しみの後に永き眠りに就かれました。直に市ヶ谷の家を訪問し彼の死顔を見ました。実に平和の顔でした。僕の good bye に併せて君の分を冷たき額に手を当てて言いました。実に感慨無量です。葬儀は明後四日自宅に於て僕と綱島佳吉君とでやります。新渡戸君はまだ軽井沢より帰りません。伊藤君は弱く大島君は毫して相談相手になりません。旧友は僕一人です、あとは皆んな此世の事業の人達です。旧友の

死に会して今度が一番悲しくあります。旧友の葬儀をあとからあとへと司らねばならぬ僕の心中を察して下さい。

　　十月二日　　2 P.M. 1928

　　　　　　　　　　　　　　　　　　　　　　　　　カン三

〔余白に〕　君の御返電正に受取りました

　10月4日午前10時、秋雨が静かに降る中、葬儀は廣井の自宅において番町教会牧師綱島佳吉の司会の下に執行された。学友であり教友である内村鑑三、大島正健、伊藤一隆がそれぞれ祈禱、聖書朗読を勤めた。なかでも内村の感想は廣井の人と工学を余すところなく伝えるものであった。

　しかしながら人は事業ではありません、性格であります。人が何を為したかは神より賜りし才能によるのでありまして、彼自身で之を定めるのではありません。西洋の諺に「詩人は生る」と云うのがありますが、詩人に限りません。工学者も伝道師も天然学者も政治家も凡て「生る」であります。廣井君が工学に成功したのは君が天与の才能を利用したに過ぎません。しかしながら如何なる精神を以って才能を利用せしか、人の価値は之によって定まるのであります。世の人は事業によって人を評しますが、神と神に依る人とは人によって事業を評します。廣井君の事業よりも廣井君自信が偉かったのであります。日本の土木学界に於ける君の地位は之が為に偉かったのであります。廣井君は君の人となりを君の天与の才能なる工学を以って現したのであります。工学は君に取り付帯性（アクシデンタル）のものでありまして、君自身は君の工学以上でありました。そして我等君の友人にとりては君の性格、君の人となり、即ち君自身が君の工学又は工業よりも遥かに貴かったのであります。そして今や君が君の肉体の衣を脱棄て、君の単純なる霊魂を以って神の聖前に立ちて、君は工学博士としてにあらず、単純謙遜なる基督信者として立ったのであります。君の貴きは此処にあるとして、君の事業の貴き所以も亦茲にあるのであります。事業の為の事業にあらず、勿

論名を挙げ利を漁る為の事業に非ず「此貧乏国の民に教を伝ふる前に先づ
食物を与へん」との精神の下に始められた事業でありました。それが故に
異彩を放ち、一種独特の永久性のある事業であったのであります(27)。

　続いて午後1時より一般告別式が行われたが、来弔者が陸続として止むこと
なく稀にみる盛儀であった。12月1日、東京市営多磨墓地に埋葬された。
　1928年12月、廣井の遺志を継ぎ土木学会は「故廣井工学博士記念事業会」を
組織し、1930(昭和5)年8月、『英和工学辞典』を刊行した。

　注
（1）故廣井工学博士記念事業会『工学博士　廣井勇伝』工事画報社、1940年7月、
　　　77—78頁。
（2）廣井勇「論説報告　上海港」『土木学会誌』第8巻第3号、1922年6月。
（3）故廣井工学博士記念事業会前掲書、78—81頁。
（4）廣井前掲。
（5）故廣井工学博士記念事業会前掲書、82—83頁。
（6）越澤明『後藤新平』ちくま新書、2011年11月、204—205頁。
（7）土木学会土木図書館委員会・土木史研究委員会『古市公威とその時代』土木
　　　学会、2004年11月、261頁。
（8）故廣井工学博士記念事業会前掲書、84頁。
（9）新渡戸博士の演説「人間廣井について」『工事画報』1929年11月号、41頁。
（10）同上。
（11）故廣井工学博士記念事業会前掲書、94頁。
（12）『内村鑑三全集』36、岩波書店、1983年8月、212頁。
（13）同上、236—237頁。
（14）内村鑑三『余は如何にして基督教徒となりし乎』岩波文庫、2013年9月、34頁。
（15）故廣井工学博士記念事業会前掲書、98頁。
（16）同上、95頁。

第6章　東京帝国大学退官後　　213

(17) 同上、135—136頁。

(18) 同上、148頁。

(19) 同上、150—151頁。

(20) 同上、198頁。

(21) 同上、112—115頁。

(22) 同上、117—118頁。

(23) 同上、103頁。

(24) 同上、96頁。

(25) 同上、89—90頁。

(26) 『内村鑑三全集』39、岩波書店、1983年12月、383頁。

(27) 故廣井工学博士記念事業会前掲書、5—6頁。

第2部　業績を読み解く

第1章　小樽港北防波堤の構造

1-1　はじめに

　近代における大防波堤工事は1687年に起工した軍港シェルブールに始まるとするが、本格的な防波堤建設は1800年以降である。1857～71年の間にドーバー港において初めて純然な直立防波堤が築造され、1869～73年に築造されたマノラ防波堤はスローピングブロックシステムの有用性を明らかにし、1891年に至ってコペンハーゲンおよびハインストにおいて、大型のケーソンを製作し曳航・沈設してその内部にコンクリートを充填する工法が実施された[1]。海中構造物に対する波浪の動作の解明、耐海水性の高いコンクリートの製造、海中構造物の構築法は特に重要かつ喫緊の課題であった。

　世界に領土を拡張していた英国において安全な港の建設は軍事上、貿易上重要な課題であった。マノラ港防波堤の建設に開発されたスローピングブロックシステムは当時最先端の機械化一貫施工システムであった。小樽港北防波堤の建設にあたって廣井博士はその工法を採用した（写真-1、2）。

1-2　スローピングブロックシステム

　スローピングブロックシステムは、最初に製作ヤードに整列した斜塊（コンクリートブロック）を門形クレーン（ゴライアス）でヤードの境界まで運んで小型機関車に渡し、小型機関車が堤体上を運搬して積畳機（タイタン）に渡し据え付けていく機械化一貫施工システムである（写真-2、3、図-1）。

　タイタンによって海中に据え付けられた斜塊はすぐ背後の斜塊にもたれかかり、また捨石マウンドが沈めばその上に載っている斜塊も背面の斜塊の表面に沿って滑り下り固定する。

　斜塊の角度は水平に対して小さいほど隣層のもたれかかり（sloping bond）が大きくなり堅固になるが正確に積み上げにくくなり、さらに斜塊が滑下しにく

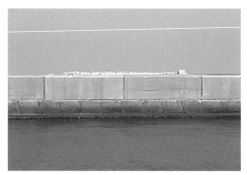

写真－1　北防波堤の現況

写真－2　タイタン（「小樽築港工事報文　前編」所収）

写真－3　スロ－ピングブロックシステムの稼働状況
ゴライアス（手前右）とタイタン（後方左）（小樽港湾事務所所蔵）

くなる。実際の例では47度から75度である。47度の角度は、マノラ港建設と同じ頃、クステンジー港において独立に開発された工法である。基礎上から一番上のブロックまでその長さが18フィートから13フィートに減少し、頂部に厚い上部コンクリートを施す構造になっており、蒸気クレーンで積み上げるものである[2]。防波堤の長さが短く基礎マウンドの厚さは薄い。

　斜塊を積畳して構築する施設は防波堤だけではなく岸壁にも用いられ、よく土圧に耐え粘り強い構造であることから、廣井はマウンド上に岸壁を構築する方法としても推奨している[3]。事実、土木学会地震工学委員会の報告書によると、1999年10月に発生したトルコのコジャエリ（Kcocaeli）地震においては、ケーソン構造の大型岸壁が前にせり出して大きな被害を受けたのに対し、スロ－ピングブロックで造られた岸壁は周囲に噴砂の跡があり地盤が液状化したにもかかわらず、ほとんど無傷で

第1章 小樽港北防波堤の構造　　219

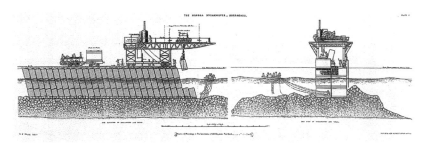

図-1　スローピングブロックシステム（「廣井勇の世界」所収）

あったという[4]。

1-3　スローピングブロックシステムの歴史

（1）マノラ港およびマドラス港防波堤

　スローピングブロックシステムが大規模な工事に採用されたのはマノラ港が初めてであったが、斜塊を斜めに積み上げる工法は新規なものではなく、それ以前から用いられていた。マノラ港防波堤の特徴は2列の斜塊とその目地が上下に通った断面（straight joint）にあった。その設計思想はマウンドや地盤の変形に対し、防波堤を構成する斜塊が法線方向および直角方向に柔軟に対応するところにあった。そのため上部工を設けない（図-2）。

　1876年に工事が始まったマドラス港においてもマノラ港の設計思想が受け継がれ、斜塊の前後および上下面に凹凸を設けて接合したものの、その他何らの繋合も施されなかった。両防波堤は塊の一体性が弱いため波浪および地盤の変形に対して脆弱な構造となっている。マドラス港一帯は漂砂が非常に激しく、当初から設計者パークスの設計を非難する者が頗る多かった。案の定、防波堤に着工すると瞬く間に漂砂が堆積し、港湾の

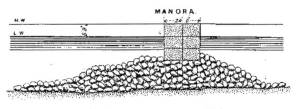

図-2　マノラ防波堤（"Harbours and Docks"所収）

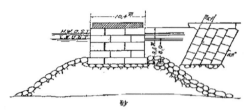

図-3 コロンボ防波堤（『築港 前編』所収）

維持が非常に困難な状態に陥った。1881年、完成間近のマドラス港はモンスーンによって大災害を被ることになる。

(2) コロンボ港防波堤

マノラ港防波堤の弱点については当時の英国土木学会における最高権威のメンバーから指摘があったが、上記両防波堤の設計者であるパークス（W.Parkes）は自説を曲げなかった[5]。

最高権威の一人であるクード卿（Sir J.Coode）が設計したコロンボ港防波堤は、マドラス港防波堤とほぼ同時期に起工され、建設当初からライバルとみられていた。

コロンボ港防波堤の断面は、斜塊の上下面に凹凸を設け塊の目地を乱し、楔（dowel joint）および錬鉄製の鎹（cramp）によって隣層の塊と繋合した後、場所詰めコンクリートによって上部工を施工し（capping）堅固な一体化を図る構造になっており、波浪の襲来に対して防波堤全体で対抗できる利点を十分発揮できる（図-3）。コロンボ港防波堤の建設によって、スローピングブロックシステムによる設計法が確立した。小樽港北防波堤はその構造を踏襲している。

1-4 小樽港北防波堤の構造[6]

北防波堤は延長1289メートル、その構造断面は甲部、乙部、丙部の3部より構成され、各延長は47メートル、131.4メートル、1098.2メートルとなっていたが、今日では甲部、乙部は埋め立て地内にある（図-4）。

堤体を一体化する方法には斜塊自体による方法、斜塊を連結する鎹（cramp）および楔（dowel joint）による方法がある。

斜塊自体に関わるものとしては、①斜塊の傾斜角度による塊相互のもたれかかりの強さ（sloping bond）、②防波堤断面における鉛直方向の目地を通さない

こと、③塊の前後あるいは上下に凹凸を設けて隣接する塊との接合を強化すること、である。

斜塊の傾斜角は水平に対し71度34分となっている。塊の上下面における凹凸および目地の配置も堤体の一体性を確保するうえで重要である。

斜塊に取り付けて一体性を確保する技術としては、①鉄骨で隣接するブロックを連結する鎹（cramp）、②斜塊の表面に設けた縦溝にコンクリートあるいは岩石をはめ込む楔（dowel joint）、③鋼材を貫通させて上下の斜塊を連結し空隙にコンクリートを充塡して鉛直方向の接合を図る技術がある（写真－4）。③についてはモルムガオ港防波堤に採用された連結方法であり「小樽港灣調査報文」に記述があるが、実際には使われていない。その理由はブロック上下面に凹凸を設ける方が施工の容易さ、確実性から優位と考えたからに相違ない。

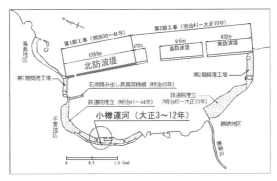

図－4　小樽港平面図

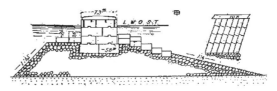

図－5　小樽港北防波堤（『築港　前編』所収）

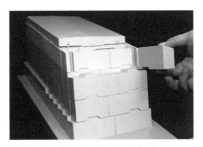

写真－4　小樽港北防波堤の模型

②の楔は水中においても使用されるものであるが、北防波堤においては海水面より上に配置されている（写真－4、図－6）。

国土交通省小樽港湾事務所前に北防波堤から取り出した斜塊が設置されてい

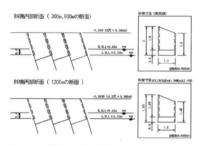

図-6　楔用の溝と基準水準面

る。

　斜塊前後の表面に設けられた幅約20センチメートル、深さ5.5センチメートルの縦溝は、防波堤法線方向に隣接する塊を接合するために設けられたもので、溝の中に楔として袋詰コンクリートを挿入する。通常の袋詰コンクリートには麻布を袋として用いるが、事務所前にあるブロックの溝には麻の繊維は付着しておらず、直接コンクリートを溝に投入して搗き固めたと推定することもできる。

　溝の長さは前面、背面とも1.6メートルとなっており、隣接する塊に接すると底面を有した孔を形成する。写真-4の模型側面の水面の線は基本水準面である。防波堤のブロックの溝と潮位の位置関係は図-6のとおりである。

1-5　耐波性に優れた防波堤構造

　コロンボ港防波堤が経験から堤体幅を決定しているのに対し、北防波堤は波力の計算から堤体幅を決定し、波力計によって波の強さを計測しながら必要な対応策をとる極めて科学的なアプローチを採用している。「工事報文」では次のように述べている。

> 　波力計の示度は意外に高く往々1平方メートルに対し40トンに達することがあり、将来の防波堤の安定を考えて恐れおののき心が寒くなった（『小樽築港工事報文　前編』）。

　そこで堤の先端より約667メートルにわたって堤の背面における捨石の高さを増して堤が滑り動くのに対抗させ、堤の頂の場所詰コンクリートに鉄骨数条を加えて臥桁としてブロックと一体にする効用を発揮させた。堤の高さは当初約2.7メートルとしていたが約1.8メートル以上とする必要がないこと、およ

び高さを増すと波撃の反動がますます強烈になる不利があることから約1.8メートル～2.0メートルとした。さらに防波堤の前面には階段状にブロックを配置することによって、捨石の移動を防ぐとともに激浪の衝突力を減刹することにした。堤の背面にもブロックを2列に配置し、堤頂を超え港内に落下する水勢に対し捨石を保護するとともに堤を支える効果も持たせている。

その設計は次のような結果をもたらした。

北西の猛烈な風に起因する波浪が岬を回旋して北防波堤に斜めに進行してきて、堤体前面に設置された階段状ブロックにつぎつぎにぶつかって波力を減殺され堤体に衝突し越波する（図-7）。海底から海面までほぼ一様に流れてきた波は階段状ブロックにぶつかるのに時間差を生じながら波エネルギーを減殺され、堤体に斜めに衝突するので越波に時間差が生ずる（図-8、写真-5）。その結果、越波による港内擾乱が極めて小さく抑えられ、防波堤本体を極限まで細く低くすることが可能になった。

さらに、港外側の捨石マウンドの勾配を緩やかにして表面の捨石の安定を図っている。

このような処置に対しドイツの工学者 Schlzu は、堤前面の階段状ブロック

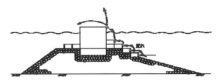

図-7　階段状ブロックの消波

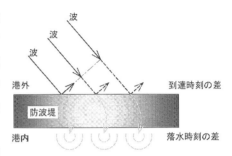

図-8　斜め入射と波の到達時間差

写真-5　越波の水柱が堤上を走るように動く

224　第2部　業績を読み解く

はやりすぎかもしれないと指摘している[7]。

　消波のために設けた階段状のブロックは、堤体前面をすべて覆う完全消波で
はないため、時に波力を増大することが判明したので、南防波堤の建設におい
ては階段状ブロックをやめ、基礎マウンドの高さを下げ堤体背後の捨石の高さ
を高くする構造に変更した。その構造を「裏積　防波堤」という（『築港　前編』
第五版）。

注

（1）廣井勇『築港　前編』第五版、丸善、1929年4月、311—314頁。

（2）Vernon-Harcourt, "Harbors and Docks," vol. 1, Clarendon press, 1884, pp.123—
　　124.

（3）廣井勇『築港　後編』第五版、丸善、1937年12月、96—97頁。

（4）Japan Society of Civil Engineers Earthquake Engineering Committee, 'The 1999
　　Kocaeli Earthquake,' Turkey-Investigation into the damage to civil engineering
　　structures, 1999.

（5）William Henry Price, 'The Manora breakwater, Kurrachee,' "Minutes of
　　proceedings," vol.XLIII., session 1875—6. -part I, 1875, pp. 30—31.

（6）中村弘之・栗田悟・関口信一郎「小樽港北防波堤の構造について」第30回海
　　洋開発シンポジウム、特別セッションs‐3、2005年7月、13—18頁。

（7）F.W.Otto Schulzu: Seehafenbau Band II, Ausbau der Seehafen, 1913, p.79.

第2章　廣井波力式の導出および意義

2－1　はじめに

　我が国において外洋の波濤に対抗する防波堤を建設する鎚音が小樽の地に響き始めて程なく、自ら調査・設計を行い小樽築港に関わる全工程を指揮・監督する廣井勇所長は、かつて部下である青年技術者に築港工事に関する研究の針路を指示するために記述した書物を『築港　巻之一』として出版した。以後4分冊が出版され、築港に係わる全分野を網羅した書物が完成する。その後『築港』は前・後編に合本され5版を数え、我が国の港湾建設に携わる技術者にとっての必読書として重用された。

　『築港』は当時の先進国における築港に係わる主要な書物および重要な研究情報をもとに廣井博士が検討を加えてまとめたものである。特に海水の作用に耐えるコンクリートの製造、波力の算定、波の回折、漂砂など当時において未解明な分野については、廣井博士自らの研究成果が盛り込まれている。そのうち波力の算定については、小樽築港以降、波力公式として1980年代まで我が国の港湾建設に用いられた。世界で初めて実用化できる波力式を提案した意義は工学上極めて重要であるにもかかわらず、これまでその意義についてほとんど究明されてこなかった。

　本章はその波力式に着目し、それが築港に及ぼした影響を明らかにして港湾工学史上に位置づけることを目的とする。

　本章の構成は以下のとおりである。

　まず、海洋の波が数学的に記述できるようになった経緯を追い、それが統計学と計測技術の発展に支えられて現在に至っていることを述べる。

　次に、海洋の波の動作が未解明であった1800年代後半の港湾工学の限界および港湾技術者像について述べる。その時期、施工機械の開発によって港湾施設の規模が拡大し建設の速度が早まっていったけれども、海洋の波の動作が未解

明であることが港湾建設上の最大の障害となっていた。当時の港湾技術者は地域特性が近似する既設の港湾を参考に設計を進めるのが常套であり、港湾の計画および設計に関わる自由度はごく限られたものであったことを明らかにする。

目視による波浪の記録は、現在われわれが有義波と呼んでいる波の諸元に相当するといわれているけれども、当時においては複雑な波浪の計測は専ら観察者の視覚に頼るためにそのデータは不精確さを避けることができなかった。また現在の港湾技術者が用いている波の諸元の定義が、当時は存在しなかったことにも留意しておく必要がある。さらに深刻な問題は波力を決定する方法、また波力が波高によって記述できるとした場合においても最高波高を求める方法が確立していなかったことである。現在では波浪の長期観測をもとに出現確率より最高波高を求めている。

そのような極めて厳しい状況において、廣井博士が提案した波力算定式の港湾工学上における意義を考察する。

まず、廣井博士の提案した波力式の導出方法をトレースする。ただし、ここでトレースするのは1919年に『東京帝国大学工科大学紀要』に発表した論文ではなく、小樽築港にあたって考案した『築港　巻之一』に掲載する導出方法であることに留意されたい。廣井波力式は当時すでに知られていた他の波力式と同じ形式となるために、従来それらの波力式のカテゴリーのひとつと見なされているけれども、独自の導出方法によって、波浪の動作が未解明であるという当時の科学的制約を補う結論に自然に達することができ、かつ実用に十分耐えるものであったことを明らかにする。その波力式が極めて有効であったために、当時の港湾工学は非常に限定された知識と観測データのもとで、現在の港湾工学の水準に近い実用性を有することが出来るようになり、港湾技術者は計画および設計において飛躍的に大きな自由度を確保することが出来るようになったことを論述する。

2－2　海洋波へのアプローチ

17世紀、ガリレオ、コペルニクス、デカルト、ニュートンなど自然科学に偉

大な足跡を残した人々が輩出して以来、近代科学は人類のあらゆる活動分野に
浸透し社会を変貌させていった。19世紀に入ると欧州では盛んに運河が建設さ
れ、その世紀の中葉以降には鉄道建設が世界中で展開され、鉄道網の発達は社
会経済の発展は勿論、国家の統治に大きな役割を果たしていった。それは同時
にトンネル工学、橋梁工学、材料力学の発展を促したけれども、海陸の接点で
ある港湾を整備する工学には及んでいなかった。19世紀も中期に入ると規則的
な波については理論的にも実験的にも解明が進んだが、複雑で不規則な海洋波
については解明の端緒さえ発見できない状況にあった。それまでの近代科学に
おいて主流であった決定論的アプローチでは複雑に変化する海洋波を解析する
ことは困難であった。

　イギリスの著名な数理物理学者レイリー卿（Lord Rayleigh, 1842—1919）は次
のような逆説的な言葉を述べたといわれる。

　　　海洋波に関する基本的法則は、いかなる法則性も欠如している点にあ
　　る[1]。

　海洋波を数学的に扱うには理論的に演繹する方法ではなく、まず観測データ
を取得しそれに基づいて新しい知識を創造する帰納的方法が必要であった。
　海洋において長年にわたって波を観測する作業は大きな危険と困難を伴う。
岸辺に打ち寄せる波紋に魅せられ、南イングランドの美しい海を見渡す崖の上
に立つ住居を捨て、ストップウオッチと風力計を持って暴風の海に出かけ波の
観測を記録したV・コーニッシュは、1933年に次のような回想を残している。

　　　古典力学を発展させたヴィクトリア朝時代の先輩たちよりももっと「乱
　　流」に興味を持った若い数学者が現れて、私の集めておいた材料によって
　　研究を始めるまでには少なくとも30年を待たなければならなかった[2]。

　20世紀に入っても計測機器が未発達なため、波浪の観測は目視によることが

228　第2部　業績を読み解く

多く観測データは測定誤差を内包しており、その点からも決定論的アプローチ
は難しかったのである。

　海洋波を記述するためにはそれまで追求されてきた決定論的な数学ではなく、
不確実でランダムな現象を扱う新しい視点からの統計的アプローチを必要とし
た。

　統計学の基礎を築いた一人でサイバネティックスを創始した著名な数学者
ノーバート・ウィナー（Norbert Wiener, 1894—1964）は、著書 "I AM A
MATHEMATICIAN"（日本語タイトル：サイバネティックスはいかにして生まれたか）
において、ボストンのチャールズ川の水面を眺めているときに次のような考え
が浮かんできたと述べている。

　　　絶えず移動するさざ波の固まりを研究して、これを数学的に整理するこ
　　とはできないものだろうか。そもそも数学の最高の使命は無秩序の中に秩
　　序を発見することではないのか。波はある時は高くうねって泡のまだらを
　　のせ、またある時はほとんど目に見えぬさざ波となる。時々波の波長はイ
　　ンチで測れる位になったかと思うと、再び幾ヤードにもなるのであった。
　　いったいどういう言葉を使ったら水面をすっかり記述するという手におえ
　　ない複雑さにおちいらずに、これらのはっきり目に見える事実を描き出す
　　ことができるだろうか。波の問題は明らかに平均と統計の問題であり、こ
　　の意味でそれは、当時私が勉強していたルベーグ積分と密接に関連してい
　　た。こうして私は、自分が求めている数学の道具は自然を記述するのに適
　　した道具であることを悟り、私は自然そのものの中で自己の数学研究の言
　　葉と問題を探さねばならないのだということを知るようになった[3]。

　海洋波の数学的記述は、統計学および雑音理論を応用することによって可能
となった。第2次世界大戦中、各国は上陸作戦を安全に遂行するために沿岸に
おける波の予報法の開発にしのぎを削った。1943年、波の本格的な研究の出発
点となる成果がスクリップス研究所のスベルドラップ所長と少壮の研究者ムン

クによって提案された。南極海で発生したうねりが太平洋を横断し北米大陸の西岸にまで到達することを確かめたのもムンクを中心とした研究者たちであった[4]。彼らは沿岸波浪と砕波に関しても先駆的研究を行っている。

スベルドラップとムンクによって開発された沿岸における波の予報法であるSM法は、1947年まで軍事秘密として公表されなかった。SM法は波浪の観測データを統計処理して仮想の波である有義波という概念を用いて、一定の方向の風が吹く場合の沿岸の波浪を推算する方法である。しかし実際の海洋波はいろいろな方向の風によって生成し成長する。その数学的記述を可能にしたのがスペクトル法である。

海の波と同様に極めて不規則な変動を示す現象に電気雑音がある。電気雑音は電気回路内の抵抗や真空管などで発生するもの、あるいは宇宙よりの電波として通信回路内に混入するものであるがスペクトル幅が広いため、海の波よりもさらに不規則な性質を有している。このような、雑音に埋もれている微弱な信号を検出するために雑音理論が生まれ、雑音の性質が調べられ、それを量的に表現し記述する数学的方法が確立された。上述のウィナーもそれに対し重大な貢献をした。海の波の統計に対する雑音理論の応用は主としてベル研究所のライスの論文を介して行われた[5]。

1950年の初めよりイギリスの応用数学者ロンゲットヒギンズやカートライト、アメリカの海洋学者ピアソンらは精力的に海の波の統計理論を展開した。他方、この時代に入ると実際の海洋波の観測データも次第に得られるようになってきたので、実測データにより理論の有効性が確かめられるとともに、海の波を対象としたさらに詳細な波の統計理論の研究が行われた。このようにして波のスペクトルに基づく理論が開発された。その後、風波の発達機構、スペクトル・エネルギーの平衡方程式等の基礎研究から波の数値計算法が開発された。このように海洋波の理論は実測データによって検証されながら発展してきた。

2-3 19世紀における港湾工学および港湾技術者

近代防波堤の建設はシェルブールの防波堤を嚆矢とするが、本格的な建設は

230　第2部　業績を読み解く

1800年代後半に入ってからである。海洋の動作についてよく分かっていなかった当時の港湾技術者は、どのようにして港湾を建設したのであろうか。風が波を発達させる距離が十分長い場合に、その距離から波高を求める経験式を提案したイギリスの著名な灯台・港湾技術者ステベンソンは港湾の設計方法および技術者について次のように述べている。

The designing of harbors constitutes confessedly one of the most difficult branches of civil engineering. In making such a design, the engineer, of course, avails himself of the information which is to be derived from past experience, and endeavors, to the best of his power, to institute a comparison between the given locality and some existing harbor which he supposes to be similarly situated. Perfect identity, however in the physical peculiarities of different localities, seldom, if ever, exists, and all that can be done in deriving benefit from past experience is to select the harbor which seems most nearly to resemble the proposed work. ("The Design and Construction of Harbours: A treatise On Maritime Engineering") [6]

港湾の設計は率直に言って土木工学の中で最も困難な部門のひとつである。その設計にあたっては、技術者は当然のこととして過去の経験より得られる知識を利用する。そして当該地域と同じような場所に位置すると考えられる現存する港湾を比較するように全力を尽くして努めることである。しかしながら、異なった地域の物理的特性が完全に同じであることは滅多にないので、過去の経験より利益を引き出すには最もその設計に近似すると思われる港湾を選定することである。

上記のステベンソンの言葉に、当時の港湾工学の実情が余すところなく語られている。海洋の波の動作とその作用がよく分かっていない当時にあっては、過去の経験より設計条件が類似する港湾を選定し、それを基準に技術者が設計の判断をしてゆくプロセスが踏襲されていた。したがって当時の港湾技術者と

第2章　廣井波力式の導出および意義　　231

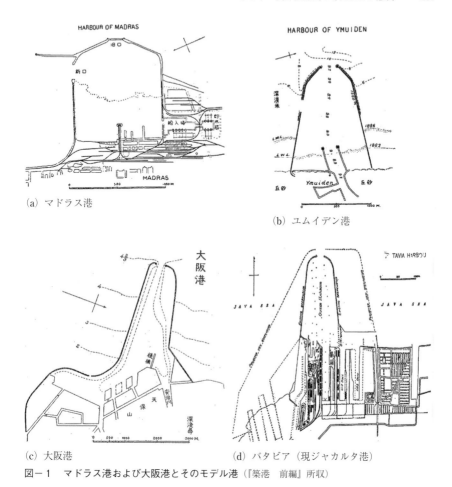

(a) マドラス港

(b) ユムイデン港

(c) 大阪港

(d) バタビア（現ジャカルタ港）

図－1　マドラス港および大阪港とそのモデル港（『築港　前編』所収）

しては、最も地域特性が近似する港湾を選定することに力が注がれており、それこそが最も堅実な設計の方法であった。防波堤に作用する波の動作が精確に分からない状況にあっては、港湾技術者としてそれ以外に設計のよりどころとするものがないのは明白であろう。例えば大阪港は海底勾配が遠浅で地盤が軟弱なバタビア港をモデルとしたし、マドラス港は漂砂海岸に建設したアムイデン港をモデルとしている（図－1参照）。廣井博士が小樽築港にあたってモデル

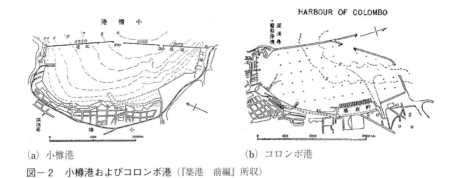

(a) 小樽港　　　　　　　　　　(b) コロンボ港
図－2　小樽港およびコロンボ港（『築港　前編』所収）

としたコロンボ港も選定の理由は同様であった（図－2参照）。
　廣井博士は著書『日本築港史』において以下のように述べている。

　　なお（小樽港の）外構に関しては既に記したように港口の施設に欠けるところがあるので、波浪の侵入がはなはだしいことがある。このことは<u>コロンボ港における経験に照らし予想しなかったわけではない</u>が、本港は海に開いた程度が少ないところがあるので築港終了後の結果をよく見ようとしたものである[7]（下線は筆者による）。

　港湾技術者は、地域特性と設計条件が近似する既存の港湾より得られる経験則に寄りかかって設計を行い、現場の状況を観察しながら修正する方法を強いられた。当然のこととして設計の修正幅はごく限られたものであった。
　要するに、当時にあっては海洋の波の動作を数学的に記述できないために汎用性のある港湾工学を確立できず、築港の良否はモデルを選定する個々の技術者の能力に依っていたとみることができる。先例による経験から設計の判断を下していく方法に依らざるを得なかったのが当時の港湾工学のレベルであった。

第2章　廣井波力式の導出および意義　233

2-4　実用的波力式の提案

(1) 廣井波力式

　廣井博士が小樽築港にあたって考案した波力の算定方法は、1919年に発表した論文と結果は同じであるけれども、理論の展開が異なる。1919年の論文は、長年にわたって小樽および大東岬において観測した波力データに基づき、精度と汎用性の高い波力式を構築しようとしたが達成できなったために、それまでに十分実績を積んだ波力式をトロコイド波の理論と射水の式を用いて導いたものである。

　小樽築港においては『築港　巻之一』に掲載された方法によっており、波力の計算は次のように展開して導かれる。

　すなわち、波動の衝突によって生じる圧力計算の方法は、射水が衝突する場合に等しく式（1a）で表される。

$$p = \frac{\omega v^2}{g} \qquad\qquad (1a)$$

　ここに
　g：重力加速度（m/sec²）
　v：射水速度（m/sec）
　ω：水の重量（tf/m³）
　p：衝突により生ずる圧力（tf/m²）

　波浪が深海から浅海に進むと、海底摩擦のために水分子の回転軌道は円形から楕円形の最も扁平なものになる。スコットランド出身の造船技術者ラッセル（John Scott Russel, 1808―1882）は流体力学において孤立波と呼ばれる波を初めて実際的および理論的に研究したことで知られている。実地試験の結果によりラッセルが案出した、水深が特に浅い場合の波動に対する速度の式は（1b）

234　第2部　業績を読み解く

のとおりであり、それによれば波動の速度は専ら水深と波高の高さにより決定
される。

　高浪が防波堤に接近すると高さを減じると同時に、水分子は上述のように軌
道を扁平にしかつ動揺をやや一様にすべての深さに亘らせる。そして障壁に衝
突すると高さを増し、波動は一変し水分子の動揺はすべての深さに亘り、その
平均速度は波浪進行の速度とほぼ等しくなるので、水分子の速度は波浪の速度
式（1b）と等しいとして式（1a）に代入することで波の平均圧力を得るこ
とができる。その際、ラッセルの法則──浅海域を進行する波の高さ H は水
深の大きさ h を超えない──を用いて、防波堤付近の深さ h を波浪の高さ H
に等しいとする。その場合の波高 H は明らかに最高波高である。波頭におけ
る最高圧力はその値を超えるものがある。

$$v = \sqrt{g\left(h + \frac{H}{2}\right)} \qquad (1b)$$

　　　ここに
　　　v：波の速度（m/sec）
　　　h：水深（m）
　　　H：波の高さ（m）

　上述の式を展開した結果求められる波力式は、廣井博士が1919年に『東京帝
国大学工科大学紀要』に発表した波力式 $p = 1.5\omega H$（通称、廣井式）と同形に
なる。同時に波高 H と防波堤の設置位置の水深 h が等しいので $p = 1.5\omega h$ と
なり、波力を水深で表すこともできる。

　廣井博士はこの波力式の妥当性を函館港、コロンボ港等の実例をもとに確認
した。コロンボ港においては防波堤の幅が7.3メートルの時の被災し10.7メート
ルに拡幅した後は波力に耐えたが、それを本式で証明できた[8]。同様に函館港、
スコットランド国ウイッグ港防波堤でも同様に証明できたので北防波堤の設計

に採用した[9]。

廣井博士は1899年以降、東京帝国大学教授を本務とし北海道庁技師を兼務としており、上述の波力式はそれ以後、北海道諸港の防波堤設計に用いられた。翌年には港湾に関する重要事項を決定する港湾調査会委員に任ぜられている

表－1　$p = k\omega H$型公式の係数[10]

提　案　者	係数 k の値
Dubuat	1.85
Rayleigh	1.96
Mariotte	1.25
Gaillard	1.31
Joessel	1.62
Thibault	1.85

こと、および『築港　巻之一』が出版されていたことから、本波力式がそれ以後、全国の防波堤建設に用いられたとみて間違いない。

射水の圧力とトロコイド波の水分子の運動に着目した同形の波力式 $p = k\omega H$ は表－1のようにすでに多くの提案がなされていたけれども、それらの波力式が実際の築港にあたって用いられた形跡はない。廣井博士は波力式の導出にあたってラッセルが提案した孤立波の速度を用い、さらにラッセルの法則を用いて直裁的に波力式を求めた。それによって自然に波浪データがない場合にも水深を用いて適用できる波力式が導かれた。この点については次項において詳述する。いずれにしても、廣井波力式は防波堤の先例をもとに有効性が確認され小樽築港をはじめとして全国で公式として使われた。工学的には廣井波力式のように実用に耐えるものであることが重要であり、式の導出方法および実用性の点から、他の同形の波力式とひとくくりにすべきではないことを強調しておきたい。

（2）波力式の正確さと汎用性

波高の低い波は水深の深いところでは左右対称形に近いが、波高が増すと山は尖り谷は平らになって左右非対称な形になる。その波が水深の非常に浅いところに進むと変形がさらに進み、水面の平らなところに瘤ができたような形の孤立波になる。第2次世界大戦中のノルマンジー上陸作戦の際、沿岸波浪の予測において浅海の砕波を予測するために孤立波の知識が活用されたという[11]。なお、孤立波は1871年、ブーシネスク（Joseph Boussinesq）によって理論的に

証明された。

深海部において水面波は周期によって異なる伝播速度を有するが、水深が半波長以下になると水深の減少とともに速度が遅くなり、波長の1/10以下になると波高が小さい場合には水深のみにより、また波高が大きい場合には波高と水深によって速度が決まる。

すなわち近似的に、前者は

$$v = 3.1\sqrt{h} \qquad (2a)$$

後者は

$$v = 3.1\sqrt{h + \frac{H}{2}} \qquad (2b)$$

と表される。

以上より明らかなように、波高が大きい場合の式（2b）はラッセルの案出した式（1b）にほぼ等しい。波力式の精度は射水の圧力式（1a）における正確な射水速度にかかっており、ラッセルが提案する経験式およびラッセルの法則を用いたことが廣井波力式の有効性と汎用性を確実にしたといっても過言ではない。廣井博士は波浪の観測等によってラッセルの提案式および法則の正確さを確信していたに相違ない。その慧眼こそが一頭地を抜く波力式の確立を可能にしたといえる。

廣井博士の生きた時代には、波浪の諸元は目視によって計測する以外に方法はなく計測時間も限られていた。さらに波浪の諸元に係わる定義が存在せず、得られたデータの有効な使用方法も確立されていなかった。現在では計測機械の精度が向上し長期にわたる波浪データの取得が可能であり、確率分布を用いることによって数十年に1度発生する波を推計できる。当時にあっては過去の最高波高を現地の地形に刻まれた痕跡と数年間の目視データから推測する方法が用いられており、現在からみるとその依って立つ科学が未発達であり、データの精度および量、推計手法ともに極めて不完全なものであった。それにもかかわらず廣井波力式は有効であった。むしろ、そうであったからこそ廣井波力

公式が不可欠であったというべきであろう。

　当時においては、長期にわたって波の観測を行い設計に用いるという順序を踏めない港湾も多かったに違いない。その場合にラッセルの法則に則り、防波堤の設置水深の値を設計波高とし、廣井波力式によって波力を算定できる利点は極めて大きい。実際、函館港や釜山港等で用いられた記録がある。ラッセルの法則を用いた廣井波力式が実用面において格段に防波堤設計の利便性を高めた。

　海港の建設においては外郭である防波堤の配置および築設が最も重要である。その設計において専ら先例港湾に倣う方法から港湾技術者を解放し、波浪観測の不備および波浪推計の精度を補い、簡便かつ有効に設計ができるようにした港湾工学上の功績は極めて大きい。廣井博士の波力式の評価は単なる波力式の提案に留まるものではなく、上記のように重要な意義があったことはよく留意されるべきである。

2－5　結　論

　工学においては、提案された成果が実際に用いられるという有用性が最も重要である。廣井博士の波力公式はまさにそれに該当する。上述したように、現在用いられている波浪推算や波力の算定は膨大なデータとその統計処理によって初めて可能になったものである。精確で多量な波浪データが取得できなければ精度の高い結果を得ることはできない。海洋波の理論は計測機器の発達および膨大な観測データを処理するコンピュータの開発とともに進展してきたのである。

　廣井博士が提案したのは、波浪データを容易に取得できない当時にあっては極めて簡便かつ実用的で信頼性の高い波力式であった。その高い信頼性ゆえに、それまで一般的であった設計方法——先例の港形、防波堤の規模を参考に設計を進める——の頸木から港湾技術者を解放して、外力から構造物を科学的に設計することを可能にした。それまでの港湾工学の適用限界を実用的にほぼ現在の水準および範囲まで拡張した功績は極めて大きい。

廣井博士は西欧で生まれた近代築港の科学と技術を完全な形で日本に移植したことは勿論、さらに実用に耐える波力式を提案することにより近代築港の可能性を大きく広げたのであり、そのことは世界の港湾工学史上に刻まれるべき業績である。

　廣井博士が波力式の導出方法を示しながら、それを論文にして発表せず小樽港において実測データを蓄積した理由は何であったろうか。それは重複波の波圧式として最近まで用いられたサンフルー式の場合と対比すれば明らかなように思われる。

　1928年、マルセイユ港の土木技師サンフルーが、重複波が作用する時の波力についてトロコイド波理論に基づく計算法を提案した。サンフルー式は当時としては画期的な理論式で国際航路会議にも直ちに取り上げられ直立防波堤設計の基本として用いられ、我が国では君島八郎がその著書『海工』上巻（1936）で紹介したのが最初と思われる[12]。

　廣井博士は、1898（明治31）年に『築港　巻之一』において波力式の導き方

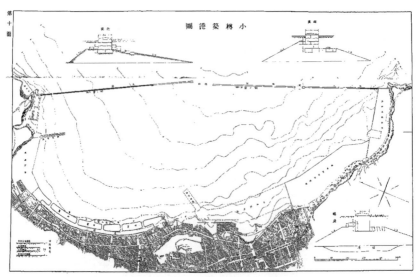

図－3　小樽港平面図および北堤（左上）、南堤（右上）、島堤（右下）

を発表したのち、長年にわたって小樽港の北および南の両防波堤に波力計を設置し、波力の実測データを収集して、より精度の高い波力式を追求した。その理由は波力を算定するために射水の水圧式を用いる根拠が薄いことにあったと思われる。砕波力を理論的に求めることは困難であるため、観測データに基づいて理論的に整理して波力式を求めざるを得ない。廣井博士もその手法によって精度の高い普遍的な砕波の波力式を求めようとしたが成功しなかったために、それまで実績のある波力式を、射水の式を用いて導出して1919（大正8）年に『東京帝国大学工科大学紀要』に発表した。

　現在の知見では、北防波堤に作用する波力は階段状ブロックによる消波の影響で、南防波堤のように直立壁に作用する典型的な波力分布とはならない。確定的なことは言えないが、南防波堤の実測データのみであれば新しい波力式が提案できた可能性は否定できない。

　注

（1）光易恒『海の波―特性と推算』海洋出版、1977年、22頁。

（2）V・コーニッシュ『海の波』中央公論社、1975年、2頁。

（3）ノーバート・ウィナー『サイバネティックスはいかにして生まれたか』みすず書房、2002年、16頁。

（4）光易恒『海の波を見る』岩波書店、2007年、54頁。

（5）光易恒前掲『海の波―特性と推算』27頁。

（6）Thomas Stevenson, "The Design and Construction of Harbors-A Treatise On Maritime INBURGH ADAM AND CHARLES BLACK," second edition, EDCK, 1874, p. 2.

（7）廣井勇『日本築港史』丸善、1927年、153頁。

（8）L. F. VERNON-HARCOURT, "HARVOURS AND DOCKS," VOL.I, Oxford AT THE CLAREDON PRESS, 1884, pp.306―307.

（9）廣井勇『築港　巻之一』工学書院、1898年、64―65頁。

（10）BRYSSON CUNNINGHAM, "HARBOUR ENGINEERIG," CHARLES GRIFFIN

240　第 2 部　業績を読み解く

&COMPANY LIMITED., 1908, p.122.

（11）光易恒前掲『海の波を見る』62頁。

（12）合田良實『耐波工学—港湾・海岸構造物の耐波設計』鹿島出版会、2008年 6

月、101—102頁。

第3章　コンクリートの耐海水性について

3 - 1　はじめに

　我が国における港湾建設の黎明期において、廣井勇博士が調査、設計、監督、指揮し日本人だけの手によって完成した小樽港北防波堤は、築港のすべてが完全に日本に移植されたことを証明する記念碑であり、今なお第一線防波堤として機能している。

　その建設にあたっては当時の最先端の技術が用いられたばかりではなく、未解明の必須技術については新たに研究され確認されて応用された。そのなかの最重要課題のひとつが防波堤の主要材料であり、工事費に大きな割合を占めるコンクリートブロックの製作であった。

　小樽築港の始まる5年前に発生した横浜港におけるコンクリートブロックの亀裂・崩壊は帝国議会で取り上げられ、築港に対する国民の信頼を失墜させる衝撃的な出来事であった。

　廣井博士は函館および小樽における築港工事に先立ち、1894（明治27）年7月よりセメントおよびコンクリートに関する系統的かつ精緻を極めた試験を開始している[1]。それを基にコンクリートブロックを製作し築港工事に用いた。そして1902（明治35）年からは、ミハエリス（Michaelis）の学説に基づきコンクリートに火山灰を用いて工費を節約し、同時にその耐海水性を増進した。そのことを『日本築港史』においては「その原理および応用については欧州において既に研究されたことであるが、重大な工事に使用したのは本工事をもって最初とする」[2]と述べている。そして世界に先駆けて函館港および小樽港において50年[3]、1913（大正2）年からは東京帝国大学において100年を目標としたモルタルブリケットの長期耐久性試験をスタートさせた[4]。

　一方、欧米においてはミハエリスの学説が発表されると、その学説を運河の堰堤等の小規模な工事に応用した例がいくつかあったが広く普及はしなかった

242　第2部　業績を読み解く

ようである。その理由はコンクリートが崩壊する真の原因および予防策について意見の一致をみていなかったことによる。

　それにひきかえ、日本においては廣井勇博士の研究に基づくコンクリートブロック製造方法が普及し、小樽築港以降、海水中におけるコンクリートの亀裂・崩壊は発生しなかった。

　上記のことから、海水中のセメントおよびコンクリートの耐久性に係わる廣井博士の国内での業績は歴然としているけれども、世界的な工学的位置づけは上記の『日本築港史』以上には明らかにされていなかった。

　本章では、廣井博士が発表した3編の英文論文のうち1904年に発表した最初の論文 'The Preparation and Use of Concrete Blocks for Harbour Works'[5]（以下、「1904年論文」と称す）および1920年発表の 'ON Long-Time Tests of Portland Cement, Hydraulic Lime, and Volcanic Ashes'[6]（以下、「1920年論文」と称す）を中心にその課題の解明を試みる。

3-2　ミハエリスの学説およびその後の展開[7]

　1904年論文には結論の中で、「水硬性セメントが海の工事に用いられ始めてわずかに70年を越えたが、それに対する種々の主張を証明するにも否定するにも未だ十分な時間が経過していない」と当時の現状を述べているが、海水中におけるセメントについて特に重大な影響を及ぼしたのはミハエリスの学説であろう。

　1880年に入って、セメント（Portland Cement）には耐海水性がないとする衝撃的な論文がミハエリスにより発表された。それによると、「酸化アルミニウムおよび酸化鉄を多量に含有し比較的珪酸に乏しいセメント（すなわち当時市販されていたセメント）は海中において使用すれば結果的に分壊は免れないだろう。これは専ら海中にある硫酸の作用により、硫酸石灰ならびに酸化アルミニウム化鉄が化合した種々の溶解しやすい物質が生じることによる。その療法として火山灰およびその他珪酸を多量に含有するものをセメントに混合することに利点がある」[8]ということであった。

その学説は海中工事の施工に至大の関係を有し、さらにセメント製造業に影響するところが少なくないので、1897年に至ってプロシア政府は特に試験委員を任命しシルト島（Sylt）において最も精緻を極め全く非難すべきところがない方法によってツラス[9]について実験を行った。

その実験の結果によれば、セメントにツラスを混和したものは海水に浸したものに限り、いずれもセメントのみのものと比べ高度な抗張力を示し、ツラスを混用する効果があることを示すものであった。このことは前述したミハエリスの学説の後半部分が正しいことを証明している。

フランスにおいては技師フェレー（Ferret）がポゾラナを用いて同様な試験を行ったが、大体においてツラスの結果と合致した。またセメントに関し科学的に極めたことで有名なル・シャテリエー（Le Chatelier）は、多年にわたる最も精緻な研究成果をパリで開会した万国建築用材試験会議において、①海水におけるセメント体の破壊は専ら硫酸アルミニウム石灰の発生によること、②セメントが含有する酸化アルミニウムが破壊の主な原因であること、③酸化アルミニウムから生ずる危険は、ポゾラナを混和することにより全く避けることができること、などを言明した。

さらに1902〜1909年に、シルト島に続く第2シリーズとして行われた実験においては貧石灰、富石灰および2種のセメントに砂、砂利、ツラスを加えた8種の配合のコンクリートブロックが製造された。しかしその結果は先の実験結果を全面的に強固にするものではなかった。1920年論文では、その後の欧米における耐海水性コンクリートの究明についての状況を次のように述べている。

The subject has been widely investigated in France, England and elsewhere, and while there still exist difference of opinions as to real cause of decomposition and the extent of liability to the latter concerning to the kind of cement, one point is agreed on, namely that the free access of sea water into the interior of a mass bound together by cement will result in the disintegration of the mass. There is hardly any doubt that impermeability to sea water, produced either naturally or artificially, is a requisite for the durability of cement work.

　この主題についてフランス、イギリスその他の国々において広く研究されたけれども、セメントにより結合された大きな固まりの中に海水が侵入してコンクリートが崩壊するという点を除いては崩壊の真の原因およびセメントの信頼性について未だ意見が一致していなかった。ただ、セメントの耐久性にとって不透水性が必要であることは疑いがなかった。

　また、米国土木学会は1923年に海水中におけるセメントの崩壊に関する報告書のなかで通常のセメントに信頼を置けない状況を次のように述べている。

In the United States, it appears that the attempt to make and use a standard cement for all purposes has probably been the cause of many structural failures and, in time, will cause many more. The rate of disintegration is affected by many factors, but even if the concrete is mixed and placed in accordance with the best practice, resulting in a material of maximum density, disintegration takes place, although much more slowly than if the porosity is greater.

　そして報告書の結論において、硫酸塩を含んだ水に浸された構造物を崩壊に至らせるには多くの要因があり、それらをより延命するための努力が続けられてきたけれども、過去の改良によってそれが解決されたとは思っていないし、硫酸塩に強いセメントが開発されるまで解決されないとも思っていないと述べ、耐海水性コンクリートの製造が確立していないことを明らかにしている。

The writers realize that many causes contribute to the failures of structures in sulphate-bearing waters, and that much work has been done, which has resulted in a longer life for these structures. They do not believe that the improvements resulting from previous experiments on methods of construction have solved the difficulty, nor that it will be solved until a cement immune from attack by sulphate-bearing waters is developed.

なお、当該報告書には、海水中のセメントに関わる国内外の3000の論文が収集された中から直接引用された48論文、参考とした65論文が著作目録として掲載されており、廣井博士の1904年論文および1920年論文が前者の中に、また1913年に米国土木学会に発表した論文[10]が後者に収められている。そのことからも当該分野における廣井博士の研究の重要性を量ることができる。ただし、1904年論文において引用されたのは耐海水性コンクリートの核心を述べた結論ではなく、ライン川流域のツラスなどいろいろな硅土質の材料を混和した実験結果の箇所である。また1920年論文においては、24年間の実験結果および現地での観察から火山灰の物理的、化学的有効性を述べた箇所が引用されている。当時の米国土木学会はセメントのみに注目していたことが分かる。

3-3　廣井博士による研究方法

1892（明治25）年11月、横浜築港工事において防波堤のコンクリートブロックに亀裂が発見され、その後国会で取り上げられるという重大事件に発展した。翌年9月、廣井勇は上京のところ、神奈川へ出張を命ぜられ横浜築港を視察している。

1894（明治27）年7月、廣井勇はセメント性質試験方法を定めセメントコンクリート試験を開始した。セメントの品質試験は、①成分、②細末の程度、③凝結または硬化中の形状・容積異変の有無、④凝結始終の時間、⑤強度、⑥耐海水性の検査から構成される。廣井勇はドイツ政府の規定およびこれに準ずる我が国農商務省の発令に関わる試験方法を応用してセメントの試験方法を決定している。そしてフランスのラロシェール（La Rochelle）港において実施した40年余にわたる実験結果を追試し、最も安定するモルタルの配合をセメント1：砂2と決定した。その追試の方法については廣井博士の論文「セメント用法実

246 第2部 業績を読み解く

験報告」[11]により明らかである。また、安定したコンクリートの最適配合を追求しセメント1：砂2：砂利砕石4に決定し、搗固め法によってコンクリートブロックを製造することとした。それまでのコンクリートブロックの崩壊のほとんどは搗固めおよび各層ごとの境界面の処理が不十分なことが原因であったことから、当該法には丁寧な施工が不可欠であるとして「コンクリート塊製造方心得」を特に定めて厳密なブロック製造を励行させた。それによって通常のセメントを用いて均一な耐海水性の高品質コンクリートを製造する方法が確立された。

1899（明治32）年、工学会の推薦によって工学博士の学位を授与された。その際、橋梁工学についで築港におけるセメントコンクリート問題の解決が高い評価を受けたといわれる。

1897年にシルト島で行われたセメント試験の第1回報告が発表され可溶珪酸を多量に含んだツラスの有効性が確認されると、廣井博士は追試を行いその原理を応用する研究に取り掛かり、1902（明治35）年、火山灰をコンクリートに使用することを断行し、その成果を1904年論文として米国土木学会を通じて国際工学会議に発表した。

また、海中に施設するモルタルの適切な配合を定める目的を持って、50年にわたる長期耐久性試験を開始した。その内容および中間結果は、「セメント用法実験報告」、「せめんと用法実験」[12]に詳しい。そして1920年論文が最後の報告となった。

なお、配合および囲体〔筆者注：ブリケットの外部環境である空気、淡水、海水のこと〕の関係についてさらに調査すべきものが少なくないとして、1913（大正2）年より東京帝国大学において100年を目標とした実験に着手した。使用するセメントは新しい製法によるものであった。その成果は「せめんと用法実験」に一部用いられたが、英文を含め論文のほとんどは小樽港の技術者が実施した50年試験の結果に依っている。

3 - 4 1904年論文の概要

　1904年論文は小樽築港におけるコンクリートブロックの製造・養生までの具体的な要点とその成果を記述したものである。

　まず、1904年論文は、海水中におけるセメントの耐久性に関する科学者とセメント業界の過去15年にわたる論争から説き始める。

　　　Dr. Michaelis, one of the highest authorities on the subject, has gone so far as to declare on the ground of his careful researches, that Portland cement as now manufactured is incapable of resisting indefinitely the action of sea water, and, as an improvement, he has proposed the addition of trass, pozzuolana and siliceous materials of similar nature, capable of taking hold of the calcium hydrate liberated in cement during the progress of induration.

　ここで注目すべきはシルト島で行われた実験結果についての廣井博士の見解である。廣井博士がその実験結果に着目し、自ら系統的な実験を実施して小樽港近傍で採取した火山灰を用いて耐海水性の向上および工費の節減を図ったことは前述したとおりである。

　しかし1904年論文において廣井博士は、陸上の研究室においては海中における現象を物理的にも化学的にも再現はできないことを常に心に留めておくべきであるとして、この実験結果、すなわち海中において使用した場合の強度の優劣では通常のセメントモルタルの壊れやすさも「ツラス―セメントモルタル」の壊れにくさも、ともに証明していないと述べているのである。

　　　The experiment carried out at the Isle of Sylt under the auspices of the Prussian Government in 1898 has established the superiority in strength of trass-cement mortar over ordinary cement mortar when used in sea water, but it neither proved the destructibility of the latter nor the indestructibility

248　第2部　業績を読み解く

of the former. It must ever be kept in mind that the phenomena—both physical and chemical—in the sea cannot be reproduced exactly in laboratories on land, and, consequently, the results of experiments in the latter should always be estimated accordingly.

　廣井博士は試験室のモルタルから離れて現場のコンクリートブロックの観察に注意を向けさせる。これまで過去10年間に著者（廣井博士）が港湾工事に使ったいろいろな大きさと配合の1万2千個以上のコンクリートブロックはいささかの損傷もないばかりでなく、自然のコーティングによって天然石と同等の強さを付与されている。むしろ空中に設置したときより一層硬く強くなっている。それは試験室の実験では知ることができないと主張する。その理由を、廣井博士は結論（Conclusion）において以下のように述べている。

　　海水の化学作用に限っていえば、特に強度が大きくてもコンクリートは耐久的にできる。なぜなら有機および無機物、コロイド状の堆積物が海中の〔健全な〕コンクリートの空隙を覆うと永久に海水との接触を断ち、ほとんど淡水中に置かれた状態に保たれるからである。構成材料が良質でなければ健全なコンクリートを造ることができないけれども、そのことを除くと、必須である自然のコーティングを十分に享受しコンクリートを耐久的にするには密でがっちりとした（massive）コンクリートを造ることが最重要である。ブロックの密度が最も重要な質であるのは、その強度、重量、不透水性は全く密度によるからである。

　　The most important quality of a block is its density. The strength, weight and impermeability of the blocks depend entirely on the density of the concrete.

　したがって、耐海水質を有するコンクリートを造るに際して珪酸を含有する

材料は必須のものではない。ツラスや良質のポゾラナは容易に手に入れられる
所であればどこでも有効であるとして、廣井博士は次のように述べている。

> With regard to the use of siliceous materials, the writer's experiments
> have shown that trass and good pozzuolana may be used with advantage,
> wherever they are easily procurable. The most important factor in insuring
> the durability of a block is, however, the mode of fabrication, most of the
> failures of concrete blocks being traceable to the lack of proper attention to
> some of the important details.

ほとんどのコンクリートブロックの崩壊はいくつかの重要な細かい点に対す
る注意力が欠けていたことは明白なので、ブロックの耐久性を確実にする最重
要の要素はその製造方法であることを強調している。

そして1904年論文の目的は筆者（廣井博士）が小樽築港工事において遵守し
た方法を述べてコンクリートブロックの準備に必須な要点を討議することであ
るとして、①構成材料の品質と配合、②コンクリートブロック製作の方法、③
ブロックの養生、をその主題として挙げその内容を述べている。

3－5　1904年論文は耐海水性コンクリートブロック製造の 最終結論

これまで述べてきたことから明らかなように、欧米において未だポルトラン
ドセメントの耐海水性が疑われている時期に、廣井博士はポルトランドセメン
トを用いたコンクリート製造方法を確立し、まず函館築港に、次いで小樽築港
に用いた。そして小樽築港が開始されて間もなくシルト島における実験結果を
知り、数回の実験を行って火山灰を混用したコンクリート製造法を確立した後、
1902（明治35）年に小樽港のブロックヤードに近接する崖から採取した火山灰
を混合したコンクリートブロック製造を断行した。奇しくも1902年はシルト島
の実験に次ぐ第2ステージの実験開始の時期であり、その実験の目的はモルタ

ルブリケットではなくコンクリートブロックを用いてツラスの有効性を証明することにあった。この実験は1909年まで行われたが、ツラスの有効性を完全に証明するものではなかった。

廣井博士は最初に、函館および小樽築港において通常のセメントによる耐海水性コンクリート製造法を確立し、小樽築港において火山灰を混合する耐海水性コンクリート製造方法を確立し実証した[13]。その成功はセメントの品質試験、構成材料の品質および配合、空気、淡水、海水の囲体別の性能検査等を定めた「セメント用法の実験方法」、および「コンクリート製造方心得」を整備していたことによる。例えば、モルタルの耐海水性の試験では、供試塑〔筆者注：試験体〕はすべて製作後わずか24時間を経て海水に浸水させ、まだ硬化が進まないうちに海水の作用に晒すもので、実際の施工と比べ過酷な条件であるけれども、配合が良好なものは徐々に強度を増し減退の兆候がないものとしており、このような厳しい試験を通じてセメントの耐海水性を確認している[14]。

廣井博士はセメントおよびコンクリートに対する正確な認識のうえに、火山灰の有効性と配合を決定する実験をスタートさせた。それに対し、ミハエリスは通常セメントを海水中に使うことができないという誤った認識から化学的研究を進めた。

多くの科学者、技術者はセメントに着目してコンクリート崩壊の原因を追及した。それに対し、廣井博士の場合はコンクリートを製造する工程すべてを視野に入れ、セメントだけではなく砂、砂利、砕石、用水などの構成材料の品質、それらの最適配合、締固め方法、養生時間や方法などひとつひとつの要素を確認し組み立てることによって健全なコンクリートが製造できるという確信から、より安価で完全なコンクリートブロックを追求している。つまり通常のセメントに信頼を置いているので、研究の目的、視野、追求手法が異なるのである。

さらに、モルタル試験は現場のブロックの再現にならないこと、すなわち天然のコーティングの効果によってコンクリート表面が保護され不透水性を確保できるので、強度よりもその恩恵を十分受けることができる密度に重きを置いている。

第 3 章　コンクリートの耐海水性について　　251

　モルタル試験が現場のコンクリートブロックの再現にならない点については若干の補足説明を必要とする。モルタルブリケットとコンクリートブロックはその容量および組成が異なるのは当然であるが、モルタル試験と現場のブロック製造の最も大きな相違は海水に浸す時期である。モルタルおよびコンクリートブロックは製造して始めの4週間、水和反応が最も活発で固化が進む。モルタルブリケットはその時期に養生し海水、淡水、空気に晒され、混和した火山灰が効用を発現するのでその効果は大きい。それに対し、コンクリートブロックの場合には養生の後、空中に置かれ1～2か月経てから海中に設置される。その時になると、ブロック内部の水和反応は持続しているけれども極めて緩慢な時期に入っている。混和した火山灰はその時に効用を発現しだすので効果は小さい。そして数か月後には海中の有機および無機物によるコーティングにより海水との接触を断ち、ブロック内部は淡水に浸った状態と同様になる。そのため火山灰の効果はモルタル試験の場合と比較し極めて限定される。したがってコンクリートの耐海水性は通常のセメント、骨材および水による確実な製造——密でマッシブなコンクリート——によって確保されなければならない。それが廣井博士の主張であるとみて間違いないないだろう。

　1904年論文は上記のような視点から小樽築港におけるコンクリートブロック製造の要点が記述されており、その成功はすなわち耐海水性コンクリートに関する最終的な結論を述べていることになる。その時点で廣井博士と同じ到達点に立っていた科学者、技術者を筆者は知らない。おそらく廣井博士だけであったに違いない。それ以後に発表された廣井博士のセメントに係わる論文は、当該論文に述べた認識を基本とした長期にわたる耐久性試験であったとみることができる。

3 - 6　結　論

これまで述べたことをまとめると以下のように整理される。

(1)廣井博士は火山灰をコンクリートに使用する前に、すでにポルトランドセメントを用いて耐海水性のコンクリートブロックを製造する方法を確立し

ており、通常のセメントは海中工事に使うことができる材料であると認識していた。

(2)欧米の科学者、技術者が通常セメントを海中工事に使用する是非を攻究してツラスの混合に取り組んでいる時期に、廣井博士は耐海水性コンクリートの品質向上と経済性を追求して火山灰に取り組んだ。

(3)シルト島で行われたセメントモルタルを用いた実験を実物のコンクリートブロックによって確認する実験が開始された1902年には、廣井博士は火山灰を混入する実験を完了し、自信を持って火山灰を用いたコンクリートブロックの製造を小樽港で開始した。その時点で、すでにセメントの耐海水性に係わる課題は完全に解決していたと見なすことができる。

(4)廣井博士の耐海水性コンクリートの研究はポルトランドセメントに対する信頼性を前提として、材料の品質からコンクリートブロックを製造するまでのすべての工程を視野に良質かつ経済的なコンクリートの製造を目的にしていたのに対し、欧米ではポルトランドセメントの耐海水性に研究の目的があり、研究の範囲もそこに留まっていた。

(5)1920年に入り未だ欧米諸国が耐海水性コンクリートに係わる課題を解決できていないなか、廣井博士は早くも1904年に耐海水性コンクリートブロックに係わる最終結論を下していた。

注

（1）廣井勇「函館港湾調査報文」1894年、6—16頁。

（2）廣井勇『日本築港史』丸善、1927年、149頁。

（3）I. Hiroi, 'The Preparation and Use of Concrete Blocks for Harbour Works,' International Engineering Congress, "Transactions American Society of Civil Engineers," 1904, pp.211—220.

（4）廣井勇「セメント用法実験報告」『東京帝国大学工科大学紀要』第6冊第1号、1913年。

（5）Hiroi, op. cit.

第3章　コンクリートの耐海水性について　　253

（6）I. Hiroi, 'On Long-Time Tests of Portland Cement, Hydraulic Lime, and Volcanic Ashes,' "The Journal of The College of Engineering," Tokyo Imperial University, 1920.

（7）William G. Atwood and A. A. Johnson, "The Disintegration of Cement in Seawater," American Society of Civil Engineers Transaction, 1923.

（8）廣井勇『築港　前編』第五版、1929年、135頁。

（9）火山灰からなる凝灰岩、水硬セメントの材料。

（10）I. Hiroi, 'On Long-Time Tests of Portland Cement,' "Transactions American Society of Civil Engineers," Paper No.1263, 1913, pp.1027—1044.

（11）廣井前掲「セメント用法実験報告」。

（12）廣井勇「せめんと用法実験」『土木学会誌』第5巻第6号、1919年。

（13）廣井前掲『築港　前編』第五版、164—167頁。

（14）同上、133頁。

第4章　The Statically Indeterminate Stresses in Frames Commonly used for Bridges

4-1　はじめに

　我が国にとって世紀のプロジェクトであった小樽築港が懸命の努力で進められていた1905（明治38）年、廣井勇博士はニューヨーク市ヴァン・ノストランド社より橋梁の不静定応力を算出するための著作を刊行した。この著書は廣井博士が東京帝国大学土木工学第三講座（橋梁学）の担当教授に就任して6年、大学の講義に基づいて執筆されたもので、橋梁技術者の学識に重要な貢献を果たすもの（English Literature 紙に掲載された書評）として高い評価を得た。

　この著書の特長は専らカスティリアーノの最小仕事原理（principle of least work）によって不静定応力の解析を行っていることである。特に2次応力の解析においては、それまでに発表された種々の方法と比較し格段に労力と時間を短縮する方法を提案した。

　廣井博士は著書の緒言においてエンゲッサー、ヴィンクラー、ミューラーブレスローなど構造力学等に偉大な足跡を残す世界的権威の名前を敢えて挙げて、彼らの提案する方法に対する自らの仕事に自信を隠そうとはしなかった。すなわち、

　　For different treatment of some of the cases discussed in this work, readers may do well to compare the works of Professor Burr, Greene, Du Bois and Johnson, and also those of Professors Engesser, Résal, Winkler, Melan, Müller-Breslau, Steiner, etc.

　その著書は橋梁設計の上に画期的進歩をもたらした独創的名著（『工学博士廣井勇伝』）と評され、土木学会による名著100冊のひとつに選定されているけ

第4章 The Statically Indeterminate Stresses in Frames Commonly used for Bridges　　255

れども、その功績および橋梁工学史における位置づけは明らかにされてこな
かった。本章の目的は、その著作を読み解き廣井勇博士の業績を明確にするこ
とにある。

　本章の構成は以下のとおりである。

　最初に不静定構造の解析が必要になった社会的背景および解析の歴史的概要
を述べ、数値解析の抱える問題を解決するために、より簡便な解析方法が提案
されたことを明らかにする。

　次に廣井勇博士の不静定応力に対する基本的立場を著書によって確認し、解
析の対象とする不静定構造を過不足なく精選し配列することにより、最小仕事
原理による解析の欠点といわれる点を補い長所を発揮する方法を考案したこと
を明らかにする。最後に、当該著書のもうひとつの眼目である2次応力の解析
方法についてその特徴を述べる。それによって著書の橋梁工学、特に不静定応
力に対する具体的な貢献が自ずと明らかになり歴史的位置づけが可能となる。

4－2　19世紀の橋梁工学と不静定問題

　イギリスに興った産業革命は社会に大きな変動を余儀なくし、特に新しい材
料である鉄と動力機関の開発はあらゆる分野にわたって急速で広範な変革を及
ぼした。

　橋梁工学の分野では19世紀に始まった鉄道建設によって、解決しなければな
らない諸問題が発生し材料力学の発展を刺激した。歴史的にはまずイギリスに
おけるコンウェイ、ブリタニアの2つの箱桁橋の建設を取り上げることができ
よう。その建設過程において薄肉構造の座屈、走行荷重、衝撃などの問題が初
めて研究された。

　1840年代になると欧米において金属トラスが建設されるようになった。それ
に伴ってトラス構造の解析が取り上げられるようになり、研究の対象は静定か
ら不静定構造の解析に移っていった。不静定構造は力の釣合い方程式だけでは
解くことができず、構造物の変形の関係式を必要とする。

　橋の支点が3個以上ある連続梁の不静定問題に最初に取り組んだのはフラン

256　第2部　業績を読み解く

スのナヴィエ（Navier, 1785—1836）であり、クラペーロン（B. P. E Clapeyron, 1799
—1864）が解析を進歩させた。

　1864年、マクスウェル（James Clerk Maxwell, 1831—1879）は不静定構造を解析
する重要な定理を発表したが、図を使わず記述が抽象的であったため技術者の
注目を集めなかった。1874年、モール（Otto Mohr, 1835—1918）は仮想仕事の定
理によってマクスウェルと同じ式を導き応用して以来、この方法はよく用いら
れるようになった。マクスウェル―モールの方法（Maxwell-Mohr method）と呼
ばれる。なお、マクスウェルはその研究において相反作用定理（reciprocity
theorem）という不静定構造の解析に重要な定理を発見している。

　1879年、イタリアのカスティリアーノ（Alberto Castigliano, 1847—1884）は最
小仕事の原理（principle of least work）の完全な証明と数値例をフランスから出
版した。これはマクスウェル―モールの研究より遥かに広範な分野をカバーす
る独創的かつ包括的な論文であり、不静定構造の理論の発展に極めて重要な影
響を及ぼした。「材料力学史」において著者 S. P. ティモシェンコは「彼（カス
ティリアーノ）の名著以来、構造力学は明らかにたいして進んでいない」[1]と指
摘している。

　マクスウェルとカスティリアーノは上記の定理を導くにあたって、弾性体に
作用する外力がした仕事は蓄えられるひずみエネルギーに等しいというクラ
ペーロンの定理（Clapeyron's theorem）を用いている。

　1880年代に入ると不静定応力に係わる重要な研究が数多く発表された。著書
の緒言に列記された教授たちはその中でも大きな足跡を残している。

4-3　カスティリアーノの定理および最小仕事原理

（1）不静定構造とは

　梁、トラス、アーチ等の構造に係わる静定および不静定について簡単に触れ
ておきたい。2次元で考えた場合、構造が安定であるためには図-1に示すよ
うに垂直、水平の2方向および回転に対して外力と反力が釣り合っていなけれ
ばならない。その条件のみで反力が求められる場合を静定という。それに対し

第4章 The Statically Indeterminate Stresses in Frames Commonly used for Bridges

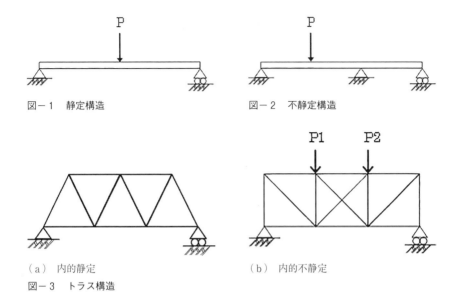

図-1 静定構造　　図-2 不静定構造

（a）内的静定　　（b）内的不静定
図-3 トラス構造

図-2の例のように、力の釣合条件のみでは反力が求められない場合を不静定（外的不静定）という。梁や桁の場合には不静定応力が求められれば梁や桁の任意の点の応力を求めることができる。一方、トラスでは、外力と反力の釣合いから反力が求められてもトラス部材の応力を求めることができない構造がある。一般的にトラス構造の節点（結合部）は理想的ヒンジと見なしトラス部材には軸力のみが発生するとして、各節点における力の釣合いにより軸力が求められる場合を静定（内的静定）、力の釣合いのみでは軸力が求められず構造物の変形を必要とする場合を不静定（内的不静定）という（図-3）。

トラスの節点を理想的ヒンジと見なせない場合には、2次応力を考慮しなければならない。

（2）カスティリアーノの定理および最小仕事原理[2]

前述したようにカスティリアーノは理想的ヒンジのトラスについて、たわみが外力の線形関数になるような構造を仮定してひずみエネルギーを求め、クラ

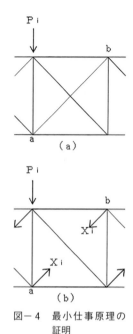

図-4 最小仕事原理の証明

ペーロンの定理を用いて次の重要な2つの定理を導いた。

定理1：ひずみエネルギー V を任意の外力 P_i について偏微分すると、外力の作用点の外力方向の変位 r_i になる。すなわち、$\partial V/\partial P_i = r_i$

定理2：ひずみエネルギー V を任意の変位 r_i について偏微分すると、それに対応する外力 P_i となる。すなわち、$\partial V/\partial r_i = P_i$

カステイリアーノは、不静定トラスの解析に定理1を用い最小仕事原理を証明した[1]。最小仕事原理とは、過剰部材に働く力すなわち不静定応力はひずみエネルギーを最小にするというものである。解析にあたっては図-4の過剰部材をすべて取り除き、それらの部材に作用する力 X_i に置き換えた。トラスは静定となり、そのときのひずみエネルギー V_1 は外力 P_i および不静定力 X_i の関数となる。定理1によりひずみエネルギー V_1 を不静定力 X_i で偏微分すると節点 a、b 間の距離の変化量となる。それは取り除いた部材 a、b に X_i が作用したときの伸びに等しい。すなわち、$-\partial V_1/\partial X_i = X_i l_i/EA_i$ となる。ここに、l_i は ab の部材長、E は弾性係数、A_i は ab 部材の断面積である。上式の右辺は過剰部材のひずみエネルギー $X_i^2 l_i/2EA_i$ の X_i に関する微分であるから、左辺を右辺に移すと、右辺はトラス構造全体のひずみエネルギー V を X_i で微分したものと等しい形になる。すなわち、$\partial V/\partial X_i = 0$ となり最小仕事原理が証明された。

4-4 不静定応力の解析に対する廣井博士の基本姿勢

著書の INTRODUCTORY CHAPTER において、「橋梁技術者が直面する不静定応力のほとんどのケースは各種の方法で解くことができるけれども」と断ったうえで、専ら最小仕事の原理によって不静定応力を解析する理由を次のよう

第4章　The Statically Indeterminate Stresses in Frames Commonly used for Bridges　　259

に述べている[3]。

　　The author has made the exclusive use of the method of work as the
simplest and the most direct way for arriving at the results.

　すなわち、著者は専ら（内部または最小）仕事の原理を用いることが結果に到
達する最も単純で最も直接的な方法であるというのである。そして合理的な方
法で設計に費やす時間と労力を節約する効果がある（「Preface」）と主張する。
　一般的に最小仕事原理や仮想仕事の原理を用いて不静定応力の解析を行う場
合の問題点は、労力と時間が他の方法に比べ大きくなることである。特に構造
が複雑になり不静定応力の数が多くなる場合には仮想仕事量やひずみエネル
ギーを求める式が長くなり、その影響は時間および労力に顕著に現れる。その
欠点を回避するためにモール、ミューラーブレスロー、エンゲッサーらの工学
者によって影響線や数表を用いる方法あるいはウィリオによる図式的解法など
種々の方法が考案されてきた経緯がある。
　ところで、トラスの節点は理想的な摩擦のないヒンジと仮定しているけれど
も実際にはリベットによって結合されており、外力が作用した場合、節点の結
合の剛性の程度によりトラス部材に曲げ、すなわち2次応力が発生する。つま
りトラス構造は静定構造であっても厳密には不静定構造であり、ヒンジ結合と
した解析モデルによる応力（計算値）と実際に発生する応力との差が問題にな
り、応力解析はかなり難しい問題となる。
　剛節トラスの解析法は1879～80年にマンデラ（H.Manderla）が先鞭をつけ、
ヴィンクラー（Winkler, E）、エンゲッサー、ミューラーブレスロー、モールら
により研究された。
　『工学会誌』に発表した論文「構拱〔Spandrel-braced arch〕に於ける応力の計
算」において、廣井博士は明確に「従来、〔不静定構造解析の〕応用に関わる計
算の方法は概して精確を欠いている。（略）〔最小仕事原理による〕計算法は解き
方が平易である上に結果にいたっては精確を極める方法であって」[4]と述べて

260 第2部 業績を読み解く

いる（〔 〕内は筆者による）。

　廣井博士の著書の表題にある「不静定応力」とは、不静定構造の応力および
2次応力の総称である。

　廣井博士が実用的に問題のない最もシンプルで精確な方法は、理論的にも経
験的にも最小仕事原理による方法であると考えていたことは前述したとおりで
ある。まず、最小仕事原理を用いて解析する場合の労力および時間という課題
を解決するために、解析の対象となる不静定構造物を精選してひずみエネル
ギーを求め偏微分する作業あるいは方法を簡単にしている。さらに、剛節トラ
スに発生する2次応力については節点が完全に剛結であると仮定して、三角形
トラスにはカスティリアーノの第一定理、横桁と横構に結合された柱には最小
仕事の原理を用いて解析しているところに他の方法と異なる大きな特徴がある。

4−5　著書の独創性

（1）不静定構造の精選

　この著書の緒言および先に引用した ENGLISH LITERATURE 紙の書評に独
創性のヒントが記されている。緒言には、

　It contains the solution of those problems most commonly met in the
practice of bridge engineer,

　「この著書は橋梁技術者が設計にあたって<u>最もよく直面する数々の問題に対
する解決法を収めている</u>」と述べている（下線は筆者による）。

　また、ENGLISH LITERATURE 紙には、さらに明確に

　It is the first attempt to present in English language in a single volume the
principal cases of statically indeterminate stresses occurring in the practice
of the bridge engineer,

第4章　The Statically Indeterminate Stresses in Frames Commonly used for Bridges　261

「橋梁技術者が設計する際に扱う不静定応力の主要なケースを1冊の英語の本で提示する最初の試みである」と述べ、扱うのは不静定応力の主要なケースと明示している（下線は筆者による）。つまり「不静定応力の主要なケース」とは具体的には、橋梁技術者が日頃よく接する不静定構造および荷重の種類、荷重の作用の様態などの設計条件の主要なケースにおける不静定応力を意味する。しかも最初の試みである。

　上記の記事から、実用的に過不足なく十分に利用できるように、廣井博士は執筆するにあたって日常最も直面する主要な設計条件のケースを精選したことが分かる。この精選とその系統的な整理は一見単純な作業のようにみえるが、著作の価値を左右する極めて重要なプロセスである。なぜなら橋梁設計の広範な実務と橋梁工学の最新の情報に精通していなければ十分な成果を収めることはできないからである。廣井博士は研究者としてではなく技術者の目で慎重にその作業を行ったに違いない。それは、若き日のアメリカにおける橋梁設計の実務と非常な研鑽を基礎に、最新の橋梁工学の動向を踏まえて初めてできることである。その知識の一端は、彼が東京帝国大学で講述した鉄道橋および公道橋に係わる橋梁示法書の論文から知ることができる。そこには、欧米の橋梁示法書も参考にしながら橋梁の設計、用材の品質および試験、製作に係わる各示法書が英訳とともに収められている。さらに橋梁示法書の発表に続き、翌年から「構拱に於ける応力の計算」など不静定応力および2次応力に関する4編の論文を発表している。

　著書の構成は GENERAL PRINCIPLES（一般原理）に始まり TRUSSED BEAMS（トラス桁）、VIADUCT BENTS（陸橋構柱）、CONTINUOS GIRDERS（連続桁）、ARCHES WITH TWO HINGES（両端ヒンジアーチ）、ARCHES WITHOUT HINGES（両端固定ヒンジ）、SUSPENSION BRIDGES（吊橋）、TRUSSES WITH REDUNDANT MEMBERS（不静定トラス）、SECONDERRY STRESSES DUE TO RIGIDITY OF JOINTS（節点の剛度による2次応力）である。

　各章においては、それらの構造および作用する荷重の基本形を定め、外力によって構造物の内部に生じるひずみエネルギーを求め、不静定応力を求めるた

262 第2部 業績を読み解く

めに最初から式を展開しなくても、該当する構造、荷重の種類および作用点等があれば、それを用いて以後の式の展開を行っている。実際の構造物には、該当する条件がそろっていれば著書の式に必要な数値を代入し不静定応力を計算できるように工夫されている。

　すなわち、構造および作用荷重等の基本形の配列は系統的でシステム化されているために計算に費やす時間と労力は最小限となる。さらに記述が簡潔で分かりやすいのも類書にない特長のひとつである。

　米国において初めて最小仕事の原理が詳しく紹介されたのは1891年に発表された William Cain の論文であるといわれている[5]。廣井博士の著書は英語で書かれた最初の教科書である。カスティリアーノが1879年にフランスで発行した著書が英国の技術者によって初めて英語訳で発行されたのは1919年あり、1905年に刊行された廣井博士の著作が簡潔で系統的に整理された実用的な内容によって英語圏に最小仕事の原理を普及させた功績は大変に大きいと言わねばならない。

（2） 2次応力の独創的解析

　廣井博士の独創性は2次応力の解析によって評価された。上述したように2次応力の解析について多くの工学者が取り組んだが、実用的に正確な方法は1892年、モールによって提示された。以下に廣井博士の方法と対比するため剛節のトラス構造を対象にモールの方法を概略する[6]。

　モールは部材の回転角と剛節点の回転角を明確に区分したうえで、節点変位は節点の剛性にはあまり影響されないと仮定し、その変位を理想ヒンジトラスの変位を求める方法で求めた。すべての部材（ik）の回転角 ψ_{ik} はウィリオ図によって得られる。未知数として彼は未知数である剛節点の回転角 Φ_i をとった。任意の部材 ik の節点 i での曲げモーメントは

$$M_{ik}= (2EI_{ik}/l_{ik}) (2\Phi_i + \Phi_k - 3\psi_{ik}) \qquad\qquad \text{(a)}$$

　ここに $\Phi_i - \psi_{ik}$ および $\Phi_k - \psi_{ik}$ は、部材 ik の i, k 端の接線角である。E、I_{ik}、l_{ik} はそれぞれ部材 ik の弾性係数、断面2次モーメント、部材長である。

第4章　The Statically Indeterminate Stresses in Frames Commonly used for Bridges　　263

節点の釣合条件から、未知数Φ_iに等しい数の方程式が求められる。

　　　$\Sigma M_{ik} = 0$　　　　　　　　　　　　　　　　　　　　　（b）

（b）式の数は相当なものであるが、モールは漸近近似法により簡単に解けることを示した。Φ_iが得られれば、式（a）より曲げモーメントを計算し、曲げ応力（2次応力 secondary stress）が求められる。剛節トラスを解析するこの方法は十分正確なことが分かり広く実用された。

　廣井博士は基本形として三角形トラスが自由に変形した場合の各頂点（節点）の角度の変化を求める。次に、トラス構造の節点を完全剛結と仮定し、外力が加わり節点の位置が変化しても部材で構成される節点の当初の角度は変化しないものとする。すなわち、

　　If, however, the joints were so rigid that angular changes could not take
　　place, then each member would have to distort itself in such a way as to
　　occupy its new position without producing angular changes at the joints. As
　　a consequence, whatever positions the members may in this way assume,
　　the tangents to their neutral axes at the joints should maintain the original
　　angles between them.[7]

　その節点の拘束によって部材 ik の両端部に曲げモーメント M_i, M_k が発生すると部材端 i からxだけ離れた点の曲げモーメント Ms は

　　　$Ms= -Mi +(M_i + M_k)x/L$

　　　　　ここにLは部材長

Msによる内部仕事量ωを$(M_i + M_k)/L$で微分するとカスティリアーノの第一定理により部材 ik の変形後の正接 a_{ik}（微小であるので = 変形角度）が求められる。a_{ik}はM_i, M_k, Lで表すことができる。同様の方法で三角形トラスの各部材の変形後の角度変化を部材端すなわち節点に発生するモーメントと部材長で表すことができる。隣りあう2本の部材の変形角度の和が、自由に変形した場合の節点の角度の変化に等しいとする。各節点におけるモーメントをMとす

264　第2部　業績を読み解く

ると$\Sigma M = 0$となるので、その条件より各節点における各部材の曲げモーメントが求められ、2次応力を求めることができる。実際の節点は剛度を有し、完全剛結として求めた2次応力より小さな値となるが、その差は極めて小さいとする。横構と横桁に結合された柱の場合には部材両端の曲げモーメントMと部材長Lによって内部仕事量を表し、その曲げモーメントで内部仕事量を微分して2次応力を求める方法を提示した。

　2次応力の場合には節点の剛度を考慮した節点および部材の変形の取り方により多くの解法が提示された。その取り方に独創性が発揮されるわけであるが、いずれの方法も実際に解くには大変な労力と時間を要した。後年、その中で解法の精度と実用性から最も優れていると評価されたのが前述したモールの方法である。廣井博士の方法はそれよりも効率的に2次応力を求めることができる。後述するように、廣井博士はその方法の精度を検証し1913年に『東京帝国大学工科大学紀要』に発表した。

　当時の米国の鉄道橋を取り巻く状況について、廣井博士は次のように述べている（現代語訳による）。

　　　理論の方面においては、弾性論に基づき複雑に絡まった各種の問題を解決する方法が次第に攻究され、従来僅かに推量によって定めた応力も数理的に確定することができるようになった。（中略）しかし普通の工事において周密な応用ができていないのは米国における橋梁設計上の一大欠点であることを免れない。殊に結束の剛度に起因する副応力〔筆者注：2次応力〕の危険なことは一般に認められているにもかかわらず、計算が容易ではないので依然としてその算出を怠る傾向にある。副応力は実験の結果、初応力の1割から10割に達することがあって最近では我が国における模範的鉄道橋について実測した場合においても2割以上になり配材が適当でないものがあるのを発見した[8]。

　廣井博士はその著作によって最小仕事原理の優れた実用性と有効性を余すと

第4章 The Statically Indeterminate Stresses in Frames Commonly used for Bridges　　265

ころなく展開し証明してみせたのである。日常よく見られる不静定構造を精選
し周到に配列して不静定力を求め、さらに2次応力の場合にはトラスの節点を
完全剛結と仮定し部材端のモーメントを用いて内部仕事量を求め上記のように
かなり複雑になる2次応力の計算を分かりやすく簡潔に求める方法を提示する
ことにより、橋梁技術者に最小仕事原理の有効性を証明しその浸透を促したと
ころに、この著書の真価があり独創的名著と称される所以があった。

　1900年当時にあってもアメリカでは不静定構造に対する橋梁技術者の強い反
発があり1930年代になっても未だ好意的に受け入れられない向きがあったよう
であり[9]、徐々に理解され浸透していった経緯がある。そのような環境下に
あって廣井博士の著書は橋梁技術者にとって衝撃的であっただろうし、その衝
撃が強いだけ不静定構造に対する橋梁技術者の理解を深め違和感をなくし、不
静定構造の橋梁建設を促進する力となったことは想像に難くない。

　廣井博士の著書刊行から21年後に発刊されて以来数十年間、米国において不
静定構造の主要なテキストとなったパーセルとマネイ著 "An Elementary
Treatise on Statically Indeterminate Stresses" の歴史レヴューにおいては、廣井
博士の名著を不静定構造に係わる主要文献として次のように評価している。

　　Brief, clear treatment（exclusively by method of least work）the leading types of
　　indeterminate structures and of secondary stresses.[10]
　　不静定構造および2次応力の主要なタイプ（種類、型）に対する簡潔で明
　　快な（専ら最小仕事の方法による）解析（処理）である。

4－6　結　論

　上記の考察から以下の結論が導かれる。

　最小仕事原理を用いて不静定応力を解析すると精度の高い解が得られるけれ
ども、構造を構成する部材の数が多くなり不静定応力の数が増す場合には、ひ
ずみエネルギーを求め不静定力で偏微分する作業が大きく増え、それに伴って
要する時間と労力が大きくなるという実用面での欠点があった。それに対し廣

266　　第2部　業績を読み解く

井博士の著書においては、

(1)橋梁技術者が日常最も多く直面する主要なケースを精選したうえで系統的に配列し、各ケースについて簡潔に不静定応力を求める方法を明らかにした。

(2)実務的には、一度その著作に沿って実際に連立方程式を展開し確認しておけば、実際の設計にあたって著書の中に該当するケースがある場合には不静定応力を求める式に必要な数値を代入するだけで不静定応力を求めることができる。

それらの工夫によって最小仕事原理による不静定応力解析の応用範囲を格段に広げることができることを証明した。その成功によって最小仕事の原理による不静定応力の解析方法を英語圏の技術者をはじめとして広く普及させた功績は極めて大きく、主要な文献に挙げられるようになった。

(3)トラスの節点の剛度を考慮した2次応力の解析方法が数多く発表されたが、実際には大変な時間と労力を要するため精度および実用性に難点があった。廣井博士は剛度を考慮するのではなく、節点を完全剛結と仮定することにより効率的に2次応力を求める方法を開発した。

1908年に米国で刊行された2次応力の解析に係わる著書 "Secondary Stresses in Bridge Trusses"[11]には最小仕事原理による方法がマンデラ、ミューラーブレスロー、リッター、マクスウェル―モールの各方法とともに解説されていて、最小仕事原理は望ましい結果に導くけれども労力の短縮には遠く及ばないと評している（[preface]）が、カスティリアーノの第一定理を用いる廣井博士の方法はその難点を解決している。

"Secondary Stresses in Bridge Trusses" の最終章 LITERATURE[12] には、1880年のアシモント（Asimont）から1906年のモールまでの44の2次応力に関する著書・論文が掲載され、その中に廣井博士の著書が記されている。また、1913年、廣井博士はワーレントラスの模型実験を行って自ら開発した2次応力の解析方法の精度を検証し、『東京帝国大学工科大学紀要』に発表した[13]。その結論が不静定応力に係わる主要著書 "An Elementary Treatise on Statically

第 4 章　The Statically Indeterminate Stresses in Frames Commonly used for Bridges　　267

Indeterminate Stresses" に紹介されている。

Hiroi made a test on a small model truss to check the calculated values of 600, 800 and 650lb. per sq. in., respectively. The corresponding computed values were 715, 830 and 750 lb. per sq. in.[14]

　廣井博士の著作は、最小仕事の原理を利用する際の問題とされていた点を独創的な方法によって解決し利用しやすくして成功を収め、橋梁技術者にその利用法が浸透し、延べて不静定応力の確実・効率的な解析に極めて大きな貢献をした。

注

（1）S. P. ティモシェンコ『材料力学史』鹿島出版会、2007年、264頁。

（2）同上、260—263頁。

（3）I. HIROI, "The statically-indeterminate stresses in frames commonly used for bridges," New York: D. Van Nostrand Company, 1905.

（4）廣井勇「構拱に於ける応力の計算」『工学会誌』第238巻、1902年。

（5）RICHARD M. CASELLA, "National Historic Context and Significance of the General Sullivan Bridge Dover," New Hampshire, Preservation Company Kensington, New Hampshire and New Hampshire Department of Transportation Concord, New Hampshire, 2005.

（6）ティモシェンコ前掲書、289—290頁。

（7）HIROI, *op. cit.*

（8）廣井勇「欧米の鉄道橋に就て」『帝国鉄道協会会報』第11巻第2号、1910年。

（9）JOHN IRA PARCEL and GEORGE ALFRED MANEI, "An elementary treatise on statically indeterminate stresses second edition," New York: John Wiley & Sons, Inc., 1936, p.401.

（10）*Ibid.*,p.420.

268   第 2 部　業績を読み解く

(11) C. R. Grimm, "Secondary Stresses in Bridge Trusses," New York: John Wiley & Sons, 1908, pp.138—140.

(12) *Ibid.*

(13) I. HIROI, 'On the Determination of Actual Stresses in a Metallic Bridges,' "Journal of the College of Engineering," Imperial University of Tokyo, November 30th, 1913.

(14) 廣井前掲「欧米の鉄道橋に就て」409頁。

参考文献

CARLO ALBERTO PIO CASTIGLIANO: The theory of equilibrium of elastic systems and its applications, Dover Publications, Inc., New York, 1966.

H. M. WESTERGAARD: One hundred fifty years advance in structural analysis, Transactions of the American Society of Civil Engineers 94 (1936), pp226—246.

Harold Medway Martin: Statically indeterminate structures and the principle of least work, London Office of "Engineering", 1895.

第5章　総　括

（1）小樽港北防波堤の構造

　我が国においては基礎マウンドの上に直立堤を載せる混成防波堤が主流である。小樽港北防波堤も混成防波堤であるが、傾斜堤に近い形状となっている。防波堤は廣井波力式によって設計されているが、「小樽築港工事報文　前編」において述べているように、現場の状況を観察し波力を計測しながら防波堤の構造を変化させている。基礎マウンドが高く勾配は緩やかで、波に対する表面の捨石およびブロックの安定を増している。スローピングブロックシステムで築造する直立部は（天端）高さが低く、ブロックの最下層はマウンドの中に埋めて洗掘防止し、直立部前面に階段状ブロックを設置して消波するため、直立部そのものが激浪に晒される部分は限られる。さらに防波堤の背後に捨石を積み上げ、その表面にブロックを設置して直立部の滑動抵抗を増大させている。堤体の一体化をはじめとして極めて粘り強い構造となっていて、廣井博士の熟慮と決断を推し量ることができる。

　南防波堤においては階段状ブロックをやめ、直立部の根固めブロックを斜塊にして抜け出しを防止していて、防波堤構造は一段の進歩を遂げている。

　北防波堤の建設が始まる以前に、すでにケーソン工法が開発されている。廣井博士がケーソン工法を採用しなかった理由は、スローピングブロックシステムによる堤体の一体化が構造的に優れていること、およびケーソンに使われる鉄筋の腐食の可能性にあったのではないかと推察する。海中における鉄筋の腐食については、ケーソン工法が普及するに及んで廣井博士も研究に着手している。その解明が済まないうちに、欧米ではケーソン中詰めに砂を充塡しているという理由で日本でもそれに踏み切ったことを廣井博士は批判している。それは結果的に杞憂に終わったが、欧米で実施していることを唯一の理由にケーソンの中詰めに砂を充塡したことは工学者、科学者の取るべき態度ではないことは明らかである。耐海水性のコンクリートを製造するために行った廣井博士の

270　　第2部　業績を読み解く

系統的研究の跡を辿ると、なおさらそのように感じる。

（2）廣井波力式の導出および意義

　本章はこれまで廣井勇博士を世界の港湾工学史上に位置づけるために行って
きた研究の結論である。この研究は次のような動機から始まった。

　廣井博士が、それまで雇い外国人が蹉跌を踏んできた本格的な築港を、周到
な準備のもとに小樽の地で鮮やかに成し遂げ、我が国における近代築港の基礎
を築き指導し港湾工学の発展に寄与し、さらに社会基盤を支える人材を育てて
きた業績は周知の事実である。しかし、なぜ現在もシヴィルエンジニアといえ
ば真っ先に廣井勇の名前が挙がるのか、また我が国に近代築港の学を移植した
日本における築港の権威ではなく、世界的権威とされるのはなぜかという疑問
に対し、これまでの研究は正面から応えていないのではないかという思いが、
いつの頃からか脳裏に浮かび離れなかった。内村鑑三の弔辞に溢れる清きエン
ジニアとしての生き様、あるいは世界トップクラスの港湾技術者が招集され議
論を戦わせた上海港改良技術会議での活躍だけでは語り尽くせない何かがある
ように思えてならなかったのである。

　廣井博士が同時代の世界の築港に係わる技術者・研究者と格段に相違する何
かがあるに違いないという仮説から本研究は始まった。そして築港を現在の港
湾工学の視点から評価するのではなく、1800年代後半の世界における築港とそ
れを支える港湾工学の限界に着目し、廣井勇博士の業績が当時の港湾工学の何
を変え後世に影響を及ぼしたかという視点を中心に研究を進めてきた。しかし
その業績は皮肉にも戦後における港湾工学の発展過程を逐うことによって少し
ずつその輪郭を顕し始めたのである。それは諸科学に支えられて発展してきた
現代の港湾工学の対極に位置するような多くの科学的制約条件の中にあって、
廣井博士の港湾工学が高い水準の成果を収めてきたことであり、その最も顕著
な業績が波力の算定式であったことである。

　結論に至ってみれば誠に明白なことに時間を費やしたようにも思えるけれど
も、工学の原点にたって分析・考証する地道な作業を進めることにより、廣井

博士の業績を港湾工学の歴史の上に位置づけることができたのではないかと感じている。

（3）コンクリートの耐海水性について

　廣井博士の学術上の主要な業績として波力式、橋梁工学における不静定応力、コンクリートの耐海水性に係わる研究を挙げることができる。前二者は廣井博士のオリジナリティーが強く出ているのに対し、後者には精密なシステム思考が顕れていて、その思考があったればこそ小樽築港の諸課題の解決および建設マネジメントが可能であったことに思い至る。

　そのコンクリートの耐海水性の探求方法は精緻を極める系統的室内実験および実物実験より構成され、完全なコンクリートブロックの製造に成功していたために廣井博士の学理は極めて説得力がある。

　それに対し、横浜築港におけるコンクリートブロック崩壊の原因および善後策をまとめた「横浜築港工事用材混凝土塊調査報告」[1]では、①原料の性質、②原料調合の割合、③混凝土塊製造法、④混凝土塊製造後の処理法、⑤混凝土塊の性質（コンクリートブロックの亀裂の観測および破壊検査）、⑥水堤の構造、の諸点よりコンクリートブロックの亀裂の原因を調査しているが、セメントおよび砂の性質については実験を実施しているものの、それらの原料を調合して健全なコンクリートを製造、養生する部分については欧州の学理を借りて理論を展開していて実験による検証をしていない。そのためコンクリートの透水性を調査するために造った改良ブロックは、完全な製造になっていない。その結果として善後策は原料の最適配合を示しておらず、またブロックを吊るための溝の周辺は搗き固めにくいためこれを廃止するよう述べるなど必ずしも適切な提言となっていない。この報告を行った5人の調査員はいずれも我が国における最高の専門家であったことを考えると、学理を重んじ実験を軽視する当時の学究態度に思い至るのは筆者だけであろうか。

　我が国コンクリートの近代化に大きな足跡を残した吉田徳次郎博士は「土木工学と実験」と題する論文において実験の重要性について次のように述べてい

272 　第 2 部　業績を読み解く

る。

　　土木の仕事は、主として、経験と実験を基として、進歩発達したもので
ある。我が国現今の土木工事は、明治の初年以来、欧米の土木工学を輸入
し、之に従って土木工事を実施して、或る程度まで立派な成績を上げてき
た。それで土木に関する問題を解決するには、先ず、外国の本や、雑誌を
調べ「何の本に斯う書いてあるから、こう決めよう」という傾向が著し
かったように思われる。従って土木の技術者で、実験の必要な所以及其の
利益を充分に会得した人は甚だ少数であった様である。(中略)
　　然し斯くの如き有様では、日本の土木工学は、一歩も外国の上に出るこ
とは出来ない事は明白である。(2)

　廣井博士は精緻を極める実験によって完全なコンクリートブロックの製造方
法を確立し、さらに50年および100年を目標としたモルタルブリケットの耐久
性を調査研究している。そのような科学的態度は当時、我が国にあっては極め
て珍しかったようであり、それ故にこそ世界最高水準の仕事を成し遂げること
ができたと断定して誤りないだろう。

(4) The Statically Indeterminate Stresses in Frames Commonly used for Bridges

　本論のはじめに触れたように、我が国の港湾建設の黎明期において厳しい予
算制約のなか、日本人のみによって当時世界最高レベルの技術を用いて小樽港
北防波堤の建設が進められた。廣井博士が北海道庁技師として、最新の技術を
開発・応用して防波堤を設計し、建設を指揮監督したことは周知のとおりであ
る。その最中にあって東京帝国大学での橋梁学の講義に基づいて英語の 2 冊目
の著書を刊行した。鉄道橋の設計が英国人の指導から離れたのが1896(明治29)
年である(3)ことと考えあわせると、その頃、廣井博士はすでに橋梁工学および
港湾工学について格別の能力を身につけており、工学によって社会と人々の生

活を豊かにするという初志を貫こうと邁進していたことが分かる。

　ある時、廣井博士は教え子の十川嘉太郎に「××氏の「不定応力」には自分（廣井）の著書から抜き書した処も自ら発見したかの如く書いてある。西洋人は日本人から聞いたといふては恥辱とでも思っている」と話したということから[4]、当時注目された著書であったことが窺える。

　1908年から翌年にかけて廣井博士は欧米旅行に赴き鉄道橋の視察を行った。当時すでに欧州の鉄道建設は峠を越え、米国が世界一の鉄道延長を有し旺盛な投資を行っていた。米国の鉄道橋に関しては廣井博士の視察報告の一部を本書で引用した。一方、同報告において欧州の鉄道橋については次のように述べている[5]（現代語訳による）。

　　　欧米諸国における橋梁建設の趨勢を観察すると、進歩した理論の応用に汲々として設計の巧妙を競い、米国において普通建造する単桁のようなものは陳腐に類するものであるとして採択することは希である。その結果として奇抜な結構を現出してしまい、そのため構造がシンプルでなくなり応力、配材等の調査を困難にし、かつ分からなくしてしまう傾向があり外観のために橋梁の主眼である運輸交通の安全を犠牲にするところがないわけではない。

　それらのことを踏まえたうえで、我が国の橋梁工学のあり方を以下のように提言している。

　　　できればさらに一歩を進めて実験および学理応用の範囲を拡大して設計に改善を加える、その一事である。そのため鉄道橋に限っては欧州諸国の習慣に依らず専ら実用を重んじて構造はシンプルにし、その種類を少なくして各部の調査を周到にする必要がある。そして美観の目的を持たせるのは公道橋に委ねるのがよい。

274　第2部　業績を読み解く

　廣井博士の工学は社会における実用性に主眼を置き、シンプルにシステム的
に対応することを要求しているように思う。

（5）業績評価の今後の課題

　廣井博士の業績を工学の歴史上に位置づけるにあたって大変有意義であった
のは、耐海水性コンクリートおよび橋梁構造の研究に関わる歴史を扱った論
文・著作が存在したことである。

　個人の業績を評価するには①当該論文を精読し、②その工学分野における研
究の歴史的経緯を調査して、当該論文の独自性を解明するというプロセスを経
る必要がある。これまで廣井博士の業績研究が進まなかったのは、我が国にお
いてさえ廣井博士の主要な論文に直接あたらずに他人の著作に記載されている
評価をそのまま引用する傾向が強いこと、さらに工学の各分野において、その
歴史をまとめている論文が極めて少ないことに原因がある。

　例えば我が国において偉大な貢献をしたことで知られる廣井博士の波力式で
さえ、耐波設計の権威ある専門書において次のような紹介がある程度である。
少し長くなるが引用してみる。

　　この広井式は東京帝国大学工学部紀要に英文で発表されたもので、翌年
　に土木学会誌に特に請われて訳載されている。もっとも、これが港湾工事
　の実務に取り入れられるまでにはある程度の年数を要したもようである。
　当時、港湾工事を所掌していた内務省関係では比較的早かったのか、1930
　年に刊行の構造物設計例集では広井式に基づくケーソン堤の設計例が記載
　されており、また鈴木雅次著『港工学』(1932)では広井式を高く評価して、
　設計計算例を挙げて説明している。しかし、昭和初期の専門書の中でも、
　君島八郎著『海工』では全く触れられていない。また、物部長穂著『水理
　学』(1933)では理論に重点が置かれていたためか、重複波圧は詳しく述
　べられているけれども広井式については言及もされていない。

　　このあたりの事情は現在では不明であるが、憶測するに、この時代の港

湾は設計と施工が一体のものであって、技術者は各自の経験と判断で一つ一つ構造物を築造しており、波圧式が提案されても必ずしもそれに依存しない気風が強かったのではないかと思われる。また、設計波そのものもあまり明確ではなかったであろう[6]。

実際には、小樽港北防波堤の竣工に続き1908（明治41）年から小樽港南防波堤、函館港第2期工事、岩内港、釧路港、留萌港が次々着工し、防波堤の設計には廣井波力式が用いられた。初めて日本人技術者だけで完成した小樽築港は我が国近代築港の金字塔ともいうべきもので、その後の築港に大きな影響を与えた。これまで述べてきたことから明らかなように、技術者各自が自らの経験と判断で採用するほどに信頼できる波力式は廣井式のみであった。そして、唯一信頼できる廣井式は最高波高を用いるものであった。そのような事実が歴史に埋もれていた。さらに、耐海水性コンクリートの究明についても廣井博士の研究成果であることが100年の間に忘れられていた。橋梁工学についても同様である。廣井博士が御存命のうちは周知の事実であったに違いない。しかし記録に残っていなければすべて忘れ去られてしまう。我が国においてさえ、そのような状況である。まして、当時の世界各国の工学者が廣井博士の業績をどのように評価していたかを明らかにするのは容易ではない。その点は課題として残った。しかし、廣井博士の論文業績の解明という当初の目的は、当該分野の歴史に係わる論文の発見と読解によって達成できたと思う。

最後に筆者として心残りであったのは、下関海峡架橋が実現をみなかったことである。日本ではニッケル鋼を未だ生産できていなかった当時にあって、そのプロジェクトに着手すれば我が国の橋梁建設技術および材料開発の飛躍に繋がったことは間違いない。そこに小樽築港の場合を重ねてみることは筆者の贔屓目であろうか。

注

（1）高山甚太郎・妻木頼黄・中澤岩太・真野文二・倉田吉嗣「横浜築港工事用材

276 第2部 業績を読み解く

料混凝土塊調査報告書」『工学会誌』第149号、1932年。

（2）吉田徳次郎「土木工学と実験」『土木工学』第1巻第1号、1932年。

（3）久保田敬一「本邦鉄道橋ノ沿革ニ就テ」『土木学会誌』第3巻1号、1917年。

（4）十川嘉太郎「長尾さんと廣井先生とを偲ぶ」『工事画報』昭和11年10月号、163頁。

（5）廣井勇「欧米の鉄道橋に就て」『帝国鉄道協会会報』第11巻第2号、1910年。

（6）合田良實『耐波工学―港湾・海岸構造物の耐波設計』鹿島出版会、2008年6月、101頁。

年　譜

西　暦		出　来　事	著　述	社会の動き
1862 （文久2） [0歳]	9.2	高知藩士廣井喜十郎、寅子の長男として土佐国高岡郡佐川村に生まれる。幼名数馬。		1868.10.23　明治と改元 1869.7.8　　開拓使設置 1869.11.17　スエズ運河開通
1870 （明治3） [8歳]	10.9 11.3	父喜十郎逝去 家督を継ぐ 同年、佐川より高知に移る		
1872 （明治5） [10歳]		叔父片岡利和に伴われて上京、同家の書生となる		
1874 （明治7） [12歳]	3.-	東京外国語学校英語科（12月、英語科が独立して東京英語学校）下等6級に入学 英語学校から工部大学予科に転じる（年月不詳）		1874.-　　セントルイス橋完成 1876.8.14　札幌農学校開校式
1877 （明治10） [15歳]	7.9	札幌農学校に入学し官費生となる		
1878 （明治11） [16歳]	6.2	札幌において米国宣教師M・C・ハリスより洗礼を受ける		1878.4.15　工部大学校開設 1879.11.18　工学会創立
1881 （明治14） [19歳]	7.9 7.27 11.21	札幌農学校卒業 開拓使民事局勧業課勤務となる。準判任官月俸30円 開拓使煤田開採事務係を申しつけられ、鉄路科勤務となる		
1882 （明治15） [20歳]	2.- 11.18	開拓使廃止 工部省准御用掛 北海道より東京に移る		
1883 （明治16） [21歳]	1.12 3.13 3.14 10.3 12.10	工部6等技手 鉄道局出勤 東京高崎間建築に従事 依願免本官 横浜より City of Rio de Janei-ro 号に便乗し渡米		
1884 （明治17） [22歳]	1.2 9.10	米国政府ミシシッピー河改良工事雇員 シー・シェラー・スミス工事事務所技手となり橋梁設計に従事		
1886 （明治19） [24歳]	1.2 9.3 10.10	米国ノーフォーク市 Nofork and Western 鉄道会社技手となり鉄道工事に従事 Edgemoor 橋梁会社技手となり鉄道の設計・製作に従事 祖母勇逝去		

西　暦		出　来　事	著　述	社会の動き	
1887 (明治20) [25歳]	4.1 9.-	札幌農学校助教となりドイツ 留学を命じられる ドイツ国カールスルーエ府ポ リテクニカムに入学し土木工 学専修			
1888 (明治21) [26歳]	9.- 10.25	ドイツ国シュツットガルト・ ポリテクニカムに入学し土木 工学専修 帰朝を命じられる	Plate Girder Con- struction（ヴァン・ ノストランド社） Stress in Continuous Framed Girders （The Railroad and Engineering Journal, Vol.LXII., No.5） Secondary Stresses in Framed Struc- tures（同上）		
1889 (明治22) [27歳]	4.1 7.- 9.11	ドイツ国カールスルーエ府 シュツットガルト・ポリテク ニカムよりバウインジェニュ ル授与 英仏独の諸国を巡回し土木工 事を視察 帰朝 札幌農学校教授 東京より母を迎え札幌区北1 条西5丁目に家を構える		1889.5.6 1889.7.1	パリ万国博覧会開催 この時エッフェル塔 建設 東海道線新橋・神戸 間全通
1890 (明治23) [28歳]	2.19 5.23 8.11 11.1	北海道炭鉱鉄道会社鉄道工事 計画取扱 北海道庁技師補兼務 植民課兼務 第二部土木課長		1890.11.25	第1回帝国議会招集
1891 (明治24) [29歳]	1.24 4.1 12.27	大井上綱子と結婚 第二部土木課長を解き第二部 勤務 長女雪子誕生		1891.9.1	上野・青森間鉄道全 通
1893 (明治26) [31歳]	4.19 12.27	北海道庁技師兼札幌農学校教 授 次女鶴誕生		1894.8.1	日清戦争勃発
1896 (明治29) [34歳]	1.7 6.16	長男剛誕生 函館港改良工事監督 札幌農学校工学科廃止		1895.4.17	日清講和条約調印
1897 (明治30) [35歳]	4.27 8.14	小樽築港事務所長 依願免兼官 （札幌農学校）		1897.6.22	帝国大学を東京帝国 大学に改称。京都帝 国大学新設
1898 (明治31) [36歳]	6.2 10.22	三女花誕生 北海道治水調査会員	築港巻之一（工学書 院）。以後毎年1分冊 ずつ巻之五まで発刊		

西　暦		出　来　事	著　述	社会の動き
1899 (明治32) [37歳]	4.27 9.2	工学博士の学位授与 東京帝国大学工科大学教授兼 北海道庁技師、土木工学第三 講座担当	函館港改良工事報文 （北海道庁函館支庁）	
1900 (明治33) [38歳]	3.- 6.- 6.27	秋田県知事の委嘱により雄物 川河口改良に関する調査を監 督 小倉市の嘱託により小倉築港 に関する調査を監督 港湾調査会委員	小樽築港工事（講 演）（工学会誌、第 19輯217巻） 函館港改良工事（報 告）（同上、224巻）	
1901 (明治34) [39歳]	4.- 6.-	台湾総督府の委嘱により基隆 及び淡水の両港を視察 静岡県知事の委嘱により清水 港を視察	橋梁示法書（同上、 第20輯236巻） Specifications for Designs of Railway Bridges and Via- ducts（橋梁示法書） （同上）	1901.2.5　八幡製鉄所開業式
1902 (明治35) [40歳]			構拱に於ける応力の 計算（同上、第21輯 238巻） 構桁に於ける応力の 計算法（同上、240 巻）	
1903 (明治36) [41歳]	6.30	四女京子誕生	再び橋梁示法書に就 て（同上、第22輯 249巻） 鉄筋混凝土橋梁（同 上、253巻）	
1904 (明治37) [42歳]	7.-	渡島水力電気工事の顧問とな る （1909.12まで）	The preparation and Use of Concrete Brocks for Harbour Works（Transactions American Society of Civil Engineers, Pa- per No.10, Harbours, International Engi- neering Congress 1904）	1904.2.10　日露戦争開戦
1905 (明治38) [43歳]			The Statically Inde- terminate Stresses in Frames Common- ly Used for Bridges （ヴァン・ノストラ ンド社） 1915年改訂増補第2 版発行	1905.9.5　日露講和を締結

西　暦		出　来　事	著　述	社会の動き
1906 (明治39) [44歳]	1.31 5.29 6.- 12.-	次男厳誕生 韓国へ出張 韓国政府の委嘱により仁川港 埋築に関する調査を監督 高知県知事の委嘱により同県 下の諸港湾を調査 （1908年1月まで）	The Stresses in Via- duct Bents（工学会 誌、第25輯282巻）	1906.11.26　南満州鉄道（株）設 立
1907 (明治40) [45歳]	5.- 6.29 8.-	青森県知事の委嘱により青森 港に関する調査を監督 （1909.3まで） 日本製鋼所の委嘱により室蘭 港における埠頭の設計を監督 （1908.6まで） 港湾調査委員 秋田県知事の委嘱により船川 港に関する調査を監督 （1908.6まで）	築港　前・後編（丸 善）	
1908 (明治41) [46歳]	5.14 6.15 6.24	欧米各国に出張 依頼免兼官（北海道技師） 北海道における港湾調査並び に築港工事の顧問 （継続）	小樽築港工事報文 前編（北海道庁） 英和工学字典（丸 善）	
1909 (明治42) [47歳]	7.-	欧米視察より帰朝		
1910 (明治43) [48歳]	5.- 12.-	鬼怒川水力電気工事の顧問 （1914.2まで） 南満州鉄道会社の嘱託により 大連、旅順および営口の諸港 視察		1910.8.22　日韓併合
1911 (明治44) [49歳]	4.14 8.-	鉄道院の嘱託により関門架橋 の設計を監督 （継続） 大東岬において波力利用の実 験を開始		
1913 (大正2) [51歳]			On Long time Tests of Portland Cement （Transactions. American Society of Civil Engineers, Pa- per No.1263） On the Determina- tion of Actual Stress- es in a Metallic Bridge （東京帝国大学紀 要、第5冊第5号） セメント用法実験報 告（東京帝国大学紀 要、第6冊第1号）	

西 暦		出 来 事	著 述	社会の動き
1915 （大正4） [53歳]	5.-	東京府知事の委嘱により千住 および六郷橋梁の設計を監督 （1916.10まで）	海中工事に於ける鉄 筋混凝土（土木学会 誌、第1巻第1号）	1914.7.28　第1次世界大戦勃発
			撓度及振動の記録 （田辺朔郎氏）の討 議（同上、第2号）	1914.11.24　土木学会設立
			鉄筋混凝土造猿橋水 道橋工事報告（神原 信一郎氏）の討議 （同上）	
			海中工事に於ける鉄 筋混凝土の討議（同 上、第5号）	
1917 （大正6） [55歳]	7.-	鉄道院の嘱託により門司、若 松の両港における載炭に関し 調査（同年8まで）	鉄道橋の設計に際し て仮定すべき活荷重 （黒田武定氏）の討 議（同上、第3巻第 3号）	
			セメント貯蔵法に就 て（茂庭忠次郎氏） の討議 （同上）	
1918 （大正7） [56歳]	9.14 11.26	次男巌病死 東京帝国大学評議員	クエベック橋の墜落 に就いて（造船協会 雑纂第14号）	1918.11.11　第1次大戦終結
1919 （大正8） [57歳]	4.- 6.14	土木学会会長 依願免本官（東京帝国大学教 授）	On a Method of Esti- mating the Force of Waves（東京帝国大 学紀要、第10冊1 号）	
			An Experimental Determination and Utilization of Wave Powers（同上）	
			鉄道構橋の応力実測 中に認められたる特 殊の応力（黒田武定 氏）の討議 （土木学会誌、第5 巻第2号）	
			下関海峡横断鉄橋設 計報告（同上、第5 号）	
			せめんと用法実験 （同上、第6号）	

西　暦	出　来　事	著　述	社会の動き
1920 （大正9） [58歳]	2.6　勅旨を以て東京帝国大学名誉 　　　教授の名称を授けられる 11.25　学術研究会評議員	Harbour works in Hokkaido, Japan (General Engineering Congress, Batavia, 1st Section, Traffic, 8-15 May, 1920) On Long time Tests of Portland Cements, Hydraulic Lime and Volcanic Ashes（東京帝国大学紀要、第10冊第7号） 将来の港湾（会長講演）（土木学会誌、第6巻第1号） 波力の推定法に就きて（同上、第2号） 波動力の測定と其利用（同上、第3号） 懸崖に波浪の激衝せる時の実例に就て（石川源二氏）の討論（同上、第6号）	1920.1.10　国際連盟発足、常任理事国になる
1921 （大正10） [59歳]	支那上海港改良技術会議へ日本代表委員として出席	On the Nature of Drifting Sands as Affecting Construction on Sandy Coasts（東京帝国大学紀要、第11冊第3号）	
1922 （大正11） [60歳]		論説報告『上海港』（土木学会誌、第8巻第3号）	1922.　日本港湾協会設立
1923 （大正12） [61歳]	1.4　母寅子逝去 10.18　帝都復興院評議会評議員 　　　土木学会震害調査委員会委員長 　　　米国土木学会の日本における関東大震災調査委員会調査委員長	近代に於ける我国最初の築港（雑誌「港湾」第1巻第1号） 船用炭積込法の改良（同上、第3号） 東京横浜両港の修築に就て（同上、第4号）	1923.9.1　関東大震災
1924 （大正13） [62歳]	4.10　帝国経済会議議員		
1925 （大正14） [63歳]		朝鮮の西海岸に於ける潮汐の利用（雑誌「港湾」第3巻第2号）	

西　暦	出　来　事	著　述	社会の動き
1926 （大正15） ［64歳］		近代に於ける我国の築港工事（二）（同上、第4巻第1号） Japanese Method of Port Administration and Latest Practice in Construction and Cargo（同上、第10号）	
1927 （昭和2） ［65歳］		日本築港史（丸善） 上海港改良技術会議に就て（雑誌「港湾」第5巻第11号） 砂浜に於ける港湾の修築と漂砂との関係について（荒木文四郎氏）の討議（土木学会誌、第13巻第3号）	
1928 （昭和3） ［66歳］	10.1　午後10時15分薨去 10.4　東京市牛込区仲之町17番地の自邸にて葬儀	再び海中工事に於ける鉄筋混凝土に就ての討議（同上、第13巻第6号） 懐旧談（土木建築工事画報、第4巻第1号）	
1930 （昭和5）		Prevention of Damages to Engneering Structures caused by Great Earthquakes（土木学会誌、第16巻第1号） 英和工学字典（丸善）	

【編集付記】
・年譜は、内閣賞勲局編「昭和三年　叙勲　巻三」および故廣井工学博士記念事業会編「工学博士廣井勇傳」を基に作成した。
・著述の表記は、ふりがな標記とした。
・年齢は廣井勇博士の満年齢を記載した。
・標記は読みやすさを考え原則として旧漢字は新漢字に修正した。

著者紹介

関口信一郎（せきぐち　しんいちろう）

1950年　岩手県生まれ
1976年　北海道大学大学院工学研究科修了
2001年　博士（工学）
現　在　日本データーサービス（株）取締役副社長
　　　　北海学園大学大学院非常勤講師

著書・論文
『海外交通プロジェクトの評価』（共著、鹿島出版会、1986年）
「斜面スリットケーソンの開発」『海洋開発論文集』（土木学会、2000年）
「遺産としての小樽港北防波堤の修復方法について」『海洋開発論文集』
（土木学会、2007年）

シビルエンジニア
廣井勇の人と業績

2015年11月10日　第1刷発行

著　　　者　　関口信一郎
発　行　者　　西川博史

発　行　所　HINAS（北海学園北東アジア研究交流センター）
　　　　　　〒062-8607　札幌市豊平区豊平6-6-10北海商科大学内
　　　　　　TEL011-841-1108 FAX011-841-1109
発　　　売　東出版株式会社
製　　　作　株式会社現代史料出版
印刷・製本　亜細亜印刷株式会社

ISBN978-4-905418-06-1 C3023
定価はカバーに表示してあります